u books

中村屋のボース

インド独立運動と近代日本のアジア主義

中島岳志

白水 u ブックス

I was a fighter,
One fight more.
The last and
The best.

Rash Behari Bose
25/4/42

目次

第五章　苦難の道へ

●凡例●基本的に、引用文献は本文中に著者名、刊行年、頁数を掲げ、巻末に一覧を掲げた。例えば［相馬一九六三：一七四］は、引用文献リストに掲げた相馬黒光１９６３の文献の１７４頁から引用したことを示す。

はじめに

新宿中村屋のインドカリー

一六〇四年、江戸幕府は日本橋を基点とする五街道を定めた。この五街道の一つに定められた甲州街道は、日本橋から甲府を経て上諏訪に至る街道で、日本橋を出てはじめの宿場町が高井戸であった。この高井戸までの距離が約四里（約一六キロ）と非常に長く、元禄一一年（一六九八年）、その中間地点に新たな宿場が開設された。この宿場は内藤家の屋敷地に作られたため、「内藤新宿」と名付けられた。〈新宿〉の誕生である。

内藤新宿は、明治時代に入っても武蔵野の豊かな自然の中にあり、町の周辺では牛が放牧されていたという。関東ローム層の赤土がむき出しの道は、雨が降るとぬかるみ、晴れると馬糞が舞った。現在のJR新宿駅の前身である内藤新宿駅は、山手線と中央線の交叉点で交通の要所ではあったが、駅前に現在のような賑わいは見られなかった。一方、旧街道沿いには遊郭が軒を並べ、場末の様相を呈していたという。

このような東京の外れに、一九〇七年、本郷の東大前で「クリームパン」を売り出して評判となっていたパン屋・中村屋が支店を出した。一九〇九年には現在の新宿中村屋本店ビルが建つ場所に移転し、本店をそこに移した。中村屋はこの新宿でも人気を博し、町の光景がめまぐるしく変化し続ける中、現在に至るまで一貫して営業を続けてきた。

新宿が東京の周辺部であった明治期とは違い、現在、新宿駅東口の一等地に建つ中村屋本店前の通りは、連日大勢の人でごった返している。数十メートル先の通り沿いには三越がデパートを構え、丸井、伊勢丹の各デパートも軒を並べている。斜め向かいには紀伊國屋書店があり、その並びにはスタジオアルタがある。一説によると、新宿駅は世界一の乗客数を誇るターミナルだそうだ。その新宿で、約一〇〇年もの間営業を続けてきた中村屋は、新宿という町の歴史を語る際に欠かすことのできない存在である。また、月餅や中華まんじゅうをはじめとする名物の菓子類は、日本各地の百貨店などでも広く販売され、日本有数の高級菓子店としての地位とブランド力を不動のものにしている。

そして、この中村屋の看板商品の一つが、お馴染みの「インドカリー」である。この「インドカリー」は日本初の本格派インドカレーとして、一九二七年以来販売され続けている。現在の新宿中村屋本店ビルは、二階から四階が「インドカリー」をメニューの中心とするレストランで、お昼時ともなると、この名物料理を目当てに多くの客が殺到する。また、東京各地には、この中村屋の「インドカリー」専門店が作られ、人々を集めている。さらに、家庭で手軽に味わうことのできるレトルトパックも販売され、全国のコンビニエンスストアにも並べられている。まさに中村屋を代表するヒット商品だ。

しかし、当然のことながら、ここで次のような疑問が浮かぶ。

創業当時はパン屋であった中村屋が、なぜ、日本で初めて本格的なインドカレーを売り出したのであろうか？　また、日本を代表する高級菓子の老舗が、なぜ、そのイメージとは対極的な「インドカリー」にこだわり続けているのだろうか？

実は、そこには、インドと中村屋を繋ぐ数奇なドラマがある。そして、それは日本の一食品メーカーの経営戦略を超えた、近代アジア史の壮大なドラマである。日本とインドの近代史にとって非常に重大な問題が、中村屋の「インドカリー」には隠されているのである。本書のテーマは、まさにこの部分だ。

ラース・ビハーリー・ボース

さて、ここで一人のインド人に登場してもらわなければならない。

名前は「ラース・ビハーリー・ボース」。

中村屋に「インドカリー」を伝えたインド人で、本書の主人公である。

このラース・ビハーリー・ボース。単にインドカレーを伝えた料理人などではない。彼は一九一〇年代のインドを代表する過激な独立運動の指導者である。

周知の通り、二〇世紀はじめのインドは、イギリスの植民地統治下にあった。一九〇五年、イギリスがヒンドゥー教徒とムスリム（イスラーム教徒）の連帯の切り崩しを図り、当時の独立運動の中心地・ベンガル地方を分割統治しようとした政策（所謂「ベンガル分割」）をめぐって、反英独立運動は活発化した。しかし、この運動はイギリス側によって徹底的に弾圧され、主だった指導者たちが軒並み逮捕されると、運動は急速に低調なものとなった。インド独立運動は、この後、一九一五年のマハートマー・ガンディーの帰国によって新たな時代を迎えるのだが、それまでの数年間は、「運動の低迷期」が続く。その期間、間欠的に起きたのが、爆弾を用いた過激なテロ事件であった。特に時のインド総督ハーディングに爆弾を投げつけて負傷させた「ハーディング総督爆殺未遂事件」は、この時期最大の事件であった。

そして、この事件を引き起こした張本人こそが、他ならないラース・ビハーリー・ボース（以下、R・B・ボースと略記する）、その人なのである。

R・B・ボースはこの事件をきっかけとして、イギリスから徹底的に追跡されることになる。彼の首にはイギリス側によって多額の懸賞金がかけられ、徹底した捜索活動が行われる。彼はインドに留まることに身の危険を感じると共に、武力革命のための武器と資金を調達するために海外への逃亡を企画する。そして、その逃亡先として彼が目を付けたのが、日露戦争に勝利し、国力を高めつつあった日本であった。

一九一五年、R・B・ボースは偽名を使い、日本への脱出に成功する。しかし、当時の日本は、日英同盟を結ぶイギリスの同盟国であった。ボースは来日してまもなく、日本のイギリス大使館に目を付けられる。そして、ついに一九一五年の末、イギリスから強い圧力を受けた日本外務省によって、彼に対する国外退去命令が下される。

この絶体絶命の窮地を救ったのが、頭山満を筆頭とする玄洋社・黒龍会のアジア主義者たちであった。彼らはR・B・ボースを巧みに隠し、ある場所に匿う。その場所こそが、新宿中村屋だ。

R・B・ボースはその後、困難な地下生活を献身的に支えてくれた中村屋店主の娘と結婚する。そして、二人の子供をもうけ、日本に帰化する。以後、彼は日本のナショナリストや政治家、軍人たちと深い結びつきを持ち、日本国内で大きな発言力を持つようになる。また、彼はそのような有力者だけでなく、一般の日本人にも積極的にインド独立の必要性を説き、日本における反英独立運動を展開していく。しかし、当の日本は、西洋の帝国主義国のあとを追って大陸進出を急速に推し進めていた。R・B・ボースはそのような時代の波に翻弄されながらも、インド独立を実現するために奮闘する。そして、一九四一年の「大東亜」戦争の開戦によって、彼は日本陸軍のある壮大な軍事作戦と深く関わっていくことになる。

中村屋の「インドカリー」は、このような過程でR・B・ボースによって伝えられた。このカレーが「恋と革命の味」と言われ、日本国内に数多と存在する他の店のインドカレーとは一線を画す特殊な存在である所以である。中村屋の「インドカリー」には、過酷な二〇世紀前半のアジア史と、一人のインド人をめぐるささやかなロマンスが隠されているのである。

私は本書で、このR・B・ボースの生涯を書こうと思う。それは、一杯のインドカレーの伝来物語をはるかに超えた壮大で重たい問題を、彼の一生が背負っていると考えるからである。「アジアの時代」と謳われる今日、この一人のインド人が歩んだ五八年の足跡を振り返ることは、我々日本人にとって大きな意味がある。そのことを、私は本書で追究したい。

そこで、私は、はじめにインドの地へ向かおうと思う。R・B・ボースが育った故郷を訪ねるためにである。

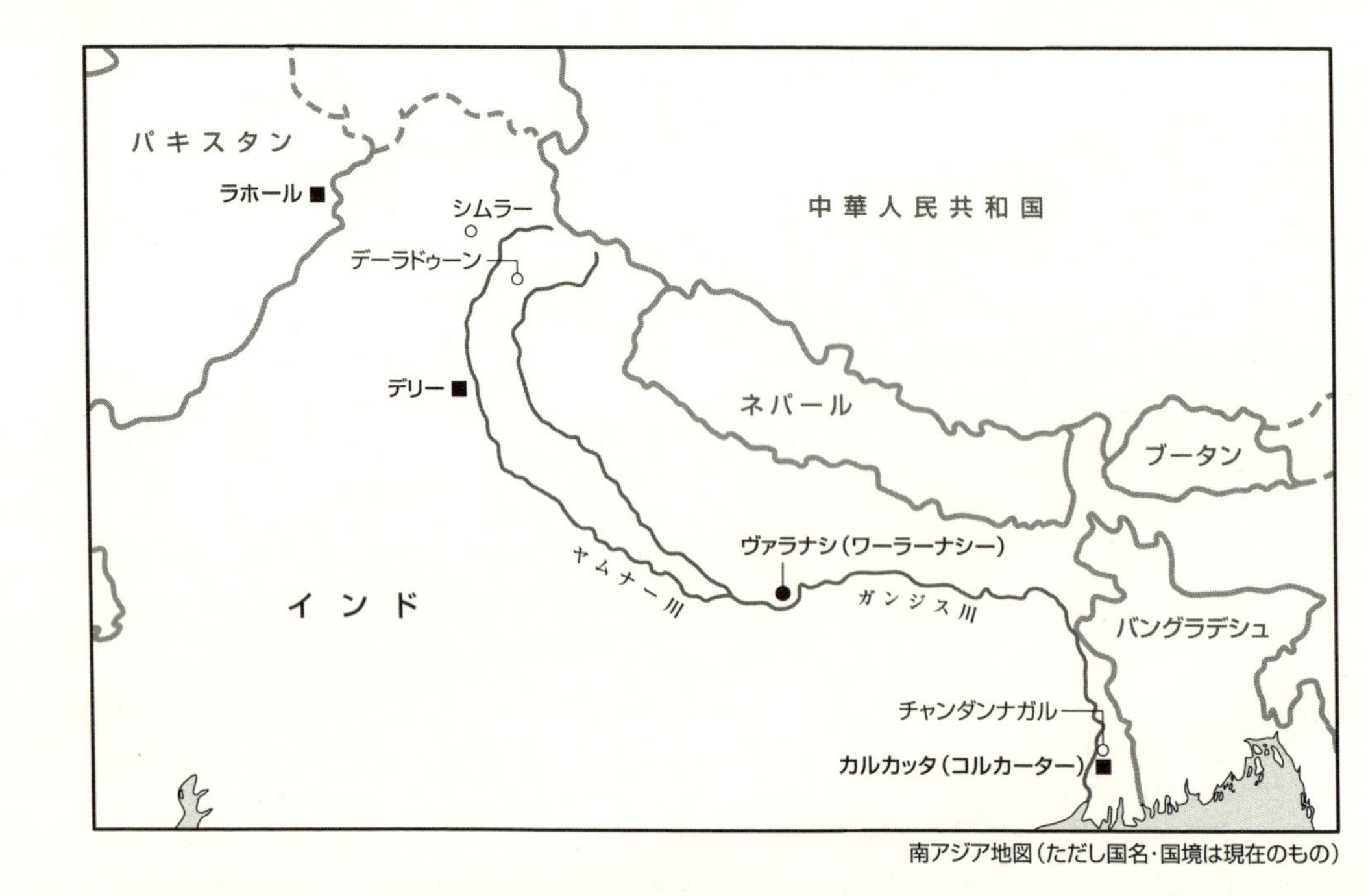

南アジア地図（ただし国名・国境は現在のもの）

地図作成：大島千明

カルカッタ（現コルカーター）の
カーゾンパークに建つR・B・ボースの銅像

左上：母校の正面玄関。当時の名称はデュプレックス・カレッジ。現在はカナイラール・スクール／右上：チャンダンナガルに建つR・B・ボースの胸像／左下：母校の教室にて。R・B・ボースもこの年齢の頃に、この教室で学んだ。／右下：チャンダンナガルの駅。ここの改札をR・B・ボースは何度も通った

KANAILAL VIDYAMANDIR
ENGLISH SECTION
STICK NO BILL

チャンダンナガルに現存するM・L・ローイのアーシュラム。
ここで秘密会合を重ねた

第一章　インド時代

1―1．生い立ち、そしてインド独立運動へ

誕生と家庭環境

インドの東部にカルカッタ（現在はコルカーターが正式名）という大都市がある。ここは一八世紀以降にイギリス人がインド統治の拠点として建造した植民地都市で、一七七二年から一九一二年まで英領インドの首都であった。そのため、中心街は荘厳なコロニアル様式の建築物が立ち並び、そこを歩いていると、時にヨーロッパのどこかの都市に迷い込んだかのような錯覚に陥る。しかし、湿気を帯びた蒸し暑い空気と騒々しい物音によって、ここがインドであるという現実へと、一瞬にして引き戻される。適切な修理をされることなく数百年もの間使用され続けている建築物や多くの路上生活者が各所に横たわる姿は、デリーやムンバイ（旧ボンベイ）、バンガロール、チェンナイ（旧マドラス）などの大都市から遅れをとるカルカッタの苦境を象徴しているかのようだ。しかし、この町にも経済自由化以降の消費主義の波は押し寄せており、最新のショッピングセンターやアメリカンスタイルのカフェなども、次々とオープンし始めている。新しいものと古いもの、そしてコロニアルなものとインド的なものがちぐはぐに折り重なる未完成形の中に、人々の確かな息づかいを感じる。

この町の西側には、ガンジス川デルタの一つのフーグリ川が流れる。ヒマラヤの奥地から湧き出たばかりのガンジスは透き通るような清流であるが、河口に近いカルカッタまで来ると、透明度は限りなくゼロに等しい。この水は人々に多くの恵みをもたらすと共に、洪水や疫病などももたらす両義的な存在である。しかし、その両義性こそが、ガンジス川に対するヒンドゥー教徒の信仰を支えているのであろう。

さて、この川の上流に向かって約三五キロ北上したところに、チャンダンナガルという町がある。ここは一六七三年にフランス東インド会社の領有地となった場所で、一九五〇年の住民投票によるインド帰属が決定するまでフランス領であった。「チャンダンナガル」とはヒンディー語で「ビャクダンの町」という意味であるが、フランス領時代、ここはフランス語風に「シャンデルナゴル」と呼ばれていた。この名の響きが象徴するように、町は今でもフランスの面影を色濃く残しており、他のインドの町並みとは少し趣を異にする。川の岸辺に大通りを造り、それに沿って主要な政府機関を配置する空間構成は、他の東南アジアなどのフランス領でも見受けられるものだ。

現在のチャンダンナガルは次の二つで有名である。一つはジョールボラという甘いお菓子で、もう一つがジャガラートリー・プージャというヒンドゥーのお祭りである。チャンダンナガルの人々は皆、この両者について実に誇らしげに、そして実に楽しげに話す。旧フランス領の落ち着いた雰囲気と、ここに息づく人々の日常生活の融合が、チャンダンナガルという町をとても魅力あるものにしている。

本書の主人公R・B・ボースは、このチャンダンナガルで育った。(1)

彼の住んでいた場所には、今でもR・B・ボースの甥にあたる人が住んでいる。建物は当時のものではないようだが、住居の場所は一〇〇年以上たった今でも変わっていない。

一族の者をはじめチャンダンナガルの人々は、一同に、R・B・ボースを郷里の英雄として誇らしげに語る。町の大通りには彼の胸像が建ち、彼のことを今でも「チャンダンナガルの息子」と呼んでいる。ただ、R・B・ボースはこの町で生まれたわけではない。彼の生誕地は、このチャンダンナガルから離れた農村部である。この生まれた場所については二つの説がある。一つはパララ・ビガーティー村(Parala-Bighati)で、もう一つがスバルダハ村(Subaldaha)である。R・B・ボースの一族は前者のパララ・ビガーティー村を生誕地と認識しているが、R・B・ボース自身は、後年、日本語で書いた回想文の中で、自分の生誕地を後者のスバルダハ村とし、幼少期にパララ・ビガーティー村の母方の伯父に引き取られたとしている[ボース一九三六c]。どちらの説が正しいかは現時点では判断しかねるが、ともかく彼は幼少期をベンガル地方ののどかな農村部で過ごした。

また彼の生誕日であるが、これについても二つの説がある。一つは一八八六年三月説(三月一五日)でもう一つは一八八六年五月説(五月二五日)である。[2] 両説共、決定的な証拠がないため具体的な日を確定することは難しいが、一八八六年生まれであることは確かである。ちなみにR・B・ボース自身は、

(1) R・B・ボースのインド時代の活動については、ウマ・ムケルジーの研究[Mukherjee 1966]と長崎暢子の研究[長崎一九八三]が群を抜いて充実している。本章の記述は、この両研究に拠る部分が多い。

一八八六年五月生まれであると認識していたようである［ボース一九三六c］。

R・B・ボースの父、ビノード・ビハーリー・ボースは、ベンガル政府の事務職員であった。しかし、彼はR・B・ボースが幼い頃に、ベンガル地方からは遠く離れたシムラーの政府新聞の書記局へと転勤した。そのため、R・B・ボースは、以前に父が購入していたチャンダンナガルの家に移り、祖父と母の手によって育てられることになった。

R・B・ボースは、チャンダンナガルのデュプレックス・カレッジという学校に入った。この学校名になっているデュプレックスは、一八世紀前半にこの町を統治したフランス人長官で、のちにイギリスとの間で激しい植民地抗争を繰り広げたことで知られる人物である。また、「カレッジ」と名付けられているが、この学校は日本の小中高校生にあたる学生が通う学校であった。このデュプレックス・カレッジは、その後、カナイラール・スクールと名前を変え、現在に至るまで一貫して存続している。またR・B・ボースが通っていた当時の建物が現在でも残っており、現役の教室として使用されている。

R・B・ボースは、気性が荒く頑固な子供であったようである。彼は、ここでの退屈な学校生活に堪えることができず、幾度となく学校の先生に反抗した。その反抗は日に日に強まり、ついに、七年生（日本の中学一年生に相当）の時、この学校を退学させられてしまう。その後、彼はカルカッタのモートンスクールに入学させられたが、ここの生活でも、彼の有り余る熱情は満たされることがなかった。

独立運動への目覚め

一五歳の頃（一九〇一年）、R・B・ボースはデピプロサンナ・ローイ・チョウドリーの『サラット・チャンドラ』という本を読んだ。そこには一八五七年のインド大反乱の様子が克明に記されており、彼は心躍らせつつ、イギリスへの敵対心を燃やしながら読了した。他にも幾種類かの革命運動に関する書物を読み、それらに刺激を受け、「印度解放の念の押へ難きものを感ずるに至った」［ボース一九三六c］。

当時のチャンダンナガルはフランス領であったため、イギリスの権力が他の場所に比べて及びにくく、反英抵抗運動の重要な拠点となっていた。ここには流通を禁じられた諸外国の書物や様々な武器の類が流入し、それらを密かに手に入れることができた。R・B・ボースは、そのようなチャンダンナガルの土地柄にも影響を受けつつ、急速に反英意識を高めていった。

また、退屈な日常のなかで体力と情熱を持て余していた彼は、学校を中退し兵隊に志願することを決

（2）長崎は三月説を採用し、ウマ・ムケルジーは五月説を採用している。カルカッタとチャンダンナガルに建つR・B・ボースの銅像では、両者共に五月二五日を生誕日として採用しており、現在のところ、この五月二五日説がインドでは定着しているが、R・B・ボースと交流のあった日本人ナショナリストたちは三月一五日説を採っている。

意する。彼はインド全体の兵士と連絡を取り、その力を使って革命運動を成就させることを考えた。このような発想は『サラット・チャンドラ』をはじめとした一八五七年のインド大反乱を描いた書物に影響を受けたことによって生まれたものであろう。

彼はまず、カルカッタのウイリアム城砦の司令官に志願書を提出した。しかし、「ベンガル人は身体特徴から兵士には向いていない」という理由で、あっけなく拒絶された。しかし、それでもあきらめきれない彼は、インド各地の兵隊へ志願書を送り続けるが、ことごとく突っぱねられた。

彼は学業を続けることに関心がなかったため、カルカッタのモートンスクールを中退した。母親はこのようなR・B・ボースの素行を心配し、シムラーにいる父親に対して就職の斡旋を懇願した。父親はそれに応じ、R・B・ボースをシムラーへ呼び寄せ、政府刊行物の出版関連業務の職に就けることにした。

シムラーはインド北部の標高二一〇〇メートルの丘陵地にある避暑地で、一八六五年から一九三九年まで英領インドの夏の首都となっていた町である。このようなイギリスによって開拓された丘陵地帯の町は「ヒル・ステーション」と呼ばれ、インドの猛暑の夏をしのぐ避暑地として現在でも人気が高い。

R・B・ボースはチャンダンナガルを離れ、イギリス色の強いシムラーに向かった。ここで彼は、主に手書きの原稿をタイプライターで打ち直す仕事に従事した。彼はこの仕事を通じて英語の運用能力を身につけ、独立運動の活動家となるための足場を固めた。彼はまもなくシムラー南西のカサウリにあるパストゥール研究所の事務員となり、さらに、二〇歳の頃（一九〇六年）、デーラドゥーンの森林研究所化学部門の実験補助員となった。

彼はこのデーラドゥーンで、表面的には植民地政府の有能な事務員として働きつつ、裏では密かにインド独立運動に関わっていった。そして、彼はその強い信念と卓越した行動力で数年のうちに頭角を現し、二〇代前半にして一気にインドを代表する独立運動の活動家となっていった。

急進的独立運動の指導者へ

さて、ここでR・B・ボースが活動する二〇世紀初頭のインド独立運動の状況を概観しておこう。

この時期の最も重要な出来事は、一九〇五年のベンガル分割問題である。一九〇五年、当時の総督であったカーゾンは、ベンガル地方を現在の西ベンガル、オリッサ、ビハールの領域と現在のバングラデシュとアッサムの領域の二つに分割するという決定を行った。これは、当時の独立運動の中心を担っていたベンガルのヒンドゥーの発言力を弱めると共に、ベンガルのムスリムの支持を勝ち取ることによって反植民地的ナショナリズムの切り崩しを図ったものであった。しかし、これは、インド人の側、とりわけヒンドゥーからの強い反発を受け、意図とは反対に独立運動を活性化することとなった。

ここで登場したのが、一般に急進派といわれる独立運動家のグループである。

一八八五年に創設されたインド国民会議派の主要な指導者たちの多くは、イギリス統治の下における漸進的な自治権の確立を要求していたのに対し（彼らは穏健派と呼ばれた）、急進派の指導者たちは即時無条件のインド独立を要求した。さらに、穏健派の指導者たちがイギリス人官僚に対して一定の信頼を置き、彼らとの対話を重視したのに対し、急進派の指導者たちはインドの大衆に働きかけることを重視し、武力闘争も辞さない構えを示した。

この急進派による独立運動を牽引した代表的な三人の指導者は「ラール・バール・パール」と称され、大衆から多大なる支持を得た。この「ラール・バール・パール」の「ラール」は、パンジャーブ地方の運動を牽引したラーラー・ラージパット・ラーイのことを指し、「バール」はマハーラーシュトラ地方のバール・ガンガーダル・ティラク、「パール」がベンガル地方のビピン・チャンドラ・パールを指している。のちにこの内のラーラー・ラージパット・ラーイは来日し、日本においてR・B・ボースと密接な関係を持つことになる。また、これに加えて、ベンガル地方ではオーロビンド・ゴーシュの指導力にも卓越したものがあった。

この急進派の指導者たちの活動に触発された若き活動家たちが独立運動のための秘密結社を作り、各地で活動を始めた。その結果、一九〇六年以降、ベンガル地方を中心にイギリス人官僚への暴力事件が頻発し、イギリス側もこの活動に対する徹底的な弾圧を開始した。そのため、多くの急進派の指導者が拘束され、刑務所に送られた。また、暴力事件を起こした者に対する捜査も徹底され、計画に関わった活動家が逮捕されると、厳しい尋問の末、処刑された。このような厳しい状況下で、ラーラー・ラージパット・ラーイなどはインドを離れ、アメリカをはじめとする国外でインド独立運動に従事することになった。また、暴力的独立運動を地下で指揮していたハルダヤールも国外に逃亡し、海外におけるガダル党のリーダーとして活躍した。一方、インド国内に残った急進派の独立運動家たちは地下へともぐり、より過激な活動を目指すようになっていった。R・B・ボースは次第にそのような活動に関わるようになり、短期間で運動を率いる指導者の一人となる。

さて、デーラドゥーンの森林研究所の実験補助員に任命された若きR・B・ボースは、表面的にはイギリス人官僚に忠誠を誓う事務員として懸命に働いた。彼の働きぶりは極めて真面目で、事務能力も高かったために、多くのイギリス人官僚の信頼を得た。その結果、彼は入所後、四、五年のうちに一気に森林研究所の営林署長まで出世した。そして、この出世が、イギリス側にとっては皮肉なことに、彼をインド独立運動の有力な指導者の一人へと一気に押し上げた。なぜならば、森林研究所の責任あるポジションに就いた彼は、爆弾製造に必要な部品や酸を密かに入手することができるようになったからである。R・B・ボースの素性を読みきれなかったイギリス人官僚は、自らの手で最も危険な活動家に爆弾の材料を手渡すことになった。

彼の勤めた森林研究所が立地するデーラドゥーンは、北インドの代表的な避暑地・ムスリーへの玄関口となる町で、現在はウッタラーンチャル州の州都である。この町は北部インドの交通の要所であるため、中心街はインド各地からやってきた人々で賑わっている。また、ここは、一九〇〇年以降、陸軍幹部候補生学校や石油研究所、空中写真判読研究所、陸軍陸地測量部などの重要機関が設立された研究学園都市としても知られる。R・B・ボースが所属した森林研究所も、そのような研究機関の一つとして設立されたものだ。

デーラドゥーンは、R・B・ボースの滞在した時代から、現在と同様、交通の要所として重要な機能を果たしていた。そして、それは物流の要衝としてだけでなく、当時の独立運動の拠点であった西のパンジャーブと東のベンガルを繋ぐ要衝でもあった。東西それぞれからの情報が集まり、時に有力な活動家も訪れるこの地は、R・B・ボースにとって恰好の活動場所であっただけでなく、彼自身がパンジャーブとベンガルの活動を繋ぐ重要なポジションを占めることに繋がった。

R・B・ボースのデーラドゥーンでの活動は、一九〇六年にこの町を訪れたジテンドラ・モーハン・チャテルジーとの出会いから急速に展開する。J・M・チャテルジーは、当時の急進派を率いる代表的な指導者で、この時は親族の結婚式のためにデーラドゥーンを訪れた。彼はR・B・ボースの素質を見抜き、パンジャーブをはじめとした北インドの活動とベンガルの急進派の活動を橋渡しする役割を与えた。R・B・ボースは持ち前の行動力で地下活動に邁進し、北インド各地の急進派の代表的な活動家たちとコンタクトを取った。中でもデリーのケンブリッジ・ミッション・ハイスクールの教師を務める傍ら急進派の活動を積極的に行っていたアミール・チャンドと頻繁に連絡を取り合い、同志としての絆を深めていった。

R・B・ボースには他の活動家にはない特殊な技能があった。それは独自に爆弾を製作する技術であった。さらに、彼は前述のように、大量の化学薬品を扱う森林研究所の営林署長という立場から、爆弾製作に必要な材料（特に酸）を秘密裏に入手することができた。彼は若き活動家たちに爆弾製作の技術や取り扱い方を伝授し、製作した爆弾を各地の急進派のアジトに保管した。また、密かにグルカ兵からリボルバーを入手するルートも開拓していた。彼は多くの武器を製造・入手することができた立場から、次第に急進派の活動の中心人物となっていった。

一九一〇年にJ・M・チャテルジーがロンドンに逃れると、北インドの急進派の指導権は、一気にR・B・ボースの手に渡った。R・B・ボースはアミール・チャンドと協力してリボルバーの収集に努め、急進派の革命運動の成就に向けて足場を固めていった。

オーロビンド・ゴーシュからの影響

一九一一年のはじめ、デーラドゥーンのR・B・ボースのもとに、チャンダンナガルに住む母親が重病であるという連絡が入った。彼は急遽、郷里のチャンダンナガルに向かった。

チャンダンナガルにはモーティーー・ラール・ローイという有力な独立運動の指導者がアーシュラム（ヒンドゥーの修行場）を構えていた。このM・L・ローイは、ベンガルを代表する急進派の指導者で、近代インドを代表する宗教指導者であるオーロビンド・ゴーシュに師事していた。彼はオーロビンドがイギリス当局から追われていた時、自らのアーシュラムに師を匿ったこともあった。

R・B・ボースは母親を看病する合間に、M・L・ローイのアーシュラムを訪れ、彼の知遇を得た。また、このアーシュラムに頻繁に出入りしていた急進派の活動家スレーシュ・チャンドラ・ゴーシュとも親密になり、三人で今後の活動の計画を練るようになった。

このM・L・ローイのアーシュラムの建物は、現在でもチャンダンナガルの町外れに現存している。そこにはM・L・ローイが使っていた部屋がそのまま残され、遺品が展示されている。周りは静寂に包まれ、二〇世紀初頭の当時からほとんど変わっていないであろう風景が広がっている。

R・B・ボースは、M・L・ローイと親しくするうちに、オーロビンドの宗教哲学に関心を抱いた。オーロビンドはベンガル分割令を契機に急進派の独立運動を率いたが、一九〇八年に逮捕され、翌年に出獄してからは完全に政治から遠ざかり、当時は南インドのポンディシェリーへ移って宗教的隠遁生活を送っていた。彼は、究極的実在である絶対者ブラフマンを、「存在」・「意識」・「歓喜」の三つの原理の統合として捉え、これらをヨーガの実習を通して自己の内に体現することこそが重要であると説いた。そして、これを体現した「超人」が人類の救済に携わることによって、全世界が聖化されるとした。彼はこのような思想を通じて、ヒンドゥーの本質を人類救済の倫理的教義と捉え、すべての宗教が同一の道に通ずるものであることを強調した。

R・B・ボースは、次第にオーロビンドの宗教哲学に深く影響されていった。そして、彼はヒンドゥーの聖典である『バガバット・ギータ』を読み、そこで説かれた「自己犠牲の精神」（Atmasamarpana: アートマサマルパーナ）に激しく心を動かされた。彼はオーロビンドを通じて宗教哲学の重要性と普遍性を深く認識し、これ以降、自己の欲求を棄てて独立運動に邁進することを『バガバット・ギータ』の精神に依拠するものと捉えるようになった。

M・L・ローイはその時のR・B・ボースの様子を、晩年になって次のように振り返っている。

私は、ラース・ビハーリー・ボースが私の弟子や同志のスレーシュ・チャンドラ・ゴーシュと共に、私のもとをはじめて訪れてきたときのことを覚えている。我々は数ヶ月前にオーロビンドが潜んでいた歴史的な小部屋に閉じこもり、密談を交わした。その時、私の口から彼を鼓舞するような言葉が溢れ出てきた。私は、オーロビンドから教わった自己犠牲の精神（Atmasamarpana）を、彼に説明した。ラース・ビハーリーは深く沈黙しながら、その精神的メッセージに聞き入っていた。私が話し終えるや否や、彼は突然、沈黙を破り、恍惚として感嘆の声を上げた。

「これぞ神の御業だ！　精神がもっている本来の働きなのだ。そうですよね、モーティー・ラールさん！　私はそのことをしっかりと頭に留めて、活動していかなければならない。よし、絶対にやってやるぞ！」［Ohsawa 1954］

このように、M・L・ローイを通じてオーロビンドの宗教哲学に深く影響されたR・B・ボースは、母の死を看取った後、デーラドゥーンに戻った。しかし、この年の九月に彼は再びチャンダンナガルに戻ってきて、M・L・ローイのアーシュラムを訪ねた。この時、M・L・ローイ、R・B・ボース、S・C・ゴーシュの三人の間で、ある極秘計画が練られた。その計画とは、イギリスのインド統治の最高権力者であるインド総督・ハーディングを爆殺するという危険なものであった。

この当時、イギリス当局はインド統治の首都をカルカッタからデリーに移すことを決定していた。イギリス側は、その遷都の祭典パレードを一九一二年一二月にデリーで行い、英国のインド支配が揺るぎないものであることを誇示しようとしていた。

R・B・ボースらは、この祭典の列の中心を占めるハーディング総督に爆弾を投げつけ、彼を殺害し、イギリスのインド支配に対してインド人が服従しているわけではないことを象徴的に示そうと考えた。この計画は徐々に固められ、その実行役としてR・B・ボース自らが名乗り出た。

R・B・ボースは、この壮大でかつ危険な爆弾テロの成功に向けて、活動を展開し始めた。

1—2．ハーディング総督爆殺未遂事件からラホール兵営反乱事件へ

デリー遷都の日

インドの首都デリーは、まず、オールドデリーとニューデリーに区分される。オールドデリーというのは、ムガール帝国の王宮であった「ラールキラー」（赤い城）の城壁に囲まれた地域を指している。かつてのデリーはこの城壁の中が唯一の市街地で、城壁の外は広大な枯野が広がっていた。一方、ニューデリーは、この城壁の外に広がる新市街地のことを指している。ここはイギリスが計画的に造った町で、一九一二年の遷都以降、急速に開発が進んだ。現在では官庁街やビジネス街、大型のショッピングセンターなどがこのニューデリーに広がり、オールドデリーとニューデリーの地位は完全に逆転している。

さて、イギリス植民地政府は、一九一二年一二月二三日、遷都記念のパレードをオールドデリーの目抜き通りであるチャンドニー・チョウクで行った。この道路は、現在でもオールドデリーの中心通りで、小さな店舗がひしめき合うデリー有数の商店街だ。このチャンドニー・チョウクはムガール帝国の王宮である「ラールキラー」の正門から西に一直線に伸びる道路である。イギリス植民地政府は、この幹線

道路でパレードを行うことによって、自分たちがインド支配を行う揺るぎない統治者であることを権力的に示そうとした。一方で、このイギリス人の意図を台無しにし、イギリスの統治が万全のものではないことを国内外に広く知らしめることこそが、R・B・ボースの意図するところであった。

R・B・ボースはこの計画を進める間に、バサンタ・クマール・ビスワースという二一歳の若者を爆弾テロの同行者として選んだ。R・B・ボースはB・K・ビスワースをデーラドゥーンに連れて行き、そこで数ヶ月間にわたって爆弾の取り扱いについての訓練を行った。そして、事件の数日前、二人はデリーに乗り込み、同志のアミール・チャンドの家に潜んだ。

事件の当日、二人はチャンドニー・チョウクへと向かった。M・L・ローイが晩年に回想した文章では、彼らが女装して現場に向かったとあり、インドにおける多くの研究書もこの記述に依拠しているが、真偽の程は定かではない。インド人研究者が未見であろうR・B・ボースが日本語で書いた回想文には、女装に関する記述は全くなく、この事件が伝説化する過程で、事実がデフォルメされて伝えられた可能性が極めて高い。

それはともかく、二人は予定通りチャンドニー・チョウクにたどり着き、ハーディング総督の列がやってくるのを待った。

インド国立文書館に残る文書によると、彼らが陣取ったのは、チャンドニー・チョウクの凡そ中間点に建つカトゥラー・ドゥールヤーという建物の前であった［National Archives of India 1914］。ちなみに、この建物は現在もそのままの形で残っており、繊維製品の卸売市場として賑わっている。R・B・ボースがここに立った当時も、一帯はデリーを代表する商業地としてごった返していたであろう。

午前一一時四五分。

R・B・ボースの待ち構える場所に、パレードの列が近づいてきた。先頭は案内の役人を乗せた象で、その次が警護のための兵隊を乗せた象。そして、三番目がハーディング総督と婦人、従者たちを乗せた象であった。

総督の乗った象がR・B・ボースの目の前を通過しようとした。B・K・ビスワースはR・B・ボースの指示に従い、隠し持っていた爆弾をハーディング総督めがけて投げた。

激しい爆音と共に、閃光があがった。

それと同時に、総督の周りを囲む従者が即死し、ハーディング総督も大怪我を負った。

現場は一気に騒然とし、沿道にパレードを見に来ていた民衆は逃げまどった。警備にあたっていた警官たちは、犯人を捕らえようとやっきになって沿道の民衆の群れに分け入った。デリー市内には、急遽、非常線が張られ、大量の警官が動員された。

R・B・ボースとB・K・ビスワースは、爆発と同時に現場を離れ、堂々と逃亡した。

この時のことを、R・B・ボースは次のように回想している。

爆弾事件のおこつたちようどその時であつた。なだれをうつて四方に崩れゆく群衆にまじつて、一人の青年をつれた大柄の男があつた。総督の避難場所から少し離れたところまで来ると、青年を

顧みながら、

「おちついておれ。あわててはいけないぞ」

と注意したが、ふと青年の膝のあたりに異臭を発する粉末をみつけると、おもむろに懐中からナイフを取りだし、青年の着物の端を切りすてて、またもや悠々と停車場の方へむかつて歩を移した。

街にはゆく先々に警官が眼を光らせていた。青年は胡散な男のそばに寄りそつて、

「先生、大丈夫でしょうか？　あんなに厳重な見張りをしていますが」

とささやいた。

「大丈夫だ。きよろきよろわきを見ないで、平気な顔をしてついておいで、おどおどするとかえつていけない」

例の男はこうたしなめておいて、懐中から巻煙草をだすと、それを一本口にくわえ、大胆にも群衆と警官で混雑している停車場の中へ、しかもわざと警官の鼻先を通つて入つていつた。そして列車に乗りこみ、どこともなく去つていつた。

この胡散な男こそ、私が今から顧みるその日の私自身なのであつた［ボース一九五三a：一五二―一五三］[3]。

二人は、捜査の網を難なく突破し、無事デリーの外へ逃亡することができた。一方、ハーディング総督は、命は取り留めたものの足に大怪我を負い、数ヶ月の間、治療とリハビリに専念することを余儀な

くされた。

R・B・ボースは何事もなかったかのごとくデーラドゥーンに戻り、森林研究所の仕事を続けた。翌年には、負傷した当のハーディング総督がデーラドゥーンに静養のため訪れたが、その時、R・B・ボースは総督の歓迎会を開き、彼を讃える挨拶まで行った。

一九一三年のはじめ、負傷せるハーディング卿は、私の任地であるデラドゥン（Dehradun）に来つて静養をした。私は卿のために一夕歓迎の宴を催し、一場の演説をなしたが、最後に卿のために敬意を表することを提議して、満場の賛成を得た。これに対して卿の感謝したことはいうまでもないが、一人の高等警視のごときは、いくどとなく私の許を訪れて、何彼と革命家捜索に関する内容をうちあけ、書類をしめし、万一の場合の援助を依頼したりなどしたものである［ボース一九五三a：一五六—一五七］。

この出来事については、ハーディング自身が晩年に書いた回顧録のなかでも言及されている。

（3）　このR・B・ボースの回想文は、彼の著作『青年亜細亜の勝利』（一九三七年、平凡社）及び『インドの叫び』（一九三八年、三教書院）に掲載されたもので、戦後に中村屋関係者を中心にR・B・ボースの生涯を顕彰するために出版された『アジアのめざめ—印度志士ビハリ・ボースと日本』（一九五三年、東西出版社）に再収録されている。ここでは、比較的入手しやすい『アジアのめざめ』から引用した。

デーラドゥーンの駅から私のバンガローに向かって車を走らせているとき、数人の者と共に家の前に立ち、私を歓迎しているインド人を目にした。私は彼に声をかけた。彼は二日前にデーラドゥーンで開かれたミーティングの司会を務めていた人物で、私の身に降りかかった事件に対して弔辞を送ることを提議した者であった。後でわかったことであるが、まさにこのインド人こそが、私に爆弾を投げつけた奴だったのだ！ [Harding 1948: 83]

R・B・ボースは、総督をはじめイギリス人官僚からも、爆弾テロ事件の首謀者であることの疑いをかけられることすらなく、むしろイギリスに忠実なインド人と見なされ、捜査情報を入手できるほどまで、完全に彼らの目を欺いていた。

また、一九一三年五月以降、デリー在住のアバド・ビハーリーが中心となって、『リバティー』という英文の雑誌が刊行された。この雑誌は、R・B・ボースが指揮する北インドの急進派の秘密機関誌であったが、掲載されたいくつかの論考では、テロの限界性を踏まえたうえで、大衆動員型の運動の展開を目指すべきことが説かれた。彼らはテロ事件そのものを目的化することなく、それをきっかけとして大衆的な反英独立運動が拡大することこそを望んでいたのである。

正体がばれる

さて、巧みに二重生活を送るR・B・ボースにも、ついにその素性がばれる日がやってくる。

一九一三年五月一七日。

ラホールでイギリス高官を狙った爆殺未遂事件が起こった。この事件はハーディング爆殺未遂事件と同じB・K・ビスワースが実行し、背後でR・B・ボースやアバド・ビハーリーが指揮した事件であったが、爆弾を投げる直前にB・K・ビスワースが怯み、路上に爆弾を放置してしまったため、たまたま通りがかった一般人が爆弾の爆発によって殺されてしまうという大失敗に終わった。

この事件の捜査によって、警察の手が急進派のアジトにまで及び、実行犯のB・K・ビスワースは不覚にも逮捕されてしまった。また、一九一四年二月にはこの事件の計画者であるアバド・ビハーリーや、急進派を代表する指導者のアミール・チャンドの家までもが捜索され、彼らも即時、逮捕された。この時、家宅捜索されたアバド・ビハーリーの家には、R・B・ボースが彼に託していた鞄があった。イギリス当局はその鞄を押収し、R・B・ボースの正体を掴んだ。

アバド・ビハーリーの家宅捜索が行われている頃、R・B・ボースは休暇をとってラホールにいた。アバド・ビハーリーの状況を知らないR・B・ボースの同志ディノ・ナットは、警戒することなくアバド・ビハーリーに秘密事項を記入した手紙を送ってしまった。当然、それはイギリス官憲の手に渡ったのであるが、そこにはR・B・ボースがラホールに滞在中であることが明記されていた。

イギリス官憲は、即座に手紙の送付元であるラホールのディノ・ナットの家宅捜索に向かった。R・B・ボースは別の場所に潜んでいたため拘束されなかったものの、ディノ・ナットは即時逮捕され、そこで急進派の関係文書が押収された。この情報を聞きつけたR・B・ボースは、ターバンを巻いてスィーク教徒に扮し、即座にラホールを抜け出してデリーに向かった。

翌日、R・B・ボースを乗せた列車はデリーに到着した。当然、この時、彼はアバド・ビハーリーが家宅捜索を受け、自分の正体がイギリス側にばれていることなど知らない。そのため、彼は堂々と大通りを歩き、警視庁の前を通った。すると、アバド・ビハーリーの家で見知っていた一五、六歳の少年が慌てて駆け寄ってきて、次のように告げた。

「おじさん、お帰りなさい。けれど用心してください。みんなつかまってしまったのですよ。」
[ボース一九五三a：一五九]

この少年は、アバド・ビハーリーの他に、デリー在住のアミール・チャンドも逮捕されたことを告げた。R・B・ボースは、大切な同志が逮捕され、さらに自分の正体がばれてしまったことを知って、愕然とした。そして、しばらく身を潜めるため、故郷のチャンダンナガルに向かうことを決した。

ちなみに、この時逮捕された急進派のメンバーは、厳しい尋問の末、全員処刑された。

逃亡生活のはじまり

イギリス側は、即座にR・B・ボースの顔写真を載せた指名手配のポスターを製作し、インド各地に張り出した。また、新聞にも彼の写真と素性が掲載され、情報提供者には多額の賞金が支払われることが公表された。R・B・ボースは、最も危険な急進派の指導者として、イギリス官憲から徹底的に追われる身となった。

R・B・ボースはチャンダンナガルの駅に着いた。そこには警官が二人張り込んでいたが、早朝であったため油断して眠りこけていた。彼はその前を通過し、改札口へと向かった。改札には顔見知りの駅員が立っていた。R・B・ボースが改札に差し掛かると、駅員は彼の顔を見てかすかな笑みを浮かべ、何も言わずに通過させた。R・B・ボースには多額の懸賞金がかけられているにもかかわらず、チャンダンナガルの人々は彼の逃走を密かにサポートした。

R・B・ボースは駅から歩いて数分の自宅へと向かった。その日は自宅に留まったものの、捜索を受けることは明らかであったので、彼は同志の関係者の家を転々としながら、急進派の活動家たちと連絡を取り合った。

ある日、チャンダンナガルの同志たちが秘密裏に集まって、会合を開いた。そこでは、同志の全員が「R・B・ボースは海外に逃亡すべき」という意見で一致した。しかし、R・B・ボースは頑としてその提案を受け入れず、翌日、再度会合が開かれることになった。

翌日の会合でも、海外への逃亡を勧める意見が大勢を占め、中には日本行きの切符を買ってきて、決心を促す者まであった。しかし、R・B・ボースは自分の意志を曲げなかった。R・B・ボースはこの時、チャンダンナガルの同志たちに対して、次のように言ったと回想している。


「僕はいろいろと考えた。その結果、ここに取るべき手段が二つ残されている。その一つは、どうせ捕らえられるなら、他の者の手にかかるよりも、諸君の手によって突き出してもらいたいということだ。僕のからだには、一万二千ルピーという莫大な賞金がかけられてある（数日の間に増額されたのである）。資金の不足しているわれわれにとっては、じつに貴重な金だ。その金によってわれわれの運動を有効に導いてくれ。さもなければ僕は、外国へ逃げる気は微塵もない。捕らえられるまでも国内に踏み留まって、なお運動をつづけたいのだ。外国へゆけとの好意は謝するが、それは僕の本意ではないのだ」［ボース一九五三a：一六四］

彼はこう言って、外国行きの切符を破いてしまったという。

R・B・ボースは、しばらくチャンダンナガルに留まった後、新たな活動の展開を模索すべく、一九一四年四月、ヴァラナシへと向かった。

ヴァラナシでの秘密会合

ヴァラナシ（正確にはワーラーナシー）は、ヒンドゥーの聖地として世界的に有名な場所である。ガンジス川の岸辺には多くのガート（沐浴場）があり、ここを訪れる巡礼者は後を絶たない。また、ここのガートで沐浴する人々の姿は、インドを象徴する風景として繰り返し表象される。今日のインド観光では、ヴァラナシのガートの光景を見ることが一つのハイライトとなっているようだ。また、三島由紀夫の『豊饒の海』や遠藤周作の『深い河』のように、小説の舞台として取り上げられることもしばしばである。ここを繰り返し訪れるバックパッカーも数多い。

ヴァラナシの旧市街は、細く入り組んだ路地で構成されている。一度迷うと、なかなか元の場所に戻ってくることができないほど、複雑な路地が四方八方に張り巡らされている。中でもガンジス川に沿って広がるベンガーリー・トーラーと言われる地区は、その路地の入り組み方が著しく複雑である。よほどの土地勘がない限り、この地区では方向感覚を失い目的の場所にたどり着くことができない。

R・B・ボースは、このような入り組んだ路地の一角にある急進派のアジトに身を潜めた。この当時、ヴァラナシでは、サチンドラナート・サンヤルを筆頭とする急進派のグループが活動を行っていた。R・B・ボースは、このS・サンヤルのグループと合流し、地下活動を開始する。

一九一四年七月。

ヨーロッパではサラエヴォ事件をきっかけとして第一次世界大戦が勃発した。インドを支配するイギリスはフランス・ロシアと共に三国協商を結び、ドイツ・オーストリア・イタリアの三国同盟との戦争に突入した。

この第一次世界大戦の勃発は、インドの急進派の独立運動に大きな影響を与えた。ベルリンで活動を展開していたガダル党のメンバーは、イギリスを敵国とするドイツ政府のインド独立運動への協力を取り付けた。そして、その報を聞いたアメリカのガダル党員たちが絶好の反英闘争のチャンスと見て、ぞくぞくとインドへ帰国し始めたのである。

一九一四年一一月、アメリカに滞在していたガダル党の有力者ヴィシュヌ・ガネーシャ・ピングレーが密かにインドに帰国した。V・G・ピングレーはヴァラナシのR・B・ボースのもとを訪れ、ドイツの支援を取り付けたことを報告した。そこで、R・B・ボースはインド各地の急進派の有力者をヴァラナシに集結させ、極秘会合を開いた。

その会合は、日が暮れてから、ガンジス川に船を浮かべて行われた。

この時の会合の内容を、R・B・ボースは次のように記している。

> これらの志士（急進派の首領たち―引用者）が集まって相談したことは、革命反乱の決行に関する問題で、結局ドイツの援助あるなしにかかわらず、今日をおいて革命の好機会はないから決起しよう。今、北印度に革命をおこせば、英国はこれを抑えることはできないということであった［ボー

ス一九五三ａ：一六五］。

彼らはここで、イギリス軍が第一次世界大戦に力を注ぐ隙を衝いて、インド各地のインド人兵士を決起させ、一八五七年以来のインド大反乱を起こすことを決した。そして、その発端をラホール兵営の決起とすることとし、その指揮にR・B・ボースがあたることが決定された。

ヴァラナシに集まった急進派の指導者たちは、この大反乱に備えてインド各地に散らばり、密かに兵営の同志に働きかけて、決起の日を待った。

しかし、この直後、思いがけないアクシデントが起こった。

一一月一八日の夜。

ヴァラナシに潜むR・B・ボースが、兵営の決起に備えて使用する爆弾を吟味していたところ、そのうちの一つが暴発して、左手に大怪我を負ってしまったのである。彼は一旦、決起の予定を延長して、約二ヶ月間、ヴァラナシで怪我の治療に専念した。のちに、この左手の大怪我の傷跡は、R・B・ボース本人であることを識別する重要なポイントとなってしまう。

ラホール兵営反乱事件

さて、R・B・ボースの手の怪我がようやく癒えた一九一五年一月。

彼は約九ヶ月間滞在したヴァラナシを離れ、一路ラホールに向かった。

ラホールに到着後、彼はすぐに急進派の同志たちと連絡を取り合い、一九一五年二月二一日の夜半にインド人兵の決起を行うことを決定した。この日程は、北インド各地の急進派の指導者たちに即座に伝えられ、この日のラホールでの決起を合図に、各地の兵営での一斉蜂起が挙行されることとなった。

R・B・ボースは秘密が漏れぬよう、細心の注意を払った。当時、ラホールには四ヶ所、急進派のアジトがあったが、そこでは洗濯物や張り紙の有無などによって無言のうちにサインを送り、メンバーが検挙されぬよう努めた。

しかし、決起予定日の四、五日前、ラホールのイギリス軍が急に動きを見せた。彼らは突如としてインド軍の武装解除を行い、代わってラホール付近のイギリス軍を動員し始めた。これは、イギリス側がスパイを使って二月二一日のインド人兵の蜂起計画を察知したことによるもので、R・B・ボースも自分たちの計画がイギリス側に漏れていることに気づいた。

そのため、R・B・ボースは決起の日を二日繰り上げて二月一九日とし、その情報を極秘裏にラホール周辺のインド人兵たちへ通達した。しかし、この情報もイギリス側に漏れ、一九日の朝には秘密アジトの一軒が警察によって包囲されてしまった。ここにはR・B・ボースは潜んでおらず、彼自身は難を逃れたものの、多くの同志が警官との銃撃戦のうちに死傷し、生き残った者は全員逮捕された。さらに、この日の夕方には、列車から降りてきた急進派のメンバーが突如として警官に射殺され、彼の所持品が押収された。その押収品の一つの紙切れに、一軒のアジトの住所が書いてあったことから、そのアジトも警官によって包囲され、多くの同志が拘束された。

この日の夜九時には、ラホール近郊のフェロスポール連隊が予定を三時間繰り上げて決起したが、待ち構えていたイギリス軍の激しい銃撃により、五〇人ものインド人兵が射殺された。他にも各地の兵営の決起計画が既にイギリス側に漏れているとの情報がR・B・ボースのもとに入ってきた。彼は「断腸の思い」でその報告を聞いたという［ボース一九五三a：一六九］。

いよいよ、R・B・ボースの身にも警察の手が及ぼうとしていた。

彼は計画の失敗を受け止め、急いでラホールをあとにすることにした。彼は以前と同様、ターバンをかぶってスィーク教徒を装い、懐には弾丸の入ったピストルを忍ばせて駅へと向かった。彼は事前に用意していた切符を使ってホームに入り、巧みに警官の目を盗んで列車に飛び乗った。そして、座席で伏せって眠ったふりをし、列車の発進を待った。

しばらくして列車は動き始めた。R・B・ボースがほっとして窓の外を見ると、彼の友人がプラットホームで安堵の表情を浮かべて見送っているのが見えた。彼は何とかラホールを抜け出すことができた。

こうして一九一〇年代前半の急進派の活動のクライマックスとして知られるラホール兵営反乱事件は、失敗のうちに終わった。

虎口からの脱出

さて、R・B・ボースはラホールから再びヴァラナシに向かった。途中、彼は、ガジアバードの駅で列車を乗り換える必要があった。この駅に降り立ったとき、彼はデーラドゥーンの知事の官房主事をしているインド人官吏がベンチに腰掛けているのを見つけた。R・B・ボースとそのインド人は、デーラドゥーン時代の顔見知りであった。

R・B・ボースは「万事休した。もうどうにでもなれ」と覚悟を決め、彼の前を平然とした顔で通り過ぎようとした。彼はちらりとR・B・ボースの顔を見たが、何も見なかったような表情で、無言のまま見逃してくれた。

R・B・ボースはのちに「英国官房の高い椅子はしめておっても、さすが同胞と、この時ばかりは私も、胸の痛くなるほど、その好意をうれしく感じた」と回想している［ボース一九五三a：一七〇］。

彼は翌朝、無事、ヴァラナシに到着し、ベンガーリー・トーラーの隠れアジトに潜んだ。

二日後、デリーのすぐ北のメーラトで兵営の決起のタイミングを計っていたV・G・ピングレーが、ヴァラナシのR・B・ボースのもとを訪れた。V・G・ピングレーは総指揮官であるR・B・ボースに、メーラトの兵営の決起を命令するよう強く懇願した。R・B・ボースは、もし自分がその命令を下せばV・G・ピングレーの命を奪うことになる可能性が極めて高いことを十分に認識していた。R・B・ボースはS・サンヤルと相談の末、断腸の思いでV・G・ピングレーに決起の命令を下すことを決した。R・B・ボースはこの時のことを、次のように回想している。

時は夕景であった。私とピングレーの二人は、聖ガンジスの岸辺に立っていた。ガンジスは恍洋と流れて、二三の扁舟が流れに浮かんでいた。寺院では晩鐘が鳴りはじめていた。私たち二人―暫時は沈黙のまま言葉がなかった。私は…

「ピングレー、君もよく知っている通り、君の行路は危難にさらされている。微細な不覚も一命にかかわるということを、よくよく肝に銘じて…」

といえば、これを聞いてピングレーは苦笑した。そうして、

「私の人生では、生と死の区別というものを知りません。もしあなたが私に命ずるなら、私はどんなことでも生命のある間にやります。たとえ、私の前途に死が待っていようと、私は退きません」

といった。

実にピングレーの毅然とした返辞は、勇敢そのものであった。

しかし、これを聞いた私は、強い戦慄が胸をついて通り過ぎるのをおぼえた。これまで私たちは多くの友人を失っている。そうして、今またピングレーを私たちの間から失おうとしているのだ

[ボース一九五三b：一七五―一七六][(4)]。

翌日、R・B・ボースはメーラトへ向かうV・G・ピングレーを見送った。

数日後、R・B・ボースはV・G・ピングレーが爆弾を所持しているところを逮捕されたというニュースを新聞で読んだ。その瞬間、「新聞は落ちる涙にぬれて、灰色に曇ってしまった」[ボース一九五三b：一七二]。

当然の如く、V・G・ピングレーも厳しい尋問の末、処刑された。

一方、ヴァラナシのR・B・ボースの身にも危険が迫っていた。彼はS・サンヤルらの忠告に従い、郷里のチャンダンナガルへと逃亡することを決めた。

彼はヴァラナシを発ち、ムガールサライで列車を乗り換え、翌早朝の四時にチャンダンナガルの一つ手前のマゴラ駅に到着した。彼は、夜が明ける前にここから小船でフーグリ川を上り、チャンダンナガルの町へ入る予定にしていたが、折からの雨でそれは叶わなかった。そのため、チャンダンナガルに入るには、再び列車に乗りイギリスに通じた人間が見張っている駅舎を通過する必要があった。彼は意を決して列車に乗り、チャンダンナガルの駅に降り立った。幸いにも、駅に張り付いていた探偵は眠りこけており、彼は難なくその目前を通過した。さらに彼が改札口に差し掛かったとき、以前と同様、顔見知りの駅員が微笑みながら切符を受け取り、何も言わず彼を通過させた。

こうして、彼は無事、フランス領のチャンダンナガルに潜入することができた。

出国の決意

とりあえずR・B・ボースは、自宅近くの知人の家に身を潜めた。そして、チャンダンナガルの同志を集めて、会合を持った。同志の意見は「海外への逃亡」で一致していた。

前回のチャンダンナガルでの滞在時には、外国行きを断固として拒否し、ヴァラナシに向かったR・B・ボースであったが、ラホール兵営反乱事件の失敗を経た今回は、状況が異なっていた。

今度は私自身考えた。—もし私が外国へいったならば、私は大いに印度を援けることができるだろう。なぜなら、私は長い経験を積んでいた。それは、革命を成功させるために軍隊を誘用することは無効であるということだ。かつ、もし私たちが、民衆の力で革命をなそうとするならば、それは武器なしでは到底困難である。私たちがラホールで、十分な武器を持っていたならば、官憲は私

(4) このR・B・ボースの回想は、一九二四年に英語で書かれたもので、インドの青年たちに読ませることを目的に母国へ送付された。ここで引用した本文は中山利国による訳文で、戦中に出版された中山の著書『永世の印度』(一九四三年、ヒマラヤ書房)と、前述の『アジアのめざめ—印度志士ビハリ・ボースと日本』に収録されている。両者は漢字表記の違いを除けば、全くの同文である。ここでも比較的入手しやすい『アジアのめざめ』所収の回想録から引用した。以下も同様のこと。

たちの企を知っても、あんなにまで私たちをやっつけることはできなかったのだ。私たちは主義を持っている。私たちは組織を持っている。私たちが持たないものは武器だけだ。私たちは兵士を説得し、味方にして、武器を得ることができると思った。しかし、兵士が捕われるようになれば、武器はどこから手にいれることができるのか。それを思うと将来私たちは、兵士にたよることはできない。それならば私たちは、武器をどこかの国からか密輸入しなければならない。——私の意見を実行するための計画は、私たちは革命を実行する前に、小さな銃器を、国民の間にゆき渡らせなければならない。——そこで私は、この意図のもとに印度を去ろうと決心したのだ［ボース一九五三b：一八〇—一八一］。

そこで、R・B・ボースが目を付けたのが、日露戦争に勝利し、国力を高めつつあった極東の国・日本であった。

彼は一旦、フーグリ川の上流のナワードウィップという町に身を隠し、日本へ行く資金が集まるまでの時間、じっと待機した。そして、その資金の目処が立つと、一路、日本行きの船が出るカルカッタに移動した。

急進派の活動家を指揮する革命家R・B・ボースに、インドを去る日が刻々と近づいてきた。

頭山満

前列左は寺尾亨、中央がR・B・ボース、前列右は犬養毅、
後列左から順に大川周明、宮崎滔天、内田良平、中村彌。

第二章　日本へ

2—1．日本への逃亡

インド脱出

一九一五年四月。

R・B・ボースは、いよいよ日本へ渡る準備に入った。

彼は、カルカッタから日本へ逃亡するにあたって、船の旅券を手に入れるための策略を練る必要があった。当然、本名で買うわけにはいかない。全くの別人になりすまして、インドを出国する必要があった。

どのような偽名を使うべきかを思案していた時、彼はある新聞記事を目にする。それは、アジアで初めてノーベル文学賞を受賞したベンガルの詩人ラビンドラナート・タゴールが、日本行きを計画しているという内容のものであった。R・B・ボースはここで、タゴールの親戚と偽って、日本へ渡ることを思いついた。彼は、タゴールの日本滞在の下準備をする親戚になりきることによって、イギリス官憲を騙すことができるだろうと考えたのである。また、彼は、デーラドゥーンの豪邸に住むタゴールの親戚がP・N・タゴール（プレオ・ナース・タゴール）という名前であることを知っていたため、その人物になりきることによって官憲の目をごまかすことを企んだ。

R・B・ボースは友人に、この偽名を使って、カルカッタから神戸までの旅券を購入することを依頼する。そして、その作戦が成功して、彼はまんまと日本への切符を手に入れた。

一九一五年五月一二日。

R・B・ボースは、日本郵船会社の讃岐丸に乗船するため、正午頃アジトを出発した。彼は洋服を着用し、馬車を呼んでそれに乗り込んだ。

彼はこの時の想いを、九年後の一九二四年に回想して次のように述べている。

私はこれまで、印度を離れて海外に旅行したことがなかったから、心配であった。五年前ビルマに一度いったことはあったが、ビルマは、外国だという感じはしなかった。こんどは父母兄弟、姉妹、同志、知友をはなれて、未知の人々の中にいくのだと思うと、心がいたんだ。がそれよりも、自分の母国をはなれるという悲哀が大きかった。しかししかたがない。私の前には、任務というものがあった。私はそれを遂行しなければならなかった。仲間をはなれて外国へいくな—という弱い感傷が一度はでてきたが、私はじっとおさえて、心を強くとりなおした。(中略)

心が二つに裂かれる思いがした。少年から青年時の記憶、両親、兄弟、姉妹のことを思うて、胸が別離の悲哀にいっぱいになったのだ。生命がからだをはなれ去っているような感じがした。涙がおちはじめた［ボース一九五三b：一八八—一八九］[1]。

R・B・ボースは、ドックに入ってきた讃岐丸の一等席に乗り込んだ。そして、船の日本人事務長に、ラビンドラナート・タゴールの親戚の者であると告げ、自分は日本で学問を修めるつもりであると話した。それを聞いた日本人事務長は、彼に対してタゴールのことをいろいろと尋ね、日本の教育制度について懇切丁寧に話した。

次にイギリス人警官が回ってきた。

私はどうなることかと心配しだした。私がこの船に乗りこんでいることを知っているのではあるまいか。こんなに多くの人がいるのだから、しかも昼間逃げることはむずかしい［ボース一九五三b：一九二］。

このような心配を抱えながら、R・B・ボースは『*Englishman*』という英字新聞を読むふりをしつつ、慎重に様子を窺っていた。巡回してきた警官は、乗客名簿を見ながら先ほどの日本人事務長と船長に、「P・N・タゴール」（ベンガル語の発音では「P・N・タークル」）について尋ねた。日本人事務

（1）R・B・ボースは日本へ渡る船の中で詳しい日記をつけており、この手記は彼の日記に基づいて書かれている。この船中日記は今のところ発見されておらず、現存するかどうか不明である。

長は、彼がラビンドラナート・タゴールの親戚の者で、日本では学問を修める予定である旨を説明し、イギリス人警官を納得させた。R・B・ボースは、そのイギリス人警官が去っていくのを見て、安堵した。

船は夜の一一時になって、ようやく出航した。カルカッタの町が闇の中に消えていくのを見つめながら、彼は感慨に耽っていた。目には涙が溢れていた。

翌朝、船はまだカルカッタの沖に停泊していた。そこからは見覚えのある紡績会社の建物が見えた。その近くには彼のNという友人が住んでいた。

ふと彼のことを思ひだした。Nのような仲間からはなれて外国にいかないで、私は海にとびこんで彼の家にいきたいと、せつない思いにかられた。どうしようかと迷つたが、船は汽笛を立てて動きはじめた［ボース一九五三b：一九四］。

いよいよ、インドの町並みが遠ざかっていった。船からはガンジス川から流れ込む水と海の潮の区画が明確に見えた。R・B・ボースは船室に入り、初めての船酔いに苦しみながら体を休めた。

そして、これが彼の生涯で見た最後のインドの光景となった。

R・B・ボース、二九歳。

今後、二度とインドの大地を踏みしめることができないという過酷な運命を、この時、彼は知る由もない。

ペナンからシンガポール、香港へ

船は、ペナン・シンガポール・香港を経由して、神戸に向かうルートを航行した。

ボースは船室で、心の支えである聖典『バガバット・ギータ』を読んだり、日本人船長との会話を楽しんだりした。また、ある時は三等の甲板に降り、そこのインド人たちと交流を持った。そのインド人たちの中には、R・B・ボースがよく知るインド独立運動の指導者と交流を持つ者もおり、彼などは目の前のP・N・タゴールがR・B・ボースであるとはつゆ知らず、「ラス・ビハリは今カブールにいる」と語ったという［ボース一九五三b：二〇〇］。

船はアンダマン島の沖を通った。

このアンダマン島はイギリスの流刑地で、多くのインド人独立運動家が収容されていた。この時、R・B・ボースは船長にアンダマン島の位置を確認した。

海上遠く仄かに小さく光が見えてゐた。（あそこがアンダマンだ！）と船長が言つた。それを聞いて私の胸を戦慄が走つた。幾人も幾人も私の兄弟のやうな同志が、あの洋上の牢獄に幽せられて、空しく朽ちながら死を待つばかりなのだ。ガリバルデイやワシントンが自国のためになしたと同じことをこの勇敢な人々はやつたのだ。しかし、不成功で今は死を待つばかりの運命だ！　ということを考へて、私は暗然として悲憤の涙を呑んだ［中山一九四三：二二四］[2]。

船は順調にアンダマン島沖を通過し、五月二〇日、ペナンに到着した。

船が港に入ると、多くの物売りが船内にやってきた。その中には、ペナンに住むインド人商人もいた。R・B・ボースはその商人と親しくなり、シンガポールの様子を聞き出した。

この年の二月一五日、イギリスの支配下のシンガポールで、インド人兵士たちがガダル党のメンバーの働きかけに応じて、イギリス人への反乱を起こすという事件が発生していた。この反乱は失敗に終わり、反乱に加わったインド人たちの多くが処刑された。この事件に際して、日本政府は日英同盟に基づきイギリスの要請を受け入れ、シンガポール沖にいた軍艦対馬の陸戦隊員を上陸させた。この日本軍人は市内の警備にあたり、投降してきたインド人兵をイギリス側に引き渡した。

R・B・ボースはこの事件を、ペナンのインド人商人から聞いて初めて知った。そして、シンガポールに入港するインド人は、警官から厳しく検査される旨を聞かされた。

そういうことをきいてから、私は非常に心配になつた。運命で決定されていることは必ずそうなるのだから、所詮私は、シンガポールにいくべきであると考えて、意を決した［ボース一九五三b：二〇七］。

船はその日のうちにペナンを出港した。

二日後の五月二二日。船はシンガポール港の入り口にとまった。そこに、一二、三人の警官を乗せた汽艇がやってきて、船に乗り込んだ。

私の心は動揺しはじめた。英国の官憲は、私が船にのりこんでいるというニュースを、うけているのではあるまいか？　もしそうでないならば、こんなにたくさんの警官はこないはずだ。彼等は事実、私を捕縛するためにくるのではあるまいか？［ボース一九五三b：二〇八］

このような心配をしていると、いよいよ警官が船室の近くの食堂までやってきた。R・B・ボースは「じぶんの心臓をかむようなおもいで、過ぎゆく一秒々々をかぞえ」ながら、警官の様子を窺っていた［ボース一九五三b：二一四］。しかし、そこでも彼は「R・B・ボース」であることに気づかれることなく、難を逃れた。しかし、同年に起こったインド兵の反乱の影響で、インド人は皆、指紋を押すことを

（2）この文章は、中山利国が著書の中でR・B・ボースの当時の日記を引用している部分である。

強要された。R・B・ボースはそれに反感を覚えつつも、黙って従った。

船は翌五月二三日にシンガポールを出港し、六日後の五月二九日、香港に到着した。

R・B・ボースは船から降り、束の間の香港観光を楽しんだ。しかし、船に戻ると、船長から「香港を離れ日本に向かうインド人は、警官から許可を受けなければならない」ことを知らされた。彼はまた不安の極致に陥れられ、終夜、策略を練り続けたものの、最終的に自分からパスポートの申請に警察局に赴くことを決意した。

翌朝、R・B・ボースは洋服を着用し、紳士風のいでたちで警察局を訪問した。しかし、その日は日曜日で、許可を下す長官が不在であった。彼は事務所にいたイギリス人次官に許可を出してくれるよう頼み込んだ。すると、そのイギリス人次官は、部屋にいたインド人事務員を呼んで、許可書を書いてやるように指示し、それが出来上がると詳しい尋問もせずサインした。R・B・ボースは、その日が日曜日であったことに、逆に救われたとのちに回想している。

彼は船に戻り、出航の時を待った。

翌日、船は無事、香港の港を発った。この次の港は、もう日本の神戸である。そして、ここで、イギリス領とはお別れである。R・B・ボースは安堵感を抱きながら、香港の町を見送った。

日本上陸

一九一五年六月五日。

R・B・ボースは、ついに神戸に上陸した。

船を降り、彼が税関の所へ歩み寄ると、なぜか日本人の税関吏が駆け寄ってきて、握手を求めた。そして、「あなたに沢山手紙が来てゐる」と言って、手紙を持ってきた。それらをよく見ると、すべてラビンドラナート・タゴールに宛てたものであった。R・B・ボースは、自分がラビンドラナート・タゴール本人ではない旨を説明し、彼の親戚の「P・N・タゴール」であると告げた。すると、その日本人官吏は、R・B・ボースの検査を免除し、自動車で宿屋まで案内してくれた［ボース一九三三a］。

R・B・ボースはすぐに汽車の手配をし、六月七日、神戸を出発する。途中、京都に立ち寄り、六月八日夜の一一時頃、東京の新橋駅に到着した。彼が言葉も通じず、方角もわからず途方にくれていると、英語のわかる一人の巡査がやってきて、彼の世話をした。その巡査は宿へ案内してくれた上、翌日からの住まいを借りる手配まで協力してくれた［ボース一九三三a］。

R・B・ボースは東京麻布の笄（こうがい）町の路地裏に居を定め、早速、東京近辺に滞在するインド人たちと連絡を取り始める。

この当時、日本ではアメリカに本拠地を置くガダル党のメンバーが、密かに活動を展開していた。その代表的人物が、バグワーン・シンである。バグワーン・シンは、一九一四年に起きた駒形丸事件に際して活躍したことで知られる活動家で、当時、日本において、インド向けの武器調達活動に携わっていた。

この駒形丸事件とは、香港・上海・横浜でインド人三百数十人を乗せカナダに向かった民間汽船・駒形丸が、ヴァンクーヴァーの港でカナダ政府に入国を拒否され、約六〇日間の激しい闘争の末、やむなくインドへと引き返した事件である。ヴァンクーヴァーを出発した駒形丸は再び横浜に到着し、そこでカナダから先回りして日本に潜入していたガダル党総裁ソーハン・シン・バクナーによって、密かに大量の武器とインドでの武装蜂起を企画するガダル党のプログラムが積み込まれた。駒形丸は順調に航行し、インドのカルカッタに到着するが、イギリス人は乗客のカルカッタ滞在を許可せず、彼らの故郷のパンジャーブへの強制送還を決行した。乗客の中にはこの強制送還に抵抗する者がおり、そこで銃撃戦が生じた。この際、約二〇人のインド人が殺害され、二〇〇人以上が逮捕された［桑島一九七六：五九―六〇］。

バグワーン・シンは、この駒形丸の乗客ではなく、ヴァンクーヴァーの町で乗客の入国闘争を繰り広げた代表的な人物であった。彼はこの駒形丸事件が起こる直前の一九一四年三月から四月にかけて日本に滞在していたことがあるが、この事件の後、本格的に日本での活動に着手するため、再来日する。

一方、イギリスとの間に日英同盟を結ぶ当時の日本政府は、イギリスからの要請もあり、このようなインド人に警官を張り付け、密かに日々の行動を監視していた。バグワーン・シンも、次第に日本政府から目を付けられ、その行動をつぶさに監視されるようになった。

このようなインド人活動家に対する行動監視記録が、現在も東京の外務省外交史料館に保管されている。『各国内政関係雑纂・英領印度の部・革命党関係（亡命者ヲ含ム）』と題された外交文書ファイルには、日々、警視庁から外務省に上げられてくる要注意インド人の尾行記録と、インド人活動家に関するイギリス政府とのやり取りの文書がぎっしりと綴じられている。

この文書を繙いてみると、バグワーン・シンは一九一五年六月頃から日本政府によって徹底的にマークされ、行動は常に警官によって尾行されていたことがわかる。バグワーン・シン自身が、この当時、行動を監視されていることに気づいていたかどうかはわからないが、そのような不穏な動きを尻目に、彼は東京・横浜において積極的に活動を展開していた。

彼は、七月四日には、日本の映画産業のパイオニア的存在である実業家・梅屋庄吉を介して日本に滞在中の孫文と面識を持ち[3]、七月一二日にはムスリム（イスラーム教徒）に改宗した日本人・波多野春房（ハッサン波多野）の事務所を訪ねている。また、七月一六日には赤坂表町の警察署を訪れ、拳銃の買い入れ許可を出願しようとしている。さらに、この文書には、バグワーン・シンが、「この第一次大戦の中の混乱に乗じてインドと中国の活動家が呼応して革命の旗を上げ、それを日本が指導すれば、東洋問題は自ずと解決する」と日本人に訴えていたことが記録されている。ここでは、彼が中国の革命家と

（3）史料が残っていないため断定はできないが、バグワーン・シンはこれ以前に、既に孫文と面識を持っていた可能性が高い。

の連帯を志向している点が興味深い。おそらく、孫文と面識を持ったことが、このような見解の表明と繋がっているのであろう。

さて、この外交史料館に残るバグワーン・シン監視記録に、突然、R・B・ボースが連日のように登場し始める。その最初の記録が、七月二二日のものだ。

七月二二日
午後五時二分同国人「ピーエヌタクークル」来訪。相伴ヒテ日比谷公園ニ赴キ、同所ニテ「タクール」ト別レ、園内松本楼ニテ飲食ノ後、十時ニ帰宅。（句読点は引用者による）〔外務省記録一九一五：一四四四〕

ここに登場する「ピーエヌタクークル」こそが、R・B・ボースの使っていた偽名「P・N・タゴール」である。おそらく、R・B・ボースがバグワーン・シンと接触したのは、この時が初めてである。[4] R・B・ボースは、日本に滞在するガダル党の重要人物と、日本上陸後、約一ヶ月半の時間を経て、ようやく接点を持つことができたのである。

翌日から、R・B・ボースは、毎日のようにバグワーン・シンと行動を共にすることになる。

R・B・ボースがバグワーン・シンと出会って六日目の七月二八日。二人は共に東京を発って箱根に向かった。

孫文との出会い

これは、箱根の三河屋に滞在していた孫文を訪ねるためであった。

当時、R・B・ボースは新聞を読んで、孫文が日本に滞在中であることを知り、面会することを熱望していた。しかし、日本の地理に不案内な彼が、孫文の居場所を突き止め、単身で訪ねて行くことは不可能に等しかった。ところが、七月二二日に、孫文との面識があるバグワーン・シンと出会い、彼と面会できる可能性が一気に開ける。R・B・ボースは、バグワーン・シンに対して、孫文と会いたい旨を伝えたのであろう。あるいは、バグワーン・シンの方から、孫文との面会の話をもちかけたのかもしれない。いずれにせよ、二人は孫文のもとを訪れることを決め、さっそく箱根へと向かった。

孫文は、周知の通り、一九一一年に起きた辛亥革命を機に中華民国を建国し、その臨時大統領に就い

---

(4) アメリカのガダル党のメンバーは、既にR・B・ボースが日本へ逃亡した事実を摑んでいた。バグワーン・シンは、アメリカのガダル党とのネットワークを通じて、R・B・ボースが来日することを知らされていたに違いない。バグワーン・シンは、行動を共にしていた在日インド人のマジュムダールらと共に、R・B・ボースのことを密かに捜索し、この日、何らかの(おそらく在日インド人たちとの)人脈を通じて、ようやく出会うことができたものと考えられる。

た大人物である。　孫文は、中国最初の共和制国家の創始者として、現在に至るまで「国父」と称されている。

孫文は、辛亥革命が起こる一六年前の一八九五年、広州での武装蜂起失敗を契機に日本へ亡命している。そして、アメリカ・ヨーロッパでの生活を経て、一八九七年、再び日本に戻り、頭山満や宮崎滔天、寺尾亨、犬養毅らと親交を持つ。以降、彼は日本の有力な政治家とも結びつきを強め、武装蜂起による中国革命を目指す。孫文は辛亥革命によって一時的に中華民国の臨時大統領となるが、袁世凱との権力闘争に敗れ、一九一三年一二月、日本に舞い戻ってくる。

一九一四年、第一次世界大戦が勃発すると、彼の亡命先である日本（当時は大隈重信内閣）はこれに参戦し、山東半島に上陸、青島を占領する。さらに、翌年、日本政府は袁世凱政権に二十一か条要求を突きつけ、強引に屈服させる。孫文はこのような日本政府の政策を批判し、犬養毅らによる二十一か条反対運動を支援した。

R・B・ボースが箱根を訪問した一九一五年七月当時、孫文はこのような苦境の中にいた。ただ、孫文にとって救いであったのは、前年の一九一四年に若い秘書の宋慶齢と結婚し、新婚生活の中にあったことである。孫文はこの時、「五〇歳にして始めて恋を知った」と語っている。ちなみに、孫文が袁世凱の死を契機に中国に戻ることができるのは、一九一六年六月のことだ。

さて、箱根の三河屋で孫文と面会したR・B・ボースは、彼の意外な反応に驚かされる。それは、孫文がR・B・ボースの存在を既に知っており、さらにそのR・B・ボースが日本に滞在中であることも知っていたからである。当時、孫文はアメリカに滞在する中国人の同志から、R・B・ボースが日本へ来るという情報を得ていた。アメリカではガダル党をはじめとしたインド人活動家と中国人活動家の間に繋がりがあり、そのネットワークを通じて、孫文のもとにまで、インドを代表する革命家R・B・ボースが来日することが伝わっていたのである。(5)

孫文は、R・B・ボースが訪ねてくると非常に喜んで、「あなたが何処に来て居るかと、東京中をサンザン捜して居つた」と話した［ボース一九三三a］。

R・B・ボースとバグワーン・シンの二人は、孫文が滞在する三河屋の隣の開花亭に投宿し、中国を代表する大物革命家との親交を深めた。この会談の内容については明らかではないが、若きR・B・ボ

(5) これはR・B・ボース自身の次のような回想に基づいている。「孫文の所へ米国に居る支那人の友人から私が日本へ来るといふ手紙が来て居つた。詰り私の仲間の奴が米国の仲間に知らせ、米国の奴が支那人と連絡があつた。その支那人から孫文の所へ手紙が来た。それで孫文は前から私を探して居りました。所が私は知らないのです、所が新聞を見ると、支那の孫逸仙が日本に亡命して居るとある。それならどんな人か逢つて見よう、印度の問題には多少共鳴するかも知れぬと考えて、孫逸仙の所へ行きました」［ボース一九三三a：一三五―一三六］。ちなみに、孫文（孫逸仙）はバグワーン・シンやR・B・ボースと会う以前の一九一四年一月一一日に、ガダル党のメンバーで東京外国語学校（現在の東京外国語大学）のヒンドゥスターニー語教員であったバルカトゥッラーと面会している。バルカトゥッラーはこの会見の後の四月二八日に日本を発ち、アメリカへと渡り、ガダル党のメンバーたちと共に活動を展開した。このバルカトゥッラーが、孫文にR・B・ボースの存在を伝える過程で、何らかの関わりを持った可能性が高い。右のR・B・ボースの回想に出てくる「米国の奴」は、このバルカトゥッラーのことである可能性も十分に考えられる。バルカトゥッラーの日本での活動については後で詳述する。

ースは、経験豊富な孫文に、武装蜂起による独立運動のあり方について熱心にアドバイスを求めたに違いない。さらに、武器の獲得や輸送などの具体的な支援も要請したであろうと推察される。

以後、R・B・ボースは孫文を非常に頼りにし、この年、何度も彼のもとへと足を運ぶことになる。

インドへの武器輸送

孫文と面会した翌七月二九日。

R・B・ボースとバグワーン・シンの二人は、すぐに東京に戻って活動を再開する。その活動の中心は、日本で武器を調達し、それを密かにインドの同志のもとへ送って、全インド的な武装蜂起を実行することであった。

彼らはこのような目的を達成するために、拳銃の大量購入を図った。しかし、当時の日本では、拳銃の購入・携帯には警察の許可が必要であった。そのため、彼らは頻繁に警察に対して拳銃購入の許可証発行の嘆願を行っている。七月三一日には青山警察署に対して嘆願書を送付したが、警察からは「身元詳カナラザル為メ、許可スル能ハザル」という返事を受け取った［外務省記録一九一五：一四六一―一四六三］。

このように、彼らは東京・横浜を奔走する毎日を送るが、その活動の合間に、現在でも営業を続けている日比谷松本楼で頻繁に食事をとっている。松本楼は一九〇三年の日比谷公園の開園と同時にオープンした洋風建築のレストランで、当時の裕福層の間では、ここでカレーを食べコーヒーを飲むことがハイカラな習慣であったという。詩人・高村光太郎の代表作『智恵子抄』にも、光太郎と智恵子が松本楼でアイスクリームを食べた様子が記載されている。

この松本楼は、梅屋庄吉との関係が深かったことから、当時、孫文などもここを頻繁に利用していた。現在、松本楼のロビーには一台のピアノが置かれているが、これはかつて梅屋の自宅にあったもので、孫文の妻・宋慶齢もこのピアノをよく弾いていたという。ちなみにこのピアノはヤマハによって生産された国産ピアノ第一号で、現存する二台のうちの一台だ。

バグワーン・シンは、この松本楼を梅屋や孫文から紹介されたのであろう。以後、松本楼はインド人革命家たちが密かに集い、食事をしながら各種の会合を重ねる場所となる。もちろん、R・B・ボースもここを何度となく訪れている。

さて、R・B・ボースは、拳銃購入の許可証を取得することができない日本の状況に落胆し、日本から拳銃を直接インドへ送ることが困難であると判断する。そして、当時、イギリスの強い影響下にあった上海に潜入し、そこから拳銃の送付活動を行うことを決意する。

彼は早速、八月一六日に東京を発ち、関西方面へと向かった。そして、そこからいざ上海へと旅立った。この上海行きについては、孫文から何らかのアドバイスを得ていたと推察される。おそらくは、孫文から上海にいる国民党の活動家に対して、R・B・ボースの活動をサポートするよう指令が出ていたであろう。

以後、約一ヶ月にわたって、R・B・ボースは上海で武器の調達とその輸送工作に奔走する。

一方、日本に残ったバグワーン・シンは、活動に行き詰ったのか、あるいは日本の官憲の目をくらませるためか、在日インド人のマジュムダールと共に、頻繁に銀座へ買い物に出かけたり、活動写真を見に行ったりしている。また、この年の七月にインドから日本へ逃れてきた革命青年・サーバルワールや、のちにコミンテルンで活躍し第三インターナショナルの幹部となるアバニナート・ムケルジーらとも、頻繁に行動を共にした。

そのような毎日が繰り返される中、ついに彼らの活動の努力が実る日が来る。

九月九日。バグワーン・シンは、日本鉄砲店から大量の拳銃と実弾を購入することに成功した。彼は、即座にこれをR・B・ボースのもとへ届けるため、アバニナート・ムケルジーを上海へと送り込むことを決定する。同日、A・ムケルジーは東京を発ち、関西方面へと向かい、そこから上海へと旅立った。

しかし、このA・ムケルジーの行動が、のちのR・B・ボースに降りかかる苦難を生み出すことになる。

A・ムケルジーは九月の中頃に、無事、上海に到着し、そこでR・B・ボースと合流した。そして、日本から持ち込んだ武器とR・B・ボースから手渡された重要書類を携えて、インドへと旅立った。

A・ムケルジーに武器や書類を託したR・B・ボースは、再び日本への途についた。そして、九月の末（あるいは一〇月のはじめ）に、無事日本へと戻ってきた。

一方、武器を上海のR・B・ボースのもとへ送るという大仕事を終えたバグワーン・シンは、九月一六日に東京を発ち、下関へと向かった。そして、九月一九日に下関を発ち、プサンへと向かった。彼がこれ以降に日本へ戻ってきた形跡はない。

R・B・ボースは日本へ、A・ムケルジーはインドへ、バグワーン・シンは朝鮮へ。

日本に集結した三人のインド人革命家は、イギリスのインド支配を打倒するために、別々の方面へと散っていった。

イギリスに正体を見破られる

さて、A・ムケルジーを乗せ上海からインドへ向かった船・八坂丸は、一旦、シンガポールに寄港した。当時のシンガポールは、約四ヶ月前、日本へ向かう途上のR・B・ボースが経験したように、一九一五年二月に起きたインド兵の反乱の影響から、インド人に対するイギリスのチェックが厳しくなっていた。

A・ムケルジーはここでイギリスの官吏の厳しい検査を受ける。そして、その検査に引っかかり、不覚にも逮捕されてしまう。

イギリス人官吏は彼の荷物を押収し、様々な機密書類を入手した。そして、その書類の分析から、ある重大機密を知ることになった。

その機密とは、他でもない「P・N・タゴール」がR・B・ボースの偽名であるという、イギリス側にとっては衝撃の事実であった。

シンガポールのイギリス人行政官たちは、最高ランクの捜索対象人物であるR・B・ボースが日本に潜伏しているという事実を摑み、色めき立った。さらに、A・ムケルジーから押収した書類（特にR・B・ボースからA・ムケルジーに宛てた複数の手紙）から、R・B・ボースの日本での潜伏先の住所まで掌握した。彼らは急いでイギリス本国へその報告を打電し、R・B・ボースの即時逮捕を日本政府へ要請すべきことを進言した。そして、一〇月五日、イギリス外務省は、日本外務省に対してP・N・タゴールことR・B・ボースの逮捕を正式に要求した［外務省記録一九一五：一五四〇］。

イギリス外務省は、その要求書類の中で、R・B・ボースを識別するポイントを提示した。それは彼の左手の三番目の指にある大きな傷であった。イギリス外務省は、日本側にP・N・タゴールの指をチェックするよう要請する。そして、その指に傷が認められれば、それがR・B・ボースである動かぬ証拠なので、即時逮捕するよう要求した。

前述のように、R・B・ボースの左手の指には、ヴァラナシでの爆弾の誤爆によってできた傷があった。そして、彼自身もその傷が自分を識別する最大のポイントであることをよく認識していた。

日本政府は、イギリス外務省からの要請に対して、R・B・ボースの即時逮捕には動かなかった。そのような日本政府に対して、イギリス外務省は最初の要求から一週間後の一〇月一二日に、再び逮捕要求を突きつけた。これに対して、日本政府は翌一〇月一三日に「逮捕は難しい」という回答を行った。

しかし、イギリス側は簡単にはあきらめない。一〇月一五日にはさらに逮捕を促す文書を送り、それでも逮捕に応じない日本政府に対して、翌一〇月一六日には若干妥協して、R・B・ボースの強制送還を要求した。ここではドイツのエージェントとインド人が連帯して、東南アジアからインドへ武器を輸出していることに触れ、それにバグワーン・シン、グプター（彼については後述する）、R・B・ボースが関わっていると指摘している。

日本政府はそれでもイギリス側の要求に応じようとせず、様々な言い訳を並べ立てて、時間の引き延ばしに苦心していた。しかし、その苦し紛れの言い訳も、次第に尽きてくる。

R・B・ボースにとっては絶体絶命のピンチだ。

しかし、上海から帰国直後のR・B・ボースは、自分の素性が既にイギリス側に見破られているとはつゆ知らず、日本での活動を再開していた。

ただし、彼は、上海から帰国後、警官に尾行され始めたことには気づいていた。彼は、のちに回想して、次のように述べている。

　私が支那から帰ってきて、翌朝出掛けやうと思つて玄関で靴を穿いて居ると門の所に二人立つて居る。出掛けると間もなくその二人は見えなくなつた。その時は余り気にしなかつたが、その翌日の朝又出掛けやうとすると又二人立つて居る。私が出て行くと後から随いて来る。あまりに癪に障るので私は車を雇つて警視庁へ行つた［ボース一九三三a：二三六］。

R・B・ボースは警視庁に行って、警官による尾行を外してもらうよう嘆願した。すると、対応した警官は「あなたを保護するため」という一点張りで、その嘆願には応じなかった。

『東京朝日新聞』記者・山中峯太郎

このような状況に身の危機を察知し、日本人によって庇護される必要性を感じたからか、R・B・ボースは日本の新聞記者との懇談を積極的に行い、日本国民に対してインドの惨状を知らしめ、自分たちがおかれた窮状を訴える活動を展開し始める。

そのきっかけとなったのが、当時、『東京朝日新聞』の記者であった山中峯太郎との出会いである。

山中は、親交のあった孫文から、R・B・ボースの存在を聞かされていた。山中が孫文のもとを訪れた際、唐突に「一万円、貸す人はいないだろうか」と聞かれ、「何にいるのですか」と問い返すと、孫文は「没有銭の私に、貸してくれと言う人が出て来た」と言い、「インド独立党の首領、最近に日本へ亡命して私を訪ねて来た」と答えたという〔山中一九六三：二〇三〕。

山中はこの「インド独立党の首領」に強い関心を抱き、孫文の同志である廖仲愷・王統一と共にR・B・ボースの寓居を訪れた。その日は、山中の回想と外交文書の記述から推察するに、おそらく一〇月一〇日であろう。

この訪問の様子を、山中は次のように回想している。これは当時のR・B・ボースの生活環境が垣間見える貴重な証言だ。

麻布笄町の裏路にある二階屋。標札に「内藤ちか子」と出ている。それをボースが総理（孫文のこと—引用者）に一万円借りに来た時、英字綴りで書いて行った。やっと探しあてた三人が、しまっているガラス戸をあけて中へ入ると、統一が日本語で、

「ごめんください」

「はい、……」

すぐに出てきたのは、青白く痩せている中年の婦人だ。警戒的な眼を三人に投げて、

「どちらさまでしょうか」

「ドクトル孫文から三人が来たと、タクールさんに言ってください」

三人とも背広だ、ところが、うなずいた婦人が、

「シナの方でいらっしゃいますね」

「そうです」

「お上がりくださいませ、タクールさんは二階にいらっしゃいます」

ハキハキしている。「シナの方」とすぐ見破られたのが、三人とも驚ろきだった。

狭い家だ。一室しかない二階へ上がってみると、小さな日本机を前にアグラをかいている巨大な男が、一目でわかるボースだった。三十歳ぐらい。まっ黒ではない。が、インド的に浅黒い丸顔に

ポッカリと巨眼を見ひらいて、

「ウェルカム！」

うなずいて三人を見迎えた。ネクタイなしに茶色の背広を着ている。真黒な縮れ髪が頭じゅうに大小の渦を巻いて、それだけでも不屈な印象を与える。すばらしくたくましい男だ〔山中一九六三：二〇七―二〇八〕。

山中は英語・中国語の会話が十分に理解できない。同伴した廖仲愷は英語・中国語ができるものの、日本語はできない。もう一人の王統一は、日本語・中国語ができるが、英語はできない。ボースの会話はすべて英語だ。ここでは、ボースが英語で話した内容を廖仲愷が中国語に直し、それを王統一が日本語に直すことで、ようやく山中に伝わった。

廖仲愷が山中のことを「アサヒ・タイムスの記者だ」と紹介すると、R・B・ボースの目つきが変わった。

「アサヒ、アサヒ！　モーニング・サン！　俺は知っている！　インド独立に日本人民衆が関心をもって協力するよう世論に訴えてもらいたい！」〔山中一九六三：二一〇〕

R・B・ボースはそう言うと、インドのおかれた惨状と自己の苦境を語り始めた。

山中は二人の中国人の通訳を介して、R・B・ボースの会話を必死で聞き取った。そして、それを会社に戻って、早速、記事にした。

これが一〇月一一日付けの『東京朝日新聞』に「欧州戦と印度」と題して掲載された「P・N・タゴール」の談話である。R・B・ボースはここで、次のように自己紹介をしたと記載されている。

予はピー・エヌ・タクールと謂ふ。年齢恰も三十。嘗てカルカッタ大学に業を了へて文学士たり。次で米国カリフォルニヤ大学に遊びて帰国し、印度総督暗殺のラホール事件に連坐し、事成らずして亡命の余儀なきに至れり。其際、同志領袖の刑に処せらるもの凡そ百五十名に及べり。

「印度総督暗殺のラホール事件」とあるのは、この談話記事を書いた山中峯太郎が、一九一二年のハーディング総督爆殺未遂事件と一九一五年のラホール兵営反乱事件を混同した結果であろう。R・B・ボースはここで正体を隠すために学歴を偽っているが、「印度総督暗殺」未遂事件や「ラホール事件」に「連坐」したことを正直に語っている。この時、R・B・ボースはインドの現状を訴えるため、自分が経験してきた苦境を山中にありのままぶつけたのであろう。しかし、これは日英同盟下の日本で、偽名を使って活動する彼にとっては、明らかな勇み足であった。

この記事が掲載されたその日、R・B・ボースは記事の内容を知り、自分の身分がばれてしまう恐れを抱き、急いで、東京朝日新聞社を訪れた。そして、この記事を書いた山中に対し、「自己ガ印度総督暗殺ノ計画ニ関係アリシガ如ク記述セルハ、全ク聴者（R・B・ボースの談話を聞き取った山中のこと―引用者）ノ誤解ナリ」と訴え、記事の訂正を依頼した。そして、山中を食事に誘い出し、今後とも「印度人ニ同情アル記事ノ執筆ヲ懇請」した［外務省記録一九一五：一五八〇―一五八一］。

また、この記事には、R・B・ボースが今後、日本国民の義勇心に訴えるべく日本で活動する意思を持っていることが記載されている。さらに「吾人の計画に対し、独逸側より使嗾するやの風説あるも、事実、何らの交渉に接せず」と述べ、第一次世界大戦でイギリスと戦っている最中のドイツの諜報員と、彼が通じているのではないかという一部の風説を否定している。上海から日本に戻ったR・B・ボースは、自分の周りで進展する不穏な動きを敏感に察知し、警戒心を強めていた。

だが、この時、既に水面下ではイギリス政府から日本政府に対して何度も逮捕要求が突きつけられ、両政府間で微妙な駆け引きが行われていた。そのことを、彼はもちろん知らない。

さて、余談になるが、この記事を書いた山中峯太郎。のちに転身して『少年倶楽部』や『キング』に連載をもつ超人気作家となる。彼の代表作は、何といっても戦前の大ベストセラー『亜細亜の曙』だ。この冒険小説は『少年倶楽部』の一九三一年新年号から翌年七月まで一九回にわたって連載され、当時の軍国少年の心をわしづかみにした。

『亜細亜の曙』は、「日東の剣侠児」本郷義昭が日本征服を企む大帝国の秘密基地に単独で潜入し、そこから重要書類を取り戻し、さらにその基地を破壊して日本に凱旋するというストーリーである。この大帝国の秘密基地は南洋の「巌窟島」にあり、その島には、現地の「土人」が住んでいるという設定で話が展開する。

この小説には、本郷と共に活躍するもう一人の主人公が登場する。それが「インド独立秘密党に属する少年団長」の「ルイカール」というインド人である。彼は頭脳明晰・運動神経抜群で、本郷と共に秘密基地の破壊工作を遂行する。さらに、この小説には本郷とルイカールの危機を助ける「ベンガル」や、捕虜の身となっている「グプター」という名のインド人も登場する。これらのインド人は皆、勇気と忍耐力を持った独立運動の闘士として描かれ、日本人の本郷を懸命にサポートする。一方、この巌窟島という「野蛮地」に住む南洋の「土人」は、「猿」のような「食人人種」で、白人の言いなりになる非文明人として描かれている。

このようにインド人と南洋人（東南アジア・オセアニアの島々の住民）を対照的に描く構図は、山中の作品に見受けられる顕著な特色だ。ここで彼が繰り返し描き出す「インド人＝文明国の聡明な革命家」というイメージは、R・B・ボースとの出会いによって構築されたものと見て間違いない。ちなみに『亜細亜の曙』に出てくるインド人名の「ベンガル」は、R・B・ボースの故郷の地域名であり、「グプター」はこのすぐあとで詳述する来日インド人革命家の名前そのものである。

このようなインド人イメージと南洋人イメージのギャップは、戦前期に、山中峯太郎の膨大な数のベストセラー冒険小説を通じて、『少年倶楽部』や『キング』を愛読する軍国少年たちに深く浸透していく。

グプターの来日

さて、話をもとに戻そう。

R・B・ボースが、一九一五年の八月半ばから九月末まで上海に渡っている間に、また一人のインド人革命家が密かに日本を訪れていた。

名前はヘーランバ・ラール・グプター。

彼は、ガダル党の元総裁ハルダヤールらが組織するドイツのインド人グループ・ベルリン委員会から派遣され、来日した。

九月一九日に日本を発ってプサンへ向かったバグワーン・シンは、その出発直前の九月一二日に、モンゴリカ号で来日のインド人を横浜港で出迎えている。おそらく、この時来日したのがグプターであろう。バグワーン・シンは、このグプターに日本でのガダル党の業務を引き継ぎ、日本をあとにする。

一方、このリーダーのバトンタッチを日本の官憲も察知していた。バグワーン・シンが日本を発ったのち、彼に付けられていた警察の尾行は、その対象をグプターに切り替えた。

グプターが来日した当時、バグワーン・シンからムケルジーを通じて上海のR・B・ボースのもとへ武器を輸送する計画は、一旦けりがついていた。また、そのような武器輸送の計画を進めることが非常に困難であることも、バグワーン・シンから聞かされていたのであろう。グプターは武器の獲得よりも、まずインド人革命家をサポートしてくれるような日本人との接触を図る。

彼は、バグワーン・シンから引き継いだ日本での人脈をたどり、日本におけるシンパを捜した。そして、ある若き日本人の存在に、グプターは強い関心を抱いた。

その人物こそ、当時は全く無名の大川周明であった。

大川周明は、一九一五年当時、キリスト教を基盤とする宗教団体・道会の若手主要メンバーで、この組織の機関誌『道』の編集に携わっていた。

大川は東京帝国大学文科大学の宗教学科でインド哲学を専攻し、一九一一年に卒業したあとは独学でイスラーム研究に没頭していた。しかし、そのような大川は、一九一三年夏、神田の古書店で偶然、サー・ヘンリー・コットンの『新インド』(*New India or India in Transition*)に出会い、イギリスの植民地支配に苦しめられるインドの現状に目を見開かされる。彼は脳裏にある「聖なるインド」というイメージとはかけ離れた惨状に驚き、イギリスのインド支配に対する憤りを覚えた。そして、これをきっかけとしてインドの現状分析に着手し、『道』の編集を通じて在日インド人革命家たちともコンタクトを持つようになった[大塚一九九五：六六―六七]。

そのような大川に対して、グプターは半ば強引にアプローチする。彼は、当時大川が日常的に訪れていた東京帝大の図書館付近で待ち伏せし、図書館から出てきた姿を確認すると、即座に声をかけた。その時の様子を、大川は晩年に書いた自伝『安楽の門』の中で次のように回想している。

大正四年初秋の美しく晴れた或日の午後である。私が帝大の図書館を出て、構内を赤門の方へと歩いて居ると、一人のインド人がつかつかと歩み寄つて、英語で「貴下は日本人ですか。」と訊ねた。まことに無礼な質問ではあるが、相手の印度人の風貌態度に、妙な真剣なところがあつたので、私も至極真面目に「純一無雑の日本人です。」と答へた〔大川一九七五：二九七〕。

ここに登場する「一人のインド人」は、もちろんグプターのことである。

このあと、大川は赤門を出て、本郷三丁目の駅へと向かう。そして、そこから日比谷方面の電車に乗ろうとしたところ、グプターも同じ電車に乗り込んできた。大川はこのインド人に興味を持ち、日比谷の駅で降りる時に、彼を近くの喫茶店へと誘った。この喫茶店で大川はグプターと当時のインドの政治状況について議論を交わし、その知識の豊富さでグプターを大いに驚かせたという。

夕方になり、大川が、当時通っていた原宿の乗馬学校に行くことを告げると、グプターも同行したいと申し出た。大川はグプターを伴い乗馬学校へ行き、敷地の外で一時間ほど待たせたあと、原宿の自宅に招待し、再び二人で話し込んだ。

グプターは、以後、大川周明を日本人の中で最も頼りにする。そして、上海から帰国したR・B・ボースと接触し、彼に大川周明を紹介する。この大川とR・B・ボースの出会いは、大川がのちに国家主義運動を展開し、北一輝・満川亀太郎と共に猶存社を結成する上で重要な意味を持つ。そのことはのちに触れることにしたい。

頭山満との出会い

さて、日本の官憲の尾行を気にしつつ、新聞社や雑誌社を精力的に回り、メディアを通じてインドの現状に対する日本国民の同情と義憤を掻き立てようとしていたR・B・ボースは、一〇月一四日、再び孫文のもとを訪れた。R・B・ボースが、日本の警官に尾行されていることを孫文に相談すると、「それは危ない危ない、もう見付かった。余程気を付けなければならぬ」と言い、彼らの助けになってくれるであろう日本の有力者を紹介した。

それが頭山満と寺尾亨である。

頭山満はつとに知られた右翼の大物で、ナショナリスト団体・玄洋社の精神的主柱であった。また、寺尾亨は東京帝国大学法科大学教授を務めた人物で、日本を代表する国際法の専門家であった。この当時、彼は大学の職を辞して、孫文らの中国革命家たちを積極的にサポートしていた。

翌日の一〇月一五日、R・B・ボースは早速、赤坂霊南坂にある寺尾亨の自宅を訪問している。この時、寺尾の家の隣に居を構える頭山の家は訪問していない。そして、この日から一ヶ月以上たった一一月二四日、彼は『三十三年の夢』で知られる大陸浪人・宮崎滔天に連れられて、頭山満の自宅を訪問している。

R・B・ボースらは、一〇月一四日に孫文を訪問したあたりから、イギリス外務省の要請で、日本の警官が自分たちを監視しているのではないかという疑念を持ち始めていた。一〇月二一日、グプターは自ら警察に赴き、「英国政府ノ自分等ニ対スル態度」を聞き出そうとしている。しかし、対応した警官からは「不明」という答えしか得ることができず、その足で大川周明の自宅を訪ねている［外務省記録一九一五：一六〇八］。

R・B・ボースは頭山に対して警官に常に行動を監視されている旨を伝え、事態の解決に力を貸してほしいと要請した。彼の話を宮崎滔天のたどたどしい通訳を介して聞いた頭山は、インド人革命家たちにできる限りのサポートをする意思があることを伝えた。

頭山がR・B・ボースのような亡命インド人の訪問を受け入れた背景には、それ以前に接触を持った一人のインド人革命家の存在があった。

その人物は、A・H・ムハンマド・バルカトゥッラーである。

バルカトゥッラーは、一九〇九年に東京外国語学校のヒンドゥスターニー語の外国語講師として来日した人物で、ガダル党と深い繫がりを持つムスリムの独立運動家であった。彼は、日本の大学の教壇に立つ一方で、『イスラームの同胞』(*Islamic Fraternity*) という英字雑誌を公刊し、反英運動の宣伝を行っていた。

バルカトゥッラーは、来日直後から玄洋社のメンバーたちと知り合い、一九一一年には頭山満や犬養毅、河野広中らを発起人として創立された亜細亜義会の評議員となっている。しかし、そのような彼の活動はイギリス側の目に留まるところとなり、『イスラームの同胞』は創刊から約二年半で廃刊に追いやられた。さらに、イギリス外務省は、東京外国語学校長・村上直次郎に圧力をかけ、バルカトゥッラーから講師の職を剥奪することに成功する。日英同盟下の日本での活動に危険と限界を感じた彼は、一九一四年四月二八日に日本を去り、同年に起こった駒形丸事件に際して七月に再来日するものの、八月六日には再び日本を去り、アメリカへ渡った。ちなみに、この時、バルカトゥッラーから日本でのガダル党の活動を引き継いだのが、バグワーン・シンである。

バルカトゥッラーは、のちの一九一五年一二月に、ラージャー・マーヘンドラ・プラタープと共にアフガニスタンで「インド臨時政府」を成立させ、その首相に就いた。さらに、一九一七年には、革命最中のロシアに、タタール人のA・イブラヒームらと共に潜行し、社会主義革命の実態を見聞したりした。

このようなバルカトゥッラーの存在もあり、頭山と親交を持つことができたR・B・ボースは、グプターや大川周明と共に、ある催しの準備に取り掛かった。それは当時、日本に滞在していたインド国民会議派リーダーのラーラー・ラージパット・ラーイ主催の集会であった。そして、この集会の開催が、R・B・ボースとグプターを窮地に陥れることになる。

2―2．日英同盟と国外退去問題

ラーラー・ラージパット・ラーイ主催の集会

一九一五年一一月。

当時の日本は、大正天皇の即位の大礼に沸いていた。

特に京都御所紫宸殿で即位の大礼が行われた一一月一〇日は、日本各地がお祭り気分に酔いしれた。町の主要ポイントには奉祝門が建てられ、花電車が駆け抜けた。

R・B・ボース、グプター、そして大川周明は、この機に乗じて「聖上陛下御即位ノ祝賀会」と題した日印交流の政治集会を開くことを決する。そして、その集会を、同年七月一九日から日本に滞在していたラーラー・ラージパット・ラーイを発起人として開催することにした。

第一章でも触れたように、ラーラー・ラージパット・ラーイは一九〇五年のベンガル分割に際して登場した「急進派」の代表格として知られる。若き革命家のR・B・ボースやグプターにとって、このラーラー・ラージパット・ラーイは独立運動の大先輩であり、尊敬に値する大物指導者の一人であった。ラーラー・ラーイは、のちにアメリカ滞在を経てインドへ帰国し、ヒンドゥー・ナショナリスト団体であるヒンドゥー・マハーサバーの有力な指導者になったことでも知られる。

一一月二七日。

このラーイが発起人となって呼びかけられた集会が、上野精養軒で開かれた。その会場には日本人四四名、インド人四六名の合計九〇名が参集した。他にもイギリス大使館の関係者が数名、参列した。

この集会は、午後七時、まずラーイの次のような挨拶から始まった。


我々印度人ガ日本ニ在留スル時ニ於テ、日本皇室ガ御位ニ即カセ給フコトハ、我々亜細亜人士トシテ大ニ敬意ヲ表スベキ次第ナリ［外務省記録一九一五：一六八六］

もちろん、この時のラーイの挨拶は日本語ではない。おそらくは英語で行われ、それに通訳がつけられたのであろう。この日本語の文章は、会場で集会の様子を監視していた警官の抄訳による。

このラーイの挨拶に続いて、会場全員による君が代の斉唱が行われ、その後、食事が運ばれてきた。食事が終わると、姉崎正治、押川方義、石川半山の順にテーブルスピーチが行われた。ここでは各人によって日印友好の重要性が語られたが、特に、押川のスピーチは反英的で、インド独立を日本が支援すべきことを訴える「過激な」ものであった。

最後にラーイの発声で「天皇陛下万歳」が三唱され、午後九時に閉会となった。

この会場にはイギリス大使館の関係者が現れたにもかかわらず、イギリス国旗は掲げられなかった。

また、イギリス国歌も斉唱されず、会場は「悲憤慷慨の気に満ち」、反英ムード一色であった。

当然、イギリス大使館は激怒した。そして、R・B・ボースとグプターを日本から即座に追放することを日本政府に強く要請した。

日本政府は、これ以上の引き延ばしは不可能と判断し、翌日一一月二八日、ついに二人に対する国外退去を命令することになった。

数多くの窮地を潜り抜けてきたR・B・ボースに、また深刻な危機が迫ってきた。

しかし、ここから彼の人生を大きく変える新たなドラマが始まる。

国外退去命令

翌朝、前日の集会の後片付けが夜遅くまでかかったせいか、R・B・ボースはいつもより遅くに目が覚めた。しばらくすると女中が階下から上がってきて、「警官の方がお目にかかりたいといって見えております」と言う。下へ降りてみると、日頃彼に尾行として付いている警官が立っており、「伝えたいことがあるので警察署まで出頭してほしい」と告げた［相馬一九六三：一七四］。

午前一〇時。彼は霞町警察署に赴き、そこで「五日以内に国外へ退去せよ」という命令を受けた。その理由は、彼がドイツの諜報員と関係を持ち、密かにスパイ行為を行っているというものであった。彼は強く反論するが、それが聞き入れられるはずもなかった。

退去の期限は一二月二日。

それまでの間にアメリカ行きの船便はなく、上海か香港へ向けて出航するヨーロッパ航路の船しか「国外退去」する手立てはなかった。当時の上海と香港の状況を鑑みれば、港に着いたとたんにイギリス官憲に拘束され、のちに処刑されることは明白であった。この国外退去命令は、R・B・ボースに対する実質上の死刑宣告だったのである。

R・B・ボースは一旦、自宅に戻り、即座にグプターのもとへ向かった。そして、彼と共に高輪警察署に出頭し、グプターにも同様の退去命令が出されていることを確認した。

R・B・ボースとグプターの二人は、退去命令書を手にしたまま、即座に頭山満のもとへ向かった。彼らは在宅中の頭山と面会し、国外退去命令を受けたことを伝えるが、頭山は彼らの話す英語がわからない。R・B・ボースが途方にくれていると、尾行の警官が間に入って通訳をした。

そこで二人は、今朝からの事情を説明し、アメリカ行きの船がある一二月一五日まで退去期限の延期をしてもらえるよう、頭山から政府の有力者に対して働きかけてほしいと訴えた。頭山は、静かに「そうか」と頷き、「できるだけ尽力しましょう」とだけ答えた。R・B・ボースはその答えに満足し心強く感じたが、グプターは「ちっとも頼りにならんじゃないか、同情も何もない」と言い、がっかりした表情を浮かべたという〔相馬一九六三：一七五〕。

彼らは頭山邸をあとにし、途中、日比谷松本楼で食事をすませ、孫文のもとへ駆けつけた。さらに、そこから大川周明とマジュムダールのもとへ赴き、次いで東京日日新聞、やまと新聞、東京朝日新聞の三社を回った。さらに、そこから押川方義のもとを訪れたのち、二人は芝公園で別れた。このあと、グプターは再び押川のもとを訪れ、約二時間、話し込んだ。

押川方義は、当時の日本のキリスト教界を代表する人物で、大川周明が属していた道会の幹部であった。押川は政界にも顔が広く、当時の首相の大隈重信とも交流があった。この時、R・B・ボースは頭山満を中心とした玄洋社グループを最も頼りにしていたが、グプターの方は明らかにこの押川と大川のラインを頼っている。

翌日の一一月二九日。彼らは各新聞社回りを行うが、その合間に東洋汽船株式会社と大阪商船会社東京代理店を訪問し、サンフランシスコ行きの船便の有無を執拗に問うている。東洋汽船は「其筋ヨリ注意ヲ受ケ居リタル」ため、彼らを巧みに追い返し、大阪商船はそのような船便はないと答えた［外務省記録一九一五：一六九五］。グプターはこの日、横浜正金銀行の支店から預金のすべてを引き出し、翌日にはR・B・ボースも、銀行からすべての預金を引き出している。一一月三〇日には二人で高橋法制局長官を訪問しているが、事態の改善をもたらすことはできなかった。この日は、頭山、寺尾、孫文のもとにも訪ねている。

このような事態に、政界でも野党を中心に政府批判の声があがり、一部で動きが活発化する。一二月一日。野党・政友会の幹部である元田肇、岡崎邦輔、小川平吉、江藤哲蔵の四人が衆議院内の幹部室で会合を持ち、犬養毅らの国民党と連携して政府批判を展開するという申し合わせを行う。また、R・B・ボースとグプターに対する「事実上ノ犯人引渡行為」を行おうとする政府の「非道」は、「国威ヲ失墜セシムルモノナリ」という認識で一致した［外務省記録一九一五：一七〇九―一七一〇］。

さらに、政友会の床次竹二郎、岡崎邦輔、国民党の犬養毅は、当時の石井菊次郎外務大臣と面会し、退去命令の撤回もしくは延期を強く要求した。しかし、「五日以内の国外退去」という命令が覆ることはなかった。大隈重信首相と交流のあった押川方義は、直接首相に訴えるべく大隈の自宅を訪問したが、病気という理由で追い返され、面会自体が叶わなかった。

国民世論の喚起

さて、退去命令が出た直後から二人の来訪を受け、その窮地を訴えられた各新聞社は、翌日二九日の朝刊で、この退去命令の第一報を報じた。『東京朝日新聞』の山中峯太郎は、R・B・ボースの次のような談話を掲載している。

惟ふに、日本に対する自余亜細亜国民の同情を疎隔しやうといふのは、由来、英国民祝念の国是で、然も不幸にして此計画は図に当りました。此度、日本政府の手に拠つて私共に与えられた取扱は、今後三億の印度人が日本に対する心持に、頗る重大な影響を及ぼすものであるという一事を、此際、日本国民は承知して頂きたい。

ここでR・B・ボースは、今回の日本政府の対応が、イギリスによるアジア人の連帯の分断政策に乗ってしまっていると批判した上で、これを契機にインド人の日本認識が悪化するだろうという見解を示している。さらに、これに続いて次のように述べている。

さり乍ら、印度人の友人たる日本人に御注意として一言申残したい事は、日本人は須く英国の外国政策に始終厳密な監視を加へられなければならぬ事で、所謂、英国の外交政策なるものは、結局、日本をば極めて危険の地位に立たしむる事になりはせまいかと思はれる。

彼は、日本人に対して、もっとイギリスによる植民地支配の実態に目を向けるべきことを訴え、日英同盟を締結する日本政府を間接的に批判している。しかし、R・B・ボースは同じ談話の中で、日本の「民衆の同情」や「印度の将来の為に深く同憂の厚誼を抱かるる日本国民」の姿に深く感動し、感謝したい旨を述べている。

退去命令を受けた直後のR・B・ボースの率直な憤りと、日本国民の同情に訴え世論を喚起しようとする姿が、この談話記事からは垣間見える。

一一月三〇日には山中自身が麻布笄町のR・B・ボース宅を訪れ、詳しいコメントをとっている。その翌日の一二月一日の『東京朝日新聞』には、さらに率直なR・B・ボースの日本政府批判が掲載される。

「日本政府が私達をこんなに苦しめて、何の利益がありませう。」

「日本が英国政府のお先棒になつて、罪のない私達を追放しやうといふのは何と恥かしい事ではありませんか。」

「印度は今日こそ独立が出来ないか知れぬが、今後十年乃至十五年の中には、必ず独立す可き運命を持つて居ます。其時に、印度政府は必ずや今日の日本政府の悪辣なる手段に対し、復讐を試みるに違ひありません。」

このような辛らつな文章には、山中峯太郎による脚色も多少加わっているであろう。

山中はこの時のことを、晩年に回想している文章で、「(政府の)傲慢きわまる高飛車なやり方にムラムラと私は衝動された」と書いている[山中一九六三:二四〇]。この年の一〇月半ばからR・B・ボースと付き合いを持っていた山中の憤りは、相当のものであったことが窺える。この時の彼の執筆記事は、非常に感情的で義憤に満ち満ちている。

また、この時の『東京朝日新聞』の社内全体も、政府に対する憤りと、何とかして世論を盛り上げ、事態の打開を図らなければならないという切迫感に満ちていた。同僚の緒方竹虎(戦後、第四次吉田内閣の官房長官・副首相を務め、自由党の総裁になる)もこのような状況に大いに憤り、同じ郷土(福岡)の頭山のもとへ二人のインド人を助けてくれるよう懇願に行った。

このような記事を掲載したのは、何も『東京朝日新聞』だけではなかった。

例えば一二月二日の『読売新聞』には「一般有識者間の輿論は漸く沸騰し来ると同時に、同情は翕然として該印度人の上に注がるるに至れり」とあり、国民の同情と世論の喚起を促している。

新聞記事を読んだ中村屋店主・相馬愛蔵

当然、インド人の国外退去命令を伝える新聞記事を、多くの国民が読んで、政府の態度に対する義憤を高めていた。

そのような国民の一人に、新宿中村屋の店主・相馬愛蔵とその妻・黒光（こっこう）がいた。二人は新聞記事を読んでこのインド人国外退去問題を知り、強く憤っていた。

> 大英帝国の申入れにおびえて亡命客を追出すなんて、何という恥さらしな政府だろうと、主人も私も憤慨した。政府が無能なら国民の手でどうにかならんものか、もっと輿論を高めなくてはと、顔を見合って気を揉んでいた〔相馬一九六三：一七五—一七六〕。

一二月一日。

とうとう、国外退去期限の前日を迎えた。

警視総監は、二人のインド人を、一二月二日午前一〇時に横浜港を出航する上海行きの船に何としてでも乗船させることを発表し、もし二日午前七時までに東京を発たなければ、強制執行に取り掛かることを宣言した。

猶予は、もはや丸一日しかない。

相馬愛蔵は、このような事態に気を揉みながらも、いつも通り店を開けた。

そこに常連客の中村弼がやってきた。中村は、『二六新報』の編集を務めた後、対支連合会に加わり、頭山満ら玄洋社のメンバーとも関係を持ちながら積極的に東亜問題を論じていた人物である。この当時は、日本移民協会の幹事長として活躍していた。

相馬愛蔵は中村から注文を聞きながら、何気なく新聞紙上を賑わしている「印度人国外退去問題」について話題を向けた。愛蔵が「どうも大変問題のようですが」と言うと、中村は「さあ困ったことでねえ」と答え、頭山満らも困りきっていることを伝えた。中村が、どうも打開の道がないことを話すと、義勇心を掻き立てられた愛蔵が、何気なく「却って私のようなもののところなら、どうにかかくまえるのじゃないでしょうかなあ」と洩らした［相馬一九九九：二〇二］。

それを聞いた中村は、「これは名案かもしれない」と考え、その足で同郷の同志・佃信夫のもとに駆けつけた。この佃も東亜問題に関心を寄せる志士で、当時、玄洋社の主要メンバーの一人であった。中村は佃にこの「名案」を相談した。すると彼も膝を打って賛同し、頭山にその話を持ちかけることを決めた。そして、佃は、まず旧知の内田良平に相談すべく家を飛び出した。

時は一二月一日の午前一〇時をまわっていた。横浜から上海行きの船が出るまで、二四時間を切っていた。

「ボースとグプターの神隠し」

一方、R・B・ボースから助けを懇願された頭山満は、この数日、問題解決に向けて様々な形で手を尽くしていた。まず頭山は、玄洋社のメンバーの田鍋安之助、葛生能久（くずうよしひさ）の両名を石井外相のもとへ送り、アメリカ行きの船が出港する一二月一五日まで退去期限を延期するよう働きかけた。しかし、石井外相は「ドイツのスパイ容疑」を楯に頑として首を縦に振らず、「五日以内の国外退去」という命令が覆ることはなかった。

玄洋社のメンバーたちは、祖国の独立に邁進するインド人革命家を、イギリスの圧力に屈しみすみす殺そうとしている政府の軟弱な姿勢に対して「日東義勇の国として洵に恥ずかしい」と憤り、様々なルートを使って各方面に働きかけた。この「国外退去命令」は、一木喜徳郎内務大臣の名前で出されたものだったため、ある者は直接、一木内相に会って直談判したが、その申し入れが受け入れられることはなかった〔黒龍会一九六六：八五九―八六〇〕。

打開策が見出せないまま、一一月三〇日の夜は更けていった。退去期限までは、もはや一日の猶予しかない。

追い詰められた頭山は、最後の作戦に打って出た。

日が変わって、一二月一日の早朝（三時か四時頃）。頭山は電話で黒龍会の主柱・内田良平を自宅へ呼び出した。内田は「何事が起こったのか」と危ぶみながら、頭山のもとへ駆けつけた。すると、玄洋社メンバーの杉山茂丸（『ドグラマグラ』の著者・夢野久作の父）が深刻な顔つきで頭山と話し込んでいた。

内田はそこで頭山から、「二人のインド人革命家をどこかへ隠し、当分の間、密かに匿ってほしい」と頼まれた。そして、黒龍会の仲間と共に具体的な策を練り、その日のうちにそれを実行してほしいと要請された。

その時、頭山は内田に対して、次のように言ったという。

> 「餅は餅屋ぢや、荒い方の仕事は、其方のものぢや。其代り、牢屋へ坐る事は私がやるのぢや」
>
> 〔薄田一九三二：一三八〕

また、同時に、同席した杉山はインド人二人の逃走用の自動車を手配するよう依頼された。杉山は当時、日本に数十台しか存在しないといわれる最新の高速車を所有していた。

頭山からの特命を受けた内田は、頭山邸をあとにし、自宅に葛生能久を呼び寄せて協議した。今回の作戦最大のポイントは、R・B・ボースを何処に隠すかという問題である。頭山邸から密かに逃走させる場合、玄洋社・黒龍会のメンバーの自宅は、後日、調べられる可能性が高いので、対象から外さなければならない。警察が見当をつける可能性がある関係者の自宅は、この際、候補からすべて除外しなければならない。さらに、彼らは外見の異なるインド人であるため、外に出れば確実に目立つ。彼らを厳重に保護しながら、その生活の世話を献身的に行う人も必要だ。しかも、それは英語の堪能な人間が望ましい。

そのような条件の揃った匿い先を見つけることは、至難の業であった。

しかし、退去期限は目の前まで迫っている。何とかしなければならない。とりあえず内田は、部下の坂東勘七を渋谷に送り、適当な隠れ家を探させ始めた。

このような折、佃信夫が内田のもとに飛び込んできた。佃は、中村弼から聞いた新宿中村屋の話を内田に伝えた。内田はその話を聞いて「それは好都合ぢや、我々同志の宅では、直ぐ警察に手が廻るが、あのパン屋なら、一寸当たりが付くまい。此れは天の助けぢや、それと決めて欲しい」と告げた［薄田一九三二：一四〇―一四二］。

佃は大急ぎで中村弼のもとへ戻り、さらに内田と共に頭山のもとへと向かった。頭山はその計画に賛同し、急遽、相馬愛蔵を頭山邸へ呼ぶことを決した。

一方その頃、相馬愛蔵は所用のため外出していた。新宿中村屋にはただならぬ様子の中村弼が駆け込んで来て、「一つ、今朝のことをお願いします」と言う。しかし、肝心の愛蔵は留守中だ。

その時の様子を、相馬黒光は『黙移』の中で次のように回想している。

主人は感ずるままを、ふっと洩らしたまでのことで、それが重大な結果になろうなどとは夢にも思わず、そのまま下谷の方へ用事に出かけました。そして夕方には天神下の麦とろで食事をしていましたが、箸を動かしながら、ふっと頭の中に今朝のことが浮かんで来ました。

「中村さんにあんなことを言ったっけが、もしや……」

虫が知らせると言いましょうか、お箸をおいて立上って家へ電話をかけて来ました。私は電話口に飛んで行って申しました。

「今朝、あなたは中村さんに大変なことを仰しゃったそうですね。そのことで先刻から、あなたをどんなに探していたか知れないのですよ」

すると
「直ぐ帰る」

と言って電話を切り、足を空に飛んで帰るというところですが、自動車なんか、そんなに街を駆っていない時分です。やっぱり市電で気ばかり急いて帰って来ました［相馬一九九九：二〇二―二〇三］。

新宿中村屋に帰り着いた相馬愛蔵は、黒光と相談し「引受けましょう。引受けたからには命をかけてもやりぬかなくては」と腹を決めた。そして迎えに来た中村弼に連れられ、急いで頭山邸へと向かった。

一方、当事者のR・B・ボースとグプターは、昼過ぎから帝国ホテルで新聞記者たちとの懇談に臨んでいた。この日、R・B・ボースは、朝から山中峯太郎と行動を共にしている。この帝国ホテルでの記者懇談会も、山中が中心的な役割を果たしていた。この懇談では、二人がドイツとは全く関係していないという誓約書を書いて、それを直接、警視総監に届けに行くという方法が協議され、その誓約書の準備が行われた。

そのような時に、宮崎滔天の使者と称する者が帝国ホテルに駆け込んできた。彼は「別れの宴を催すので、直ぐに寺尾邸に来てほしい」と呼びかけ、R・B・ボースとグプターはそれに応じた。

寺尾の家へ向かう途中、二人は警視総監を訪ね、誓約書を手渡し退去期限の延期を訴えた。しかし、警視総監は、明日の朝七時に東京を出発しなければ「強制執行を以てしても命令せしむる」と答え、彼らの要求を完全に退けた『東京朝日新聞』一九一五.一二.二]。R・B・ボースとグプターは失望しながらも、その足で麻布霊南坂の寺尾邸へ向かった。前述の通り、寺尾邸の隣は頭山邸だ。

寺尾の家に着いたのは午後三時。

彼らは、しばらくそこに待機するよう促された。そして、しばらくすると尾行の警官に対するカモフラージュのための宴会が始まった。その間、隣の頭山邸では、内田良平、美和作次郎、萱野長知、平山周、本城安太郎、的野半介、大原義剛、大崎正吉、水野梅暁、宮川一貫、白石好夫といった玄洋社・黒龍会の主要メンバーが集い、逃走のための綿密な打ち合わせを行っていた。もちろん、佃信夫もその場に控えている。頭山邸と寺尾邸の間では、密かに数人が裏庭を通って行き来し、情報の伝達を行っていた。

その様子を、両家の裏手に住む海妻春彦が目撃している。

一二月一日夜のことであった。寺尾先生のお家の座敷では、ボースとのお別れの酒宴と称するものがいとも賑やかに催されていた。寺尾先生のあの高らかな豪傑笑いが今でもわたくしの耳底に残っている。先生宅の門前には、ボースを乗せてきたタクシーが、その助手台に私服の刑事一名を乗せて、宴が終るのを待っている。夜更けると共に宴はいよいよ酣である。そのうちに座敷がちょっと静かになった。と思ったら、わたくしの家と寺尾先生のお宅との間にあった木戸―これは孫文がわたくしの家に隠れていたとき、往き来が気易くできるようにと、刑事室の横にこしらえてあった―がそうっと開けられた。そして二、三人の人達が何かこそこそと話しながら頭山先生のお家の方へ消えて行った。そのとき三畳の書生部屋で代数か幾何かの勉強をしていたわたくしは「おや誰かな」と思ったのであったが、こんなことは孫文以来馴れっこになっていたので、わたくしは特に気にも留めなかった。それから寺尾先生のお座敷は、前のようにではなかったが、また一しきり談笑で賑やかになった。わたくしはそのうちに寝に就いた（『孫文の日本亡命とその隠家の生活・付ラス・ビハリ・ボースの失踪』）［尾崎一九九五：三五一―三五二］。

そのような折、ようやく連絡のついた新宿中村屋店主の相馬愛蔵が頭山邸へとやってきた。中村彌に伴われ客間に通り、頭山に挨拶をすると、そこにいた本城安太郎が相馬愛蔵の手を握って「天川屋義兵衛、頼むぞ」と叫んだという。この天川屋義兵衛とは「仮名手本忠臣蔵」に登場する商人で、赤穂浪士討ち入りの支度を一手に引き受けた人物だ。

相馬愛蔵が現れたことで、頭山邸の準備は大方整った。

一方、隣の寺尾邸では、頭山邸での準備が完了するまでの間、宴会が続けられた。その最中、英語が多少できる宮崎滔天がR・B・ボースとグプターのもとへやってきて、「君たちを隠すことにしたよ、秘密にやるからそのつもりで」とささやいたという。さらに、頭山邸から準備ができたとの連絡が入ると、寺尾の妻が門前にいる尾行の警官に聞かせるように「それではあなた方もうお目にかかれないかも知れない、頭山先生へお暇乞いしていらっしゃい」と言い、二人を頭山邸へ送った［相馬一九六三：一七七］。外交史料館に残る尾行記録には、二人が寺尾夫婦に「暇乞ノ辞ヲ述べ」て頭山邸に入って行った様子がしっかりと記載されている［外務省記録一九一五：一七〇二］。

午後八時二五分。

R・B・ボースとグプターが頭山邸に入ると、二人は誰からか相馬愛蔵を紹介された。あまり状況を飲み込めないでいると、突然、R・B・ボースは頭山のトンビ（インバネス）を着せられ、帽子を目深にかぶらされた。グプターも同様に佃信夫のトンビを着せられ、簡易の変装が完了した。

そうこうする内に、二人は柔道五段の宮川一貫と白石好夫に警護されながら、裸足のまま裏の台所口へ連れて行かれた。そして、そこから内田良平の誘導で、隣の的野半介邸の裏木戸に入った。この的野半介は、頭山邸に詰め掛けていた玄洋社のメンバーの一人で、内田良平の親戚でもある。勝手知ったる内田は、的野の家の室内を横切り台所口から庭に出た。あとの四人もそれについてきて、そこから皆で通りに出た。さらに坂道を下り、榎坂下まで出ると、対支連合会の事務所付近に杉山茂丸の自動車が止まっていた。車中には、先に頭山邸の表玄関から退出し、こちらに回って来ていた相馬愛蔵と佃信夫が乗り込んでいた。

この杉山の自動車は、その当時としては珍しい高速の高級外車であった。この自動車だと、万が一、警察の追跡を受けても、猛スピードを出せばそれを振り切ることができると見込まれた。

内田がR・B・ボースとグプターを中に押し込めると、自動車は急発進し、一路、新宿中村屋へ向かった。

幸いにも追跡の自動車は現れず、数分後、無事中村屋に着いた。時計の針は午後九時を指していた。R・B・ボース、グプター、相馬愛蔵、佃信夫の四人はそこで車を降り、中村屋の店内に飛び込んだ。当時の中村屋の閉店時間は午後九時。この時、ちょうど店を閉めかけているところだった。

店内には数人の客が残っていたが、四人はその脇を抜け、二階へと上がった。そこで佃以外の三人は着ていた外套を脱ぎ、それを中村屋の店員に着せた。佃はその三人を伴って再び自動車に乗り込み、四谷見附に向かった。これは杉山の自動車の運転手にも事態がばれないようにするための工作であった。四谷見附で四人を降ろし、杉山のもとへ戻った運転手は、行きと帰りの人間が違っていることに全く気づいていなかったという。

これで中村屋への「雲隠れ」作戦は無事成功した。

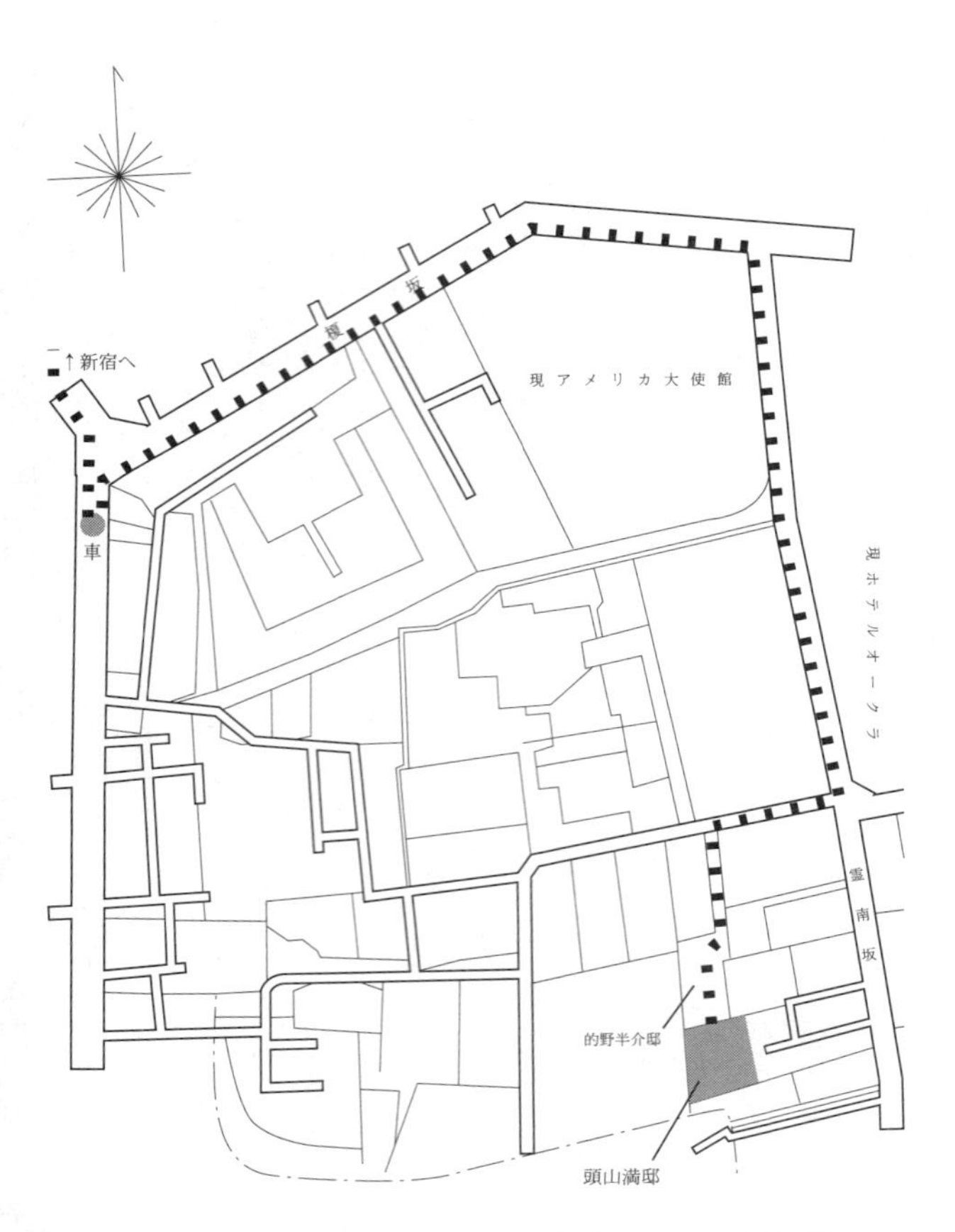

▲ボースとグプターの逃走経路

頭山邸に参集していた玄洋社・黒龍会のメンバーは、R・B・ボースとグプターが無事中村屋に到着したという知らせを受け、午後一一時頃帰宅の途についた。

玄関の前には、まだ尾行の警官が待っている。彼らは二人の靴が玄関にあるのを確認し、まだ頭山邸内にいるものとばかり思っている。寒い中立っているのを気の毒に思った寺尾が「君たちはいつまでそこにいるのか」と尋ね、「インド人が出て来るまで」と答えた警官に、「そのインド人ならとっくに帰ったはずだが」と返した。

それを聞いた警官たちは慌てふためいた。そして、頭山に面会を求めた。

真偽の程は定かではないが、『巨人頭山満翁』の記述によれば、警官と頭山は次のような問答を交わしたという。

「どうか、吾々三人を助けると思つて（二人のインド人を——引用者）出して下さい。それでないと吾等三人は愈々首になります」

と（警官が——引用者）哀訴嘆願するに、翁曰く

「君たちはよい功徳をした。君たちが首になつても、それで印度の志士が助かるなら、その結果は印度三億の民を助ける事になり、日本と印度との国交を全うする事が出来る。大した手柄ぢや」

［藤本一九三〇：四三六—四三七］

その夜、警官はすごすごと帰るしかなかった。

翌朝、大川周明のもとには、その尾行警官がやってきて、R・B・ボースとグプターが行方不明になったことを告げた。大川はそこで初めて彼らの雲隠れを知り「それは善かった」と叫んだ。警官は大川が二人のインド人と接触するのではないかと考え、一ヶ月半ほどの間、彼の行動を監視したという［大川一九七五：二九八―二九九］。

また、翌朝の新聞には間に合わなかったが、翌々日の一二月三日には、インド人二人が忽然と姿を消したことが各紙で一斉に報じられた。巷ではこの直後から様々な噂と憶測が飛び交い、『東京朝日新聞』には「二人を神戸で拘束」という誤報まで掲載される騒ぎとなった。当然、二人は一歩も中村屋から出ず、世間から完全に身を隠していた。

こうしてR・B・ボースは「P・N・タゴール」から「中村屋のボース」となり、新たな人生を歩み始める。

インド独立に執念を燃やす革命家、ラース・ビハーリー・ボース。

二九歳のことであった。

大正時代の中村屋の外観

右：R・B・ボースと妻の俊子
左上：１９２４年6月、タゴールを
迎えたボース一家と相馬夫妻
左下：サリー姿の相馬黒光と俊子

R・B・ボースと息子の正秀、娘の哲子

１９２９年春、タゴールを囲むボース一家と相馬夫妻。
亡くなった俊子の姿が見えないのが淋しい

第三章　「中村屋のボース」

3―1．新宿中村屋

中村パン屋は新宿街に於けるヌシみたいなものである。いかなる意味からしても、立派な貫禄が具はつてゐる。

中村屋の開業

これは井伏鱒二のエッセイ「新宿」の一節である。

この文章は一九三一年に書かれたものだが、この頃には既に「新宿といえば中村屋」「中村屋といえば新宿」というイメージが定着していたことがわかる。中村屋はまさに新宿の「ヌシ」として、現在もその町の顔であり続けている。

このように、今や中村屋といえば「新宿」というイメージが定着しているが、一九〇一年に中村屋が開業した場所は、新宿ではなく本郷の東京帝大赤門前であった。あまり知られていないが、中村屋のルーツは本郷なのである。

中村屋の主人・相馬愛蔵は信州の穂高に生まれ、東京専門学校（現在の早稲田大学）を出たのち養蚕の研究を行い、一八九四年には『蚕種製造論』という専門書まで出版した人物である。彼は学生時代にクリスチャンとなり、故郷に帰って養蚕業を営みつつ禁酒運動や廃娼運動に取り組む青年であった。彼が信州穂高で行った禁酒運動には、若き日の荻原守衛（のちの碌山、近代日本を代表する彫刻家）も参加していた。

一方、相馬黒光は仙台の生まれで、小学生の時にクリスチャンとなり、押川方義が開校と深く関わったミッションスクールの宮城女学校（現在の宮城学院）へ進んだ。彼女は、活発で好奇心旺盛な少女であったため「アンビシャス・ガール」と言われ、多くの人に注目された。そのような彼女は、当時の校長のE・R・プールボーの教育方針に反発し女学校を退学。押川の勧めで上京し、フェリス女学校へと進学する。この頃から小説を書き始め、苦学の末、明治女学校へ入学。在学中には、従妹の佐々城信子と国木田独歩の恋愛・結婚・離婚騒動に巻き込まれ、さらには自らが書いた情話小説が彼女の体験談と勘違いされ、新聞スキャンダルにまで発展するという事件に深く傷ついた。

このような時、黒光の仙台時代からの知り合いである島貫兵太夫が相馬愛蔵との縁談を持ち込んだ。この頃、黒光は故郷の仙台に布施淡という愛する男性がいたが、その布施が黒光の親友の加藤豊世と結婚することが決まり、失意のどん底に落とされていた。彼女はこの二人に先んじて結婚することで「出し抜いてやろう」と考え、相馬愛蔵との縁談に応じた。そして、ヨーロッパ文学に登場する田園への憧れから、信州穂高へと嫁ぐことを決めた。一八九七年春、相馬愛蔵と黒光は東京の教会で挙式を行い、愛蔵の実家へと向かった。その時の黒光の嫁入り道具は、一台のオルガンと長尾杢太郎が描いた油絵

（タイトルは「亀戸風景」）であった［宇佐美一九九七］。

黒光にとって、この穂高での新婚生活は、憧れが打ち砕かれる苦難の連続であった。彼女にとって田舎の嫁としての生活は、華やかな都会暮らしとは全く違った退屈なものであった。田園風景の中で詩人の心を持って優雅に生きるという楽園生活のイメージとは程遠い現実が、そこには広がっていた。彼女はここで長女の俊子と長男の安雄を出産し、子育てに励むが、もとの華やかな東京生活へ戻りたいという想いは募り続け、ついに心の病に冒されてしまった。このような黒光の哀れな様子に心を痛めた愛蔵は、四年半の穂高での養蚕業に区切りをつけ、夫婦ともども上京することを決した。

東京に出てきた二人は、生計の途を何にするか思案する。そこで考えたのが、「西洋にはあって日本にはまだない商売」であった。そして、その観点から目を付けたのが、当時はハイカラで珍しかったパン屋業であった。

二人は、早速、「食パン製造、及び道具一切譲受たし」という新聞広告を出す。すると、竈をはじめとした製造器具一式、配達用の箱車、使用人に至るまですべてを七百円で譲るという店が現れた。それが、本郷の東京帝国大学赤門前でパン屋を営む「中村屋」であった。

二人は即座に決心し、この「中村屋」を丸ごと購入した。そして前の店主・中村萬一の苗字から付けられた「中村屋」という屋号をそのまま受け継ぎ、店をオープンさせた。「書生パン屋」と言われた新「中村屋」がここに誕生したのである。

この中村屋は、開店から三年後の一九〇四年、「クリームパン」と「クリーム入りワッフル」という商品を売り出す。これが様々な方面で話題となり、大ヒット商品となる。現在、あんパン・ジャムパンと並んで三大菓子パンの一つに数えられるクリームパンは、本郷時代の中村屋によって生み出されたものだ。

愛蔵と黒光はこのような波に乗り、学生街の本郷よりも「値の張る商品」が売れる場所に支店を出すことを考える。そして、注目したのが、当時、文士が多く住み、郊外化の波が押し寄せようとしていた「内藤新宿」であった。一九〇七年、新宿駅前（追分）に支店を開設し、一九〇九年には現在の本店がある場所へ移動する。そして、本店を新宿に移し、本郷の店を使用人に譲った。

相馬黒光と中村屋サロン

そのような折、一人の男が新宿中村屋に姿を現す。

荻原守衛（碌山）であった。

荻原は若い頃、信州穂高で相馬愛蔵の禁酒運動に参加し、当時、愛蔵の実家に嫁いでいた黒光とも親しかった。荻原は黒光の嫁入り道具の油絵「亀戸風景」に感銘を受け、以降、本格的に芸術を志す。彼はニューヨークに渡り、絵画の世界で頭角を現すものの、パリへの旅行中にロダンの「考える人」を見て感動し、彫刻家に転身する。彼は尊敬するロダンから直接、指導を受け、新進気鋭の彫刻家という名声を得て一九〇八年帰国した。

中村屋を訪れた荻原は、若き頃から憧れだった黒光を再び目にし、密かに恋心を抱いた。そして、彼は黒光のもとに転がり込み、居候生活を送り始めた。

その頃、愛蔵は一年の半分を穂高で過ごす生活をしており、その帰省先で密かに愛人をつくっていた。そのことを荻原から聞いて知った黒光は激怒し、次第にこの年下の芸術家に対して愛情を抱くようになった。しかし、そのような恋が成就するわけもなく、荻原は悶々とした苦悩の日々を過ごした。やがて、相馬家の跡を継ぐ必要がなくなった愛蔵は、東京で中村屋の商売に集中するようになった。この頃には愛蔵・黒光夫妻と荻原が同居するという奇妙な家庭が出来上がっていた。

荻原守衛は苦悩しながらも、次第に作品作りに熱を入れ始める。一九一〇年、彼は自身の代表作となる「女」（国指定重要文化財）の制作に取り掛かる。この「女」は岡田みどりというモデルを雇って制作した作品であったが、相馬家の子供たちが完成した作品を見て、「カアさんだ！」と言ったといわれるほど、黒光の面影が漂っていた。

この作品の完成後、荻原は中村屋の裏庭に、友人の柳敬助のためのアトリエを作り始めた。そして、そのアトリエが完成する日、荻原は大量の血を吐いて亡くなった。三〇歳の若さであった。

以降、中村屋には荻原の作品が飾られ、彼の交友関係から高村光太郎をはじめとした様々な芸術家たちがここを訪れるようになった。また、店の裏庭には、柳敬助のためのアトリエとは別に、荻原を記念するアトリエが作られ、彼の作品が並べられた。さらに、人が人を呼び、岩波書店の岩波茂雄や考古学者の鳥居龍三、歴史家の津田左右吉、演劇人の松井須磨子などの文化人も集まるようになった。

一方、店も商売も、この頃には創業時の七倍以上の利益を上げるようになり、大きな発展を遂げていた。本郷の小さな店から始まった「書生パン屋」は、芸術家や文化人がこぞって訪れる名店へと成長していたのである。

大正期の芸術・文化の一潮流を築いた「中村屋サロン」は、このようにして生まれた。

画家・中村彝と相馬俊子

「中村屋サロン」が着実に形成される中、一人の若き天才画家がここを訪れるようになっていた。のちに近代日本を代表する洋画家となる中村彝（つね）である。

ある時中村は、柳敬助が結婚して出たあと空室になっていたアトリエに住みたいと願い出た。愛蔵と黒光は喜んで彼を受け入れ、以後、中村はここに住み着いた。このアトリエは六畳と四畳半の二部屋で、自炊のための炊事場や便所もあった。これは裏庭に建つ離れの洋館で、お化けが出そうな薄気味悪い雰囲気を漂わせていたという。

一方、この頃、穂高の実家に預けてあった長女・俊子が義務教育を終えて、上京した。両親は、俊子をアメリカ・ディサイプルス教会派の女子聖学院の寄宿舎に入れ、週末に新宿の両親のもとに帰ってこさせた。俊子はこのミッションスクールで、英語をマスターする。

この頃、同居人の中村は、胸を病み喀血がひどかった。しかし、作品への情熱は萎えず、作品を意欲的に発表していた。そして、次第に、彼は身近にいる相馬家の子供たちをモデルに絵を描き始める。はじめは安雄の半身画を描いたが、そのうちモデルを長女の俊子に絞るようになった。当時の俊子は一五歳。その純真な表情とふくよかな肉体は、中村を虜にした。

中村は俊子に服を脱ぐよう懇願した。中村を慕っていた俊子はそれに応じ、アトリエで密かにヌードモデルとなった。一九一三年から一四年にかけてこの俊子を描いた一連の作品群(「少女裸像」「婦人像」「少女像」「少女」「小女」など)は、中村の作品を代表する傑作となる。

このような過程で、中村は俊子に対して強い恋心を抱き始めた。しかし、俊子のヌード姿の作品を見た女学校の先生や黒光は怒り、二人の仲を引き裂こうとした。そのような動きに反発するかのように中村の恋は激しさを増し、ついには俊子との結婚を申し出た。しかし、そのような願いは聞き入れられるはずもなく、中村は失意のうちに新宿中村屋を去った。

俊子も母親の言うことを聞き入れ、苦悩しながら中村のことをあきらめた。

二人のインド人の中村屋生活

そのような騒動が起こっていた頃に、突如としてR・B・ボースとグプターが中村屋に舞い込んできたのである。

二人は中村彝が出て行った後のアトリエに匿われることになった。もちろん彼らは、アトリエの外に

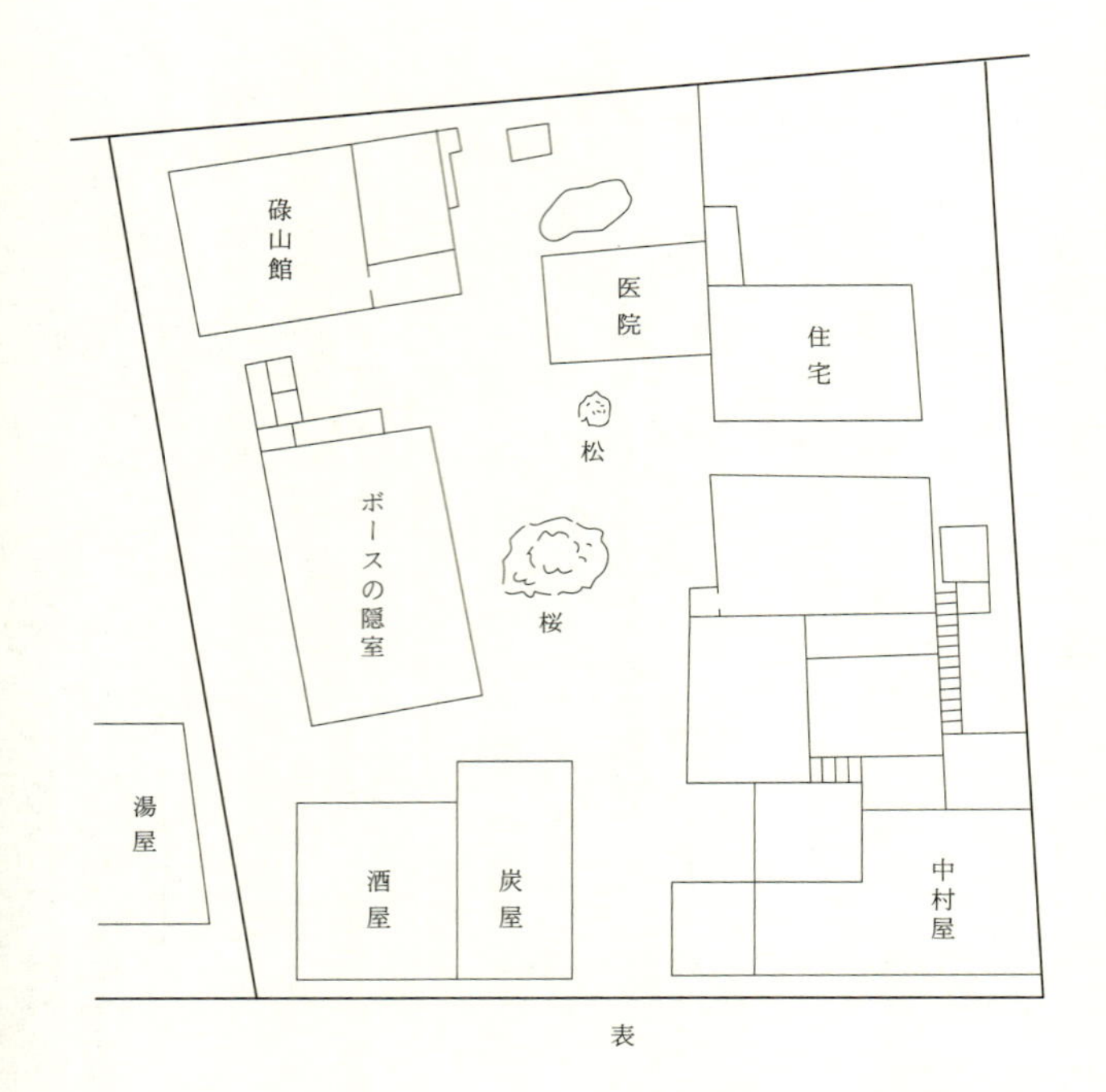

▲当時の中村屋周辺

出ることはできず、終日、この穴蔵のような場所で過ごすことになった。政治の世界とは無縁だった芸術家・荻原守衛は、友人（柳敬助）のために自らの発案で作ったアトリエが、のちに政府から追われるインド人革命家の隠れ家になろうとは夢にも思わなかったであろう。

さて、追われる身のインド人革命家を受け入れた黒光は、二人が連れてこられた直後から、相当の覚悟を決めていた。

とにかくこのインド人を匿ったということは、政府がしないことをこちらがあえてしたのであるから、発覚すれば問題は大きい。われわれは何らかの処置に服さねばならないだろう。その時は当の責任者として私が出よう。なぜといって、二人を匿う部屋のこと、食事のこと、その他いっさい身辺をわきまえるのは主婦なのだから、それに私が囚えられて家にいなくても、子供たちを世話してくれる人はあるし、商売は本郷以来私の名義のままで、それはちょうど私が勝手な振舞をできるという証拠にもなる。相馬は「どうも家内が出過ぎたことをして」そう言っていればすむ。そうすれば商売にも影響はない［相馬一九六三：一八二］。

ここにあるように、黒光は、政府に二人を匿っている事実を知られれば、自分が一切の責任を取って牢獄に入る覚悟でいたようである。このような心性は、当時の一般人の多くが抱いていた心情的アジア主義の素直な形の発露であると言えよう。とにかく黒光の心意気は「日本を頼ってはるばるインドを脱出して来て、日本に一身を託した亡命者を、政府は見殺しにするがわれわれはこれを保護する」というところにあった。ここでは、当時の心情的アジア主義が、日本政府の決定に従属的なものではなく、むしろ反政府的「抵抗」の側面が強いところに注目しなければならない。また、黒光のような一般人が、この事件を契機に、アジア主義的心性から日英同盟への批判を強め始めたことにも注目する必要がある。

さて、このような重要任務を遂行するには、当然、中村屋の従業員（約三〇名）の全面的な協力が必要であった。さらに、二人のインド人に対して生活の世話をするだけでなく、秘密が一切外部に漏れないよう一同団結することが必須であった。

愛蔵は従業員に対して、亡命インド人を政府決定に反して匿ったことを打ち明け、その任務がいかに重要なことかを力説した。

たとえ父母伯父伯母にも決してこれは他言しないこと、もしも警察から踏み込まれた場合には腕ずくでも渡しはしないという意気込みは頼もしいけれど、それがいけない、向うも腕にはおぼえがある。ただ万一の時はお前たち多勢で入口を押さえろ、その間に裏から逃がしてしまう。けれどもそれは最悪の場合のことで、まず何よりも、壁にも耳があることを思ってうっかり口を滑らさないよう。またあまり意気込んでかえって気取られないように。もしも大切の預かり人をわれらが護りおおせなくて、むざむざ死地におとすことがあったら、中村屋の恥はもとより日本人の面目が立たない。どこまでも血気の勇はつつしんで保護のまことを尽くしてくれ［相馬一九六三：一八二］。

このような愛蔵の要望に対して、従業員は誰一人として不服な顔をせず、むしろ感銘を受けて全面的な協力を誓ったという。

さらに、重要だったのは相馬家の女中たちの協力であった。当時、相馬家には二人の女中がおり、一人は子供の世話、もう一人は家事全般を担当していた。黒光は常時、店に出ていなければならないため、実質上の世話はこの女中が担当することになる。しかし、二人の女中は全く英語がわからない。中村屋の中で英語が堪能なのは、黒光だけだ。英語ができる娘の俊子は、ミッションスクールの寄宿舎におり、週末しか帰ってこない。しかも彼女は中村彝との一件で深く傷ついた直後であり、今は複雑で危険な政治問題に巻き込みたくない。

当時、黒光は既に名の通った有名人となっており、店には買い物客以外にも彼女目当ての来訪客が多くあった。そのような時に、いつも店頭にいた黒光の姿が急に見られなくなれば、何らかの疑惑を持たれ、怪しまれる可能性がある。黒光はR・B・ボースとグプターに伝えることがあれば、こっそりと紙片に英文を書き、密かに女中に取り次いでもらった。また、R・B・ボースとグプターも何か用事がある時には紙に書き、それを女中が店頭にいる黒光にこっそりと手渡した。

さらに、夜になると黒光が離れのアトリエに行き、その日の新聞に載った「インド人失踪事件」の記事をくまなく翻訳して伝えた。各新聞は探偵小説さながらの憶測記事を掲載し、二人の行方を報じた。ある時、二人が神戸に現れたという新聞記事を黒光が翻訳すると、R・B・ボースが「神戸に行っているか、それでは大丈夫だ」と言って笑わせたという。黒光はそのようなR・B・ボースのユーモアに、心をほぐされていった。

しかし、この時、黒光はある大きな問題を抱えていた。それは生まれたばかりの赤ん坊のことであった。名前は「哲子」。丈夫な赤ん坊であった。しかし、黒光は中村彝と俊子の問題や二人のインド人の問題などで心労が重なり、乳質が急に変化していた。それにつれて、赤ん坊の体調は悪化し、日に日に衰えていった。そしてついに、その赤ん坊が息を引き取ってしまった。二人のインド人が飛び込んできた日から二週間後の一二月一五日のことであった。

黒光は悲しみにくれると共に、「何に対しても深刻に影響される」自分の心の弱さに絶望する。そして彼女は罪悪感に打ちひしがれ、「見るからに半病人の状態」になってしまう〔相馬一九六三：一八六〕。しかし、インド人の保護は何としてでもやり遂げなければならない。彼女は心身共にボロボロになりながらも、懸命にR・B・ボースとグプターの世話を続けた。

一方、R・B・ボースとグプターにとって、中村屋での生活は相当の忍耐力を要するものであった。暗いアトリエから一歩も出ることができず、そこからは外も見えない。また、世話をしてくれる女中は英語ができず、全く言葉が通じない。日中は黒光との紙切れを通じた筆談のみである。

そのような中、彼らにとっての唯一の楽しみは食事を作ることであった。幸い、アトリエには炊事場があり料理をすることができた。彼らは女中に食材とスパイスを買ってこさせ、自分たちでインド料理を作った。それを見ていた女中たちは次第に作り方を覚え、黒光に伝えた。黒光もインド料理を覚え、ついに自分たちで作ることができるようになる。これがのちの中村屋の「インドカリー」のルーツである。ちなみに中村屋で「インドカリー」が商品化されるのは、これから一二年後の一九二七年のことだ。

また、この二人にとって困ったこともあった。入浴の問題である。

この離れのアトリエには風呂場はなく、母屋の風呂場に行くには、一旦アトリエを出て体を外光に晒さなければならない。しかし、何処から誰が見ているかわからず、中村屋は特に人の出入りが激しい。誰かとばったり鉢合わせなどしたら、一巻の終わりである。そのため、彼らは炊事場で湯を沸かし、それで体を拭いて耐え忍んでいた。

ある日の晩、東京は大変な暴風雨に見舞われた。この時、黒光はR・B・ボースとグプターを風呂に入れる絶好のチャンスと思い、人目を忍んで離れから母屋へ二人を呼び寄せた。その時、二人はずぶ濡れになりながらやってきて、溜まった垢を落としたという。中村屋での雲隠れ生活の中で、これがたった一度だけの入浴であった。

さらに問題だったのが、外の世界との連絡である。R・B・ボースやグプターは、中村屋に匿われている間も、孫文や玄洋社・黒龍会のメンバーたちと手紙のやり取りを通じて、事態の打開を図っていた。しかし、中村屋から直接彼らのもとへ手紙を送ると、途中で警官のチェックを受ける可能性がある。そのため、彼らが書いた手紙は、黒光によって宛名書きと封印がなされ、数軒、別の人の手を通ってから相手先に届くという方法をとった。また、向こうから二人に宛てた手紙が届くのも、同様の方法がとられたため、一つの用件のやり取りだけでも、とても時間がかかった。

グプターの逃亡

年が変わって一九一六年の二月。

二人のインド人の中村屋での雲隠れ生活も二ヶ月が過ぎていた。

R・B・ボースはインドでも同様の逃亡生活を幾度となく経験しているので、外界から遮断された環境で暮らすことに慣れていた。この中村屋のアトリエ生活でも、彼は不自由を我慢し、堂々と落ち着いていたという。しかし、一方のグプターはそのような経験がなく、窮屈な生活に耐えがたい苦痛を感じるようになっていた。

常にカーテンが引かれた窓。狭く閉じられた空間。通じない言葉。馴染まない日本の衣類。そして、一向に打開策が見えないことへの不安と苛立ち。

グプターは、次第に中村屋に留まり続けることへの疑問を持ち始める。また彼の中では、頭山満たちのグループに対する不信感も、完全には消えていなかった。これに対し、頭山たちに全幅の信頼をおくR・B・ボースは、しばらくは中村屋に留まり、情勢を見極める必要があると考えていた。

このような意見や捉え方の違いは、二人の間に亀裂を生み出す。閉じられた空間で、気まずい空気が流れ始めた。

グプターはここに留まっていても新しい展望が開けないと確信し、R・B・ボースをおいて逃亡することを計画する。そして、二月のある日。グプターは、それを実行に移した。

彼は、R・B・ボースがトイレに行った隙を見て、二階の窓から逃げ出した。そして、そこから隣の風呂屋の方へ下り、通りに出た。彼は、警官らしき人とすれ違う度に、手に持っていたミカンの籠を顔にあて、自分がインド人であることを悟られないよう気をつけた。

この時、グプターはある場所を目指して走っていた。

大川周明の自宅である。

グプターはインドに対する知識の豊富さと高い語学能力を持った大川を、日本では最も頼りにしていた。しかも、大川の家には何度か訪問したことがあり、周辺の風景は記憶していた。

当時の大川の住まいは原宿にあった。新宿から原宿は直線距離にして約二キロ。現在のJR山手線でも、新宿駅から原宿駅へは、代々木駅をはさんで二駅目である。歩いて行けない距離ではない。

しかし、グプターには新宿と原宿の位置関係がわからない。彼は当時の市電に沿って東方向に逃走し、四谷見附まで出てしまった。彼はここで南へ方向転換し、江戸城の外堀である弁慶濠に沿って赤坂見附まで出た。おそらくここで見覚えのある風景を見つけたのであろう。彼は一路、進む方向を西に切り替え、青山通りを直進した。そして、表参道の交差点を右折し、なんとか原宿の大川宅へとたどり着いた。(1)

その時のことを、大川は『安楽の門』の中で次のように回想している。

鉛色に曇つた寒い寒い二月の或日の午後三時ごろ、思ひがけなくグプタ君が私の家の玄関に現れた。見ればリボンを取去つた茶色の中折帽を目深に被り、足袋はだしで、つんつるてんの木綿の袷を着け、手には果物籠をぶらさげて居る。丁度東京在住の百姓の兄哥といふ恰好である。何はともあれ、急ぎ座敷に招じ入れると、空腹に堪へられないから、早く何か喰はせてくれと言ふ。生憎家には何もなかつたので、親子丼を注文したことを記憶して居る［大川一九七五：二九九］。

大川の家は交番の目と鼻の先であった。しかも、大川はつい最近まで尾行を付けられていた身である。彼は「グプタ君を匿まふには甚だ不用慎」だと思いつつも、「灯台下暗しといふ諺もあり、それに警察の方では一旦つけた尾行を解いて安心して居ることであるから、案外安全であるかも知れない」と考え、とりあえずグプターを匿うことにした。

翌日、大川は事の次第を報告するために、押川方義を訪ねた。そして数日後、押川の名刺を手に、赤坂霊南坂の頭山満邸を訪ねた。大川はそこで頭山に事のあらましを報告し、当分、自宅でグプターを匿う意思があることを伝えた。また、グプターがアメリカへの渡航を希望している旨を伝え、渡米が早期実現するよう取り計らってほしい旨を願い出た。

これに対し頭山は、グプターの早期渡米は困難であるが、それが実現するまでの間は大川の自宅で彼を匿うよう要請した。

大川はこの時初めて、頭山満と懇談した。以後、大川は「何か大切な決心をする場合は、必ず之を翁に披瀝して教を仰」ぐようになる［大川一九七五：三〇一］。近代日本の国家主義運動をリードした二大勢力（玄洋社系と猶存社系）のリーダーは、ここから強い繋がりを持ち始めた。ただし、この時、既に頭山は政財界にまで影響力を持つ大物であったのに対し、大川は未だ若き秀才の一人に過ぎなかった。大川は頭山邸を訪ねるにあたって、大層緊張したことであろう。ちなみに大川はR・B・ボースと同い歳である。

さて、閉塞的な中村屋のアトリエから逃げ出したグプターは、大川の自宅でのびのびと生活し始めた。そのグプターの様子を、大川は次のように回想している。

来た翌日から同君は丸善から本を取寄せてせつせと読書し、ジャパン・タイムスやアドヴァタイザを切抜いて丁寧にスクラップ・ブックに貼付け、健康にも十分注意を払ひ、寸陰をも無駄にしまいと心懸けて居た。運動のため戸外に出ることが出来ないので、グプタ君は私を相手に坐角力（すわりずもう）や腕角力をとつたが、勝負に熱中すると思はず隣近所に聞こえるやうな大声でベンガル語の間投詞を発し、後で気が付いてハッとすることも度々であつた。そのうち印度料理を食ひたいと言ひ出したので、私が色々な材料を買ひ集めて来ると、グプタ君が料理して二人で舌鼓を打つ

（1）グプターの逃走経路については、彼から最も詳細ないきさつを聞いたと思われる大川周明の回想をもとにした。しかし、相馬黒光・安雄の『アジアのめざめ』と黒龍会編『東亜先覚志士記伝』では、グプターは四谷見附の教会で一泊し、翌日、牧師から道順を聞いて大川宅にたどり着いたとされている。

た［大川一九七五：三〇〇］。

さらに大川は、連日グプターからインドの現況を聞いた。グプターの話は、独立運動の当事者だけあって臨場感があり、日本にいては手に入れることのできない情報も多く含まれていた。大川は数ヶ月後の一九一六年一一月、『印度に於ける国民的運動の現状及び其の由来』という著書を秘密裏に出版するが、これは大川の処女作であると共に、戦前期に出版されたインド独立運動史関係の書物の中でも群を抜く充実したものであった。これはグプターから聞いた話や、のちにR・B・ボースから聞いた話を下地にして書かれたものであり、一九一〇年代のインド独立運動に関する貴重な一次情報が盛り込まれている。この大川の著書については後で詳しく論じる。

一方、グプターが逃走した直後の中村屋は、大騒ぎになっていた。

R・B・ボースはトイレから戻ってすぐ、グプターがいなくなっていることに気づいた。彼は慌てて女中を呼び、黒光を呼び寄せた。そして、「グプタがいない、どうしよう」と言って、呆然と立ち尽くした。

黒光はすぐに葛生能久に連絡し、グプターの捜索を手配した。グプターが警察に捕まれば、R・B・ボースが中村屋に匿われていることもばれてしまう。相馬家もどのような罰を受けるかわからない。中村屋の店員や玄洋社のメンバーを中心に、必死の捜索が行われた。しかし、この日、グプターの姿を見つけることはできなかった。

そして、数日後、玄洋社のメンバーからグプターが大川邸で無事保護されているという連絡を受けた。この時、中村屋では安堵感と共に、グプターに裏切られたという苦い思いが広がった。後年に至るまで、黒光がグプターについて言及した文章は、手厳しい評価に満ちている。

天洋丸事件と退去命令の撤回

さて、グプターがいなくなった中村屋では、黒光とR・B・ボースの関係が、さらに親しいものになっていった。これまで、アトリエにR・B・ボースとグプターの二人で籠っている時には、彼らと黒光の間に一定の距離があった。黒光たちにとって、見慣れない顔立ちのインド人男性が、全く理解できないベンガル語を話しているところには、なかなか入って行きづらかったのであろう。しかし、R・B・ボースが一人取り残されたあとは、黒光も頻繁にアトリエに行って、直接、話しをするようになった。一対一でじっくり会話するようになると、お互いの人間性もわかり、両者の距離もぐっと近づいたという。

この時、R・B・ボースは、愛蔵と黒光にインドの苦境と自らの体験談を熱心に語った。これに相馬夫妻は激しく心を動かされ、R・B・ボースという人間に敬意を持ち始めた。また、R・B・ボースは愛蔵と黒光のことを「オトウサン、オカアサン」と呼ぶようになり、両者は家族同然の関係になっていった。

さらに、この頃からR・B・ボースは、日本語の勉強に熱を入れ始めた。彼は日本語と英語の相互訳が書かれた会話練習帳を手に、日々独学に励んだ。また、小学校の国語教材を貰い、その一巻から一二巻まですべてに赤インクの書き込みを入れながら、懸命に勉強した。さらに、疑問に突き当たると黒光に質問し、熱心に教えを乞うた。このような彼の謙虚な姿勢も、黒光をはじめとした中村屋の人々の心を動かした。

> 私はその質問に会うたびに、この人の心構えが非常に行きとどいたものであること、所謂、志士などと聞いて感ずる或る粗大さとは全く正反対なものであることを、はっきり認めさせられました［相馬一九五三：三二六］。

このような中、外の世界ではある事件が起きていた。天洋丸事件である。

この事件は、一九一六年二月、イギリスの軍艦が日本船・天洋丸に対して発砲し、香港まで連行して乗っていたインド人七名を強制拉致した事件である。この後、インド人七名はシンガポールへと送られていった。この事件に対し、日本の外務省はイギリスに対して正式に強く抗議する。そして、これを機にR・B・ボースとグプターに対する国外退去命令を撤回する。

この頃、外務省は寺尾亨を通じて、二人のインド人の居所を探っていた。さらに、外務省は、国外退去命令の撤回を機に、二人の身柄を政府に引き渡すよう密かに要請していた。しかし、内田良平と佃信夫は、協議の結果、政府からの間接的な保護は受け入れるものの、身柄の引き渡しはしないことに決めた。そして、頭山・寺尾との懇談によって、この問題の一切は頭山満が責任を持って預かり受けるということが確認された。

これを受けて、頭山満・寺尾亨の両名は、極秘裏に石井外務大臣と四谷見附の三河屋で会見の席を持った。この時、石井は頭山と寺尾に頭を下げ、深く詫びたという。また、石井がインド人二名について「いまはどうしていますか」と尋ねたところ、頭山は「保護してある。もちろん座敷牢同然の不自由なくらしだ」と答え、その時は潜伏先については明言しなかった。石井外相は「それはどうも人道上許しがたい」と言って、今後は政府が彼らを保護する意思がある旨を伝えた。

頭山はその会見の様子を仲間や相馬家に伝え、全員の了承を取ってから、石井外相に二人のインド人の居所を明かした。これでようやくR・B・ボースは、日本の警察から追われることがなくなった。さらに、これまでとは一転して、彼は日本の警察から保護される対象となり、身を潜める借家まで探してもらうことになる。

新宿中村屋を出る

三月に入って、警察からR・B・ボースのための適当な家が見つかったという知らせが頭山のもとに届いた。そして、それが相馬家に伝えられ、R・B・ボースが中村屋を出ることが決まった。約三ヶ月半のアトリエ生活が、ここで終了することになった。

このような決定を聞いて、黒光は心から喜んだ半面、同時に寂しい思いがこみ上げてきたという。R・B・ボースと相馬家の間には、苦楽を共にした三ヶ月半の間に、固い絆と強い連帯感が生まれていたのである。

三月一五日。ついに、R・B・ボースが中村屋を出て行く日がやってきた。その時の様子を、黒光は次のように回想している。


苦労をともにするということは恐ろしいもので、ボースが出て行くとなると私はまことに名残惜しい。ボースにしてもいつとなく私たちをお父さんお母さんというようになっていて、離れるとむなく（ママ）思うようだし、冷静にとつとめる私も不覚にも涙がながれたりした。

私は大急ぎで羽織袴、和服の礼装一かさねを新たに調え、当日はボースにそれを着せたところへ、葛生さんが自動車で迎いに来られた。自動車は家からでは目立つので、道路の向側に着けて待っている。そこへ歩いて行って乗るボースを、私はいつもの二階の窓際から、窓が少し高いので膝をついて見送った。病気で、階下まで行けないのだった。ボースは自動車に乗ろうとしてこちらを見上げた。羽織袴がよく似合って堂々として、立派な日本紳士であった［相馬一九五三：一八七―一八八］。


ここでは、黒光が和服のボースに「立派な日本紳士」の姿を見ていることに注目する必要がある。中村屋関係者や玄洋社メンバーは、しばしばR・B・ボースの姿や態度を「日本人以上に日本的」だと評し、そのような側面を高く讃えている。彼らの外国人に対する評価基準が「日本的であること」に置かれている点には、やはり大きな問題が付きまとう。R・B・ボースのような異文化への順応能力に秀でた人物にとって、このような姿勢は友好関係を強固なものにする方向に作用した一方で、グプターのような、時に従順ではないアジア人は、「日本的礼節を重んじない人物」として冷遇されることが往々にして見られた。このようなアジア人を「日本的か否か」で評価するあり方は、のちに中国や東南アジアに対する植民地支配を推し進める過程で、大きな問題を引き起こすことになる。

さて、R・B・ボースに与えられた家は麻布新龍土町にあった。これは現在の地下鉄千代田線・乃木坂駅付近で、旧乃木邸から路地を奥に入ったところの目立たない家であった。

引越しからしばらくして、R・B・ボースは、今回の件で世話になった人々をこの家に呼んで、謝恩の宴を催した。この時、頭山満をはじめとした玄洋社・黒龍会のメンバーや中村屋関係者が招待され、R・B・ボース自ら腕を振るったインドカリーが振舞われた。これには、のちに首相にまで上りつめる犬養毅も招待され、インドカリーに舌鼓を打った。以降、犬養はこのインドカリーを大変好んだようで、後年、R・B・ボースに宛てた手紙の中でその旨を伝えている。

さらに、この時R・B・ボースは、感謝の念を述べる挨拶を日本語で行い、参加者を驚かせた。相馬黒光などはこの姿を見て感激し、「ちょっと顔が上げられなかった」という。この日本語の挨拶は、彼が自らの手でインドカリーを振舞ったことと合わせて、多くの人の心を摑んだ。

R・B・ボースという人は、恰幅のいい豪傑であったと共に、他人の心を巧みに摑むことのできる細やかな神経の持ち主でもあった。R・B・ボースという人が、戦前期の日本で多種多様な人々に受け入れられた理由は、彼の思想信条の側面以上に、多くの人を惹き付けてやまないその人間力にあった。この宴の開催以降、R・B・ボースは玄洋社・黒龍会のメンバーをはじめ、多くの人の懸命なサポートを受けることになる。彼は、当時の日本人の間に「ボースのために何かをしてあげたい」という義勇心を掻き立てるだけの人間的魅力を持った人物だったのである。

さて、この宴の日、R・B・ボースはある女性の姿を初めて目にする。

相馬愛蔵と黒光の長女・俊子である。

俊子はこの春までミッションスクールの寄宿舎に住んでいたため、週末にしか家に帰ってこなかった。帰宅時にも、黒光の配慮で離れのアトリエには近づかず、R・B・ボースと直接、面識を持つことはなかった。中村彝との一件の直後でもあり、黒光は俊子の行動に対して目を光らせていたであろう。また、愛蔵と黒光には、この政治的な問題に子供たちを巻き込みたくないという思いもあったようである。

ともかく、この日、俊子は両親に連れられて、宴の手伝いに参加した。頭山をはじめとした玄洋社・黒龍会のメンバーも、この時、初めて俊子の姿を目にしたという。

俊子はミッションスクールを出たこともあり、英語が堪能であった。また、彼女は非常に口が堅く、芯の強い女性であった。このような能力と性格が見込まれ、以降、俊子が中村屋とR・B・ボースの連絡の中心的役割を担うことになる。

一方、R・B・ボースは日本政府から間接的な保護を受ける存在となったものの、イギリス官憲には未だ追われる身であった。イギリス大使館は、横浜山下町の東洋探明社という私立探偵会社を使い、R・B・ボースの隠れ家を探し当て、その身柄を拘束しようとした。そのため、R・B・ボースは隠れ家が知られそうになる度に、引越しを繰り返さなければならなかった。R・B・ボースはイギリス政府から追われなくなった一九二四年、原宿の穏田(おんでん)に新居を構え、そこを生涯の住まいとするが、それまでの間に、実に一七回もの転居を繰り返した。

このような追っ手から身を隠し続ける地下生活は、玄洋社の志士たちによって支えられた。特に葛生能久は、R・B・ボース保護の任にあたり、彼の身の安全を確保するために献身的に奔走した。時には追っ手の探索が迫る中、R・B・ボースを自宅に匿い、次の安全な住居を提供した。その功績は、初代インド首相となったネルーが一九五七年に来日した際、葛生能久をインド独立運動の貢献者として招待したことによって、公式的に顕彰された。

3―2. アジア主義者との連携

玄洋社・黒龍会のアジア主義とR・B・ボース

このR・B・ボースを支え続けた玄洋社は、一八八〇年、西南戦争の敗北の中から生まれた団体で、士族反乱に加わった平岡浩太郎・箱田六輔・頭山満を中心に福岡で結成された。彼らの活動目的の中心は「藩閥政治の打破」にあり、民衆（虐げられる民）の側からの士族的「抵抗」としての自由民権運動の展開にあった。

玄洋社憲則では、次の三ヶ条が掲げられている。

第一条 皇室ヲ敬戴ス可シ
第二条 本国ヲ愛重ス可シ
第三条 人民ノ主権ヲ固守ス可シ(2)

ここでは、玄洋社の活動の骨子が「皇室を敬重し、愛国心を保持する人民の権利を守る」ことにあることが明確に見られる。彼らは、時に国家権力と結びついたこともあるが、戦後GHQによって解体されるまで、「国民」（ネイション）の側から「国家機構」（ステイト）に対する批判的な活動を展開した。彼らの活動は、結社当初は日本国内の過激な自由民権運動の枠内に留まっていたが、次第にその視野をアジアにまで拡大させ、欧米列強によって虐げられているアジアの民衆への同情心と、ヨーロッパ諸国の植民地支配に対する義憤を強めていった。

彼らは「下からの抵抗」活動を日本国内からアジアへと拡大させ、孫文ら中国革命の志士への支援とその革命運動への直接的参加を行った。また、朝鮮半島ではヨーロッパ諸国による植民地支配とは異なる「日韓合邦」のあり方を模索し、一部の朝鮮人活動家たちと共鳴し合った。彼らの活動は、日本政府の立場とは一線を画し、時に痛烈な日本政府批判を含むものであったが、それらはあくまでも「皇室の敬重」を基盤とする日本ナショナリズムに依拠するものであったため、玄洋社・黒龍会メンバーとエートスを共有しないアジア人からは、日本政府の侵略政策の手先として拒絶され、反発の対象となることもしばしばであった。

彼らの活動は、時に現地の民衆から背を向けられ、活動家たちにも裏切られた。これに対し、彼らは、中国・朝鮮の民衆や活動家の多くが利己主義的で自分たちの活動に対する理解や信義を欠いていると見

（2）この三ヶ条は明治一三年五月一日付けで出されたもので、のちに出版された『玄洋社社史』では、第三条の「主権」の部分が「権利」に書き換えられている。

なし、現地社会に対する批判や失望の念を表明した。玄洋社・黒龍会のメンバーは、事が思い通りに運ばないと、その非難の矛先を現地の民衆や活動家たちに向け、彼らが日本のアジア主義者たちの高潔な理想を理解しようとしないことに苛立った。

玄洋社・黒龍会のメンバーにとって「下からの抵抗」を担う日本「人民」は、日本的な忠義や礼節を重んじ、皇室に対して一定の敬意を有する人間であることが前提とされていた。「民衆」はそのような要件を満たしてこそ、「敬天愛人」の精神を欠いた日本政府の「官僚人種」を批判する「人民」として、「主権」や「権利」を主張することができると認識されていた。そのような一義的な「人民」観が、西洋列強の支配に抵抗しようとするアジアの人々に対しても投影されたため、そこからこぼれ落ちるアジア人は、批判の対象とされたのである。玄洋社・黒龍会のメンバーは、日本政府や欧米列強の植民地支配勢力に対して「下からの抵抗」を試みたが、中国・朝鮮においては、複合的に絡まりあう権力を巧みに飼いならしながら懸命に生きようとするサバルタン（被抑圧民）の状況応答的な主体のあり方（エージェンシー）を、内在的に理解することができなかった。

彼らの間では、中国・朝鮮における反発や抵抗、「無理解」や「無関心」に出くわすたびに、自分たちの「高潔な信念」が伝わらず、思い通りに事が進展しないことへの「苛立ち」や「閉塞感」がたちこめていた。そのような中、玄洋社のメンバーの間では、一連の「ボースとグプターの神隠し」事件によって、イギリスの植民地支配下で苦しむインドと、独立運動に身を捧げるインド人革命家の姿が、新たに「発見」された。彼らの間では、次第に、インドは「日本と共通する高潔な精神性を有し、自分たちに期待を寄せてくれる盟友的存在」として認識され、その悶々とたちこめる閉塞感を一掃してくれる「通風孔」の役割を担っていくようになっていった。

このことは、一九〇一年五月から一九〇八年三月まで刊行されていた黒龍会の機関誌『黒竜』に、インドに関する記事がほとんど見当たらないのに対して、事件後の一九一七年七月に刊行の始まった黒龍会の機関誌『亜細亜時論』には、ほぼ毎号、インド関連の論文・記事が掲載されるようになったことによく表れている。この『亜細亜時論』に、R・B・ボースは直接論文を発表することはなかったが、彼らがR・B・ボースの存在によって、急速にインドに目を向け、インド独立活動家たちに大きな関心と期待を寄せ始めたことは間違いない。玄洋社・黒龍会メンバーは「ボースとグプターの神隠し」事件を通じて、「インド問題という通風孔」を発見したのである。

このようなインドを含むアジアの解放に関心を寄せる玄洋社・黒龍会のメンバーの間では、西洋列強の植民地支配に苦しむアジア諸国の民に対する同情心と、彼らに何とか救済の手を差し伸べたいという義勇心が強く共有されていた。また、彼らはそれを実現するために、身を粉にして活動に従事する行動力と資金力も十分に有していた。

しかし、彼らには思想がなかった。

頭山満も内田良平も、時事評や戦略論、精神論は盛んに講じていても、後世に残るほどの思想を提示していない。いや、正確に言うならば、彼らは意図的に思想を構築することを放棄していた。彼らは「思想」というものに対して、積極的に無頓着たろうとしていた。

それは、彼らの人的交流にもはっきりと表れている。頭山は思想信条的には相容れない部分が多くあったであろう中江兆民と生涯の友人であり、アナーキストである大杉栄や伊藤野枝らにも資金提供をしている。彼らにとって重要なのは、思想やイデオロギー、知識の量などではなく、人間的力量やその人の精神性・行動力にこそあった。

彼らは心情的アジア主義者ではあったが、思想的アジア主義者ではなかった。高い精神力と行動力を獲得することこそが重要である彼らにとって、観念的で高尚な「思想」は、時として邪魔な存在であった。観念の世界に耽溺する一方で、精神的に弱く、具体的な行動を起こさない者こそ、彼らが「軟弱」として蔑んだ人間であった。

このような心情的アジア主義者たちは、R・B・ボースに対して思想的に共鳴したのではなく、インド独立のために粉骨砕身活動する亡国の革命家の懸命な姿に、心情的に共鳴したのである。当時の彼らの間では、R・B・ボースがどのような思想の持ち主なのかは、全く関心の対象となっていない。玄洋社・黒龍会のメンバーにとって重要なことは、R・B・ボースが高潔な精神力を持った革命家であるかどうかということと、彼が日本的精神に敬意を持ち、信義や忠義、礼節を重んじる人間かどうかということにあった。中村屋での厳しい地下生活に耐えた上、宴を催して玄洋社・黒龍会のメンバーの労をねぎらい、日本語でスピーチをしたR・B・ボースは、心情的アジア主義者たちの心をしっかりと摑んだのである。

また、冒険小説さながらの「ボースとグプターの神隠し」劇は、自分たちの行動力と功績を誇示するスリリングな義勇談として、(時として事実から逸脱した誇張を含む形で)玄洋社・黒龍会メンバーによって広く語られ続けた。頭山満や内田良平を顕彰する数多くの出版物では、必ずといってよいほど、この「ボースとグプターの神隠し」劇が心躍る美談として、生き生きと描かれている。そのような出版物の一つである『頭山満翁写真伝』には、「大慈大悲の人類愛に燃ゆる頭山翁の巨手は動いて、非常手段に依り神隠しそのままの大腹芸を演じてボース氏を救助したことは頭山翁の真骨頂を発揮せる有名な任侠譚である」と述べられている[藤本一九三五:五四]。彼らにとってこの事件は、自分たちのアジア主義的活動の成果を強調するための恰好の「麗しい物語」として語られ続けた。

その一方で、これらの玄洋社系の書物の中で、R・B・ボースの思想について具体的に言及したものは皆無である。また、R・B・ボースという人物をインド独立運動史の中に位置づけ、理解しようとするものもほとんど存在しない。もちろん、次章で見るようなR・B・ボースによる痛烈な日本批判を紹介するものなど全く存在しない。R・B・ボースという存在は、玄洋社系の書物の中では、「ボースとグプターの神隠し」物語の中に埋没させられ、彼の思想や主張は完全に捨象されている。

玄洋社・黒龍会のメンバーにとって、R・B・ボースの政治的・思想的発言は、一貫して重要なものではなかった。また、彼が語るインドの歴史過程や過酷な現状についても、その詳細については、ほとんど関心が向けられなかった。彼らにとって重要だったのは、イギリスの植民地支配によって悲惨な状況におかれているインドの革命家が、日本に期待をかけている姿によって自尊心が満たされることであり、その人物を自分たちが劇的な形で保護したという美談によって、自らのアジア主義的行動が、意義あるものとして正当化されることであった。

R・B・ボースは、確かに玄洋社のメンバーによって助けられた。しかし、彼の思想や主張の多くの部分は、皮肉なことに、彼を窮地から救った心躍る義勇談によって、常に脇へと追いやられたのである。

大川周明の『印度に於ける国民的運動の現状及び其の由来』

一方、一連の「ボースとグプターの神隠し」事件で玄洋社・黒龍会の活動家と共に大きな役割を果たしたのが、若き日の大川周明であった。前述のように、大川は退去命令が発せられる以前から、頻繁にグプターと接触しており、ラーラー・ラージパット・ラーイ主催の集会の開催などをめぐってR・B・ボースとも密接な関係を持っていた。さらに、中村屋から逃げ出したグプターが大川の自宅に転がり込んできたことから、その関係はさらに密接なものとなった。このグプターは、一九一六年五月二九日にアメリカ方面へと逃れていったが、それまでの約三ヶ月間、大川はグプターと原宿の狭い下宿で共同生活を送り、連日、彼から詳細なインド独立運動の情報を聞き取った。さらに、中村屋から麻布新龍土町に移ったR・B・ボースとも頻繁に会い、様々な情報交換を行った。

そのような過程で執筆されたのが、彼の処女作である『印度に於ける国民的運動の現状及び其の由来』である。この書物は一九一六年一一月に極秘裏に出版されたもので、日本においては東アジア以西の民族運動を学問的に分析した初めての書物であった［長崎一九七八］。

大川は本書の冒頭を、日本の現状に対する辛らつな批判から始める。大川の見るところ、一九一六年当時の日本社会は「自然主義、享楽主義、而して功利主義」によって覆い尽くされ、国民は「五官の欲に囚へられ、馬の視る如く視、犬の聴く如く聴き、豚の食らふ如く食らひ、而して其の愚劣なる生活を是認せんが為に無益なる論辞を費し」ている〔大川一九七五：一二〕。このように、大正の世が「沈滞頽廃の風潮」によって覆われ、人々の生命が腐敗してしまったのは、日露戦争に勝利したことで国民の精神が緩み、世界の一等国に入ったという外面的・表層的な目的の達成の上に胡坐をかいているからであるとする。日露戦争によって「理想は或意味に於て実現せられ、熟せる果実が枝より落ちる如く落ち去つ」てしまったのである（一二頁）。

大川は、このような享楽主義が横行する世を変革するために、日露戦争以降の新たなる国民的理想が確立される必要があると説き、その理想こそが「皇国をして亜細亜の指導者たらしめんとする理想の外にない」とする。しかし、国民の現状を見るに、「支那」研究を除いてアジア研究は等閑に付されており、国民のアジア認識は非常に貧弱なものである。さらに、我が国と歴史的な関わりの深いインドについては、国民の間に十分な知識があるとは到底言えず、その研究が必要不可欠であるとする。大川はこのような現状を打破するために、インドの独立運動に関する詳細な研究書である本書を刊行し、インドの現状へ目を向けるべきことを訴えた。ここでは、大川の主張が、アジア主義的理想を掲げるものであるのと同時に、「沈滞頽廃の風潮」の中にある日本国民がそのような理想を遂行するには程遠い精神状況にあることへの激しい憤りを含んでいる点に注目する必要があろう。大川にとっては、そのような堕落した日本の現状の改革とアジア主義的理想が一体のものとして認識されており、そのような認識が、のちに国民的精神の確立と国家改造を推し進めようとする猶存社の結成や五・一五事件への連坐などへと繋がっていくことになる。大川の掲げるアジア主義は、当初から日本の国家改造と切り離すことのできないものであり、痛烈な日本国家および国民批判を内包する理念であった。

さて、この本の内容をごく簡単に見ていこう。

まずはじめに重要なポイントは、大川がラーム・モーハン・ローイのブラフマ・サマージの結成に端を発する一九世紀前半期の「上代印度の社会的、文芸的、乃至宗教的理想の復興」運動を、インドの国民的運動の起源と位置づけている点である（一四頁）。大川はこのようなヒンドゥーの社会改良運動を「近代に於ける印度覚醒」と見なし、そのような素地のもとで「セポイの反乱」や国民会議派の結成などのイギリス植民地支配に対する政治的改革・革命運動が生まれてきたと位置づけている。宗教的覚醒が政治的覚醒に先立ち、近代的ヒンドゥー復興こそが政治的独立運動を下支えしているという見方は、現在のヒンドゥー・ナショナリズム運動に至る近代インド史を描く上で有効なものであり、精神的覚醒の重要性を政治の基盤に置く大川ならではの慧眼であると言えよう。

また、この本最大の特徴は、二〇世紀前半のインド独立運動の具体的な動向が、活動の当事者しか知り得ない秘密情報を盛り込む形で、詳細に記述されている点である。特に一九一〇年代前半の独立運動を代表する「ハーディング総督爆殺未遂事件」や「ラホール兵営反乱事件」、それに連なる極秘の一斉蜂起計画についての記述は、首謀者であるR・B・ボースの記憶が鮮明な時期の聞き取りをもとに書かれており、第一級の史料的価値を有している。また、これにガダル党員であるグプターからの情報も加味されており、ガダル党が深く関与したシンガポールのインド兵反乱事件などについても詳細な記述がなされている。

さらに、大川は「(第一次)大戦開始後に於ける印度の国民的運動のうち、最も重大なる意義を有する一事は、印度教徒及び回教徒が、自治問題に対して同一歩調を取るに至ったことである」(三七頁)とし、一九一五年の国民会議派の全国大会が、ムスリム連盟の年次大会と合同で開催されたことを「こは印度国民運動史に於て特筆すべき出来事である」(三七頁)と絶賛している。大川は、ヒンドゥーとムスリムの融和なくしてインド独立の理想は達成されないと考えていたが、これは彼の多一論的思想に基づく見解であった。このような思想は、のちに詳述するようにR・B・ボースの思想とも通底するものである。

最後に、大川はこの本を厳しい日本政府批判で締めくくる。大川は、シンガポールのインド兵反乱の鎮圧にあたって日本政府がイギリスと協力したことや、R・B・ボースとグプターに対して出された国外退去命令、来日したラーラー・ラージパット・ラーイへの執拗な監視、天洋丸事件などに触れ、「吾人は英国に対して忠勤を励むの余り、遂に自殺的境遇に立到らざらんことを憂慮せざるを得ぬ」(七六頁)として、日英同盟に基づく外交政策を展開する日本政府への批判を展開した。さらに日本国民に対しても、イギリスからの偽りの報道を過信する余り「印度に於ける大勢の観察を誤り、之が為に怨を三億の民に買ふが如き、大過に陥らざらん事を切に希望するものである」(七六頁)として、警告を発している。
大川によるこの本は、独立運動の当事者であるR・B・ボースやグプターからの生の情報に基づいて書かれた貴重なインド独立運動史の文献であると共に、日英同盟体制の保持によって日本政府がインドを間接的に（時に直接的に）圧迫し、多くのインド人の自由と独立への希求を踏みにじっていることに対する痛烈な批判の書でもあったのである。

満川亀太郎との出会い

さて、話をR・B・ボースの動向に戻そう。大川が『印度に於ける国民的運動の現状及び其の由来』を出版しようとしていた頃、R・B・ボースは玄洋社メンバーを通じて、秘密裏に各方面の有力な日本人とのコネクションを築くことに邁進していた。その有力な日本人の一人に、当時、雑誌『大日本』の編集に携わっていたジャーナリスト・満川亀太郎がいた。満川は晩年に『三国干渉以後』という詳細な自伝を残しているが、このR・B・ボースとの出会いの様子も、この自伝の中に記述されている。

早稲田で親しくしてゐた長谷川文吉君がよく私の宅に遊びに来て時事を談じてゐたが、同君はまた級友宮川一貫君と親しくしてゐた。某日長谷川君が来て言ふには「宮川君が君に一度極秘の間に印度亡命志士を紹介したいと言つてゐるから会つて見ないか」と。もとより私の望んだところであるから、私は喜んで宮川君を音羽の家に訪問した。

ここで登場する宮川一貫は、R・B・ボースとグプターを頭山邸から逃走させた際に、彼らの道先案内を行った玄洋社のメンバーである。その宮川が長谷川文吉を介して、満川亀太郎とR・B・ボースとの面会の場を設定したのである。

もちろん、当時のR・B・ボースはイギリス官憲が雇った日本人探偵に追われる身であり、大手を振って表通りを歩けるような状況ではない。この会談も、全くの極秘裏に進められたもので、会談場所に到着するまでの道のりもR・B・ボースは細心の注意をはらう必要があった。

その日は幸ひにも雨天であつたので、印度志士タクール君、その実ラス・ビハリ・ボース君は車の幌を白昼深く下ろして麻布霞町の隠れ家から宮川君宅に来訪した。このとき私は初めてボース君と会つたのである。同席者には主人公宮川君及び長谷川君の外に、支那語学者として聞えた法学士何盛三君が居た。何しろボース君は日本に来て未だ一年未満であつたから日本語も余り上手でなかつたが、兎に角英語と片こと交りで、双方の意志は可なり通じたのである。

この時のことは、満川が亡くなった一九三六年に、R・B・ボースが『維新』に掲載した追悼文でも触れられている。

大正五年春の或日、小石川音羽町に住んでゐた宮川一貫君が夜自宅迄来る様にと招待して呉れたので私は霞町の寓居から人力車の幌を深く下ろして宮川君宅に出向いたところ、数名の青年が迎へて呉れたが、其中の一人が満川君であつたのである［ボース一九三六d］。

R・B・ボースはこの時、満川と「印度問題を始め亜細亜の諸問題を語り合」い、満川の方から「我々は印度のみならず、全亜細亜を恢復する念願であるから今後同志として御つきあひ願いたい」と申し出てきたと回想している。

この会談から半年以上後のことになるが、満川が編集を担当する雑誌『大日本』の一九一七年六月号、七月号、八月号に「一亜細亜人」なる筆者名で、それぞれ「日本と亜細亜」、「印度は永久に自治を得ざるか」、「露国革命と印度国民運動」と題した文章が掲載されている。当時の状況や、これらの文章の内容を考慮すると、この「一亜細亜人」はR・B・ボースと見て間違いない。この記事は、R・B・ボースが英語で口述した内容を、満川が抄訳して発表したものと見られる。またこれらの文章が掲載された直後の『大日本』一九一七年九月号には、満川自身が「印度問題の帰就」と題した論文を掲載している。これは管見の限りでは、満川がインドに関して本格的に論じた最初の論文である。東アジア以西の「亜細亜問題」を積極的に扱い、独自のアジア論を展開したことで知られる満川が、本格的にインド問題に目を向け始めたきっかけは、このR・B・ボースとの出会いにあったと言ってよいだろう。

さらに、R・B・ボースと満川の会談は、近代日本の歴史にとって重大な出会いを生み出した。のちに猶存社の主要リーダーとなる大川周明と満川亀太郎の出会いである。
満川は『三国干渉以後』の中で、次のように回想している。

このときボース君は、「貴方は大川周明さんを知りませんか」と訊いたので、私が知らぬと答へると、「今、大川さんが印度の革命運動のことを詳しく書いてゐますから、近々出版になるでせう」と教えて呉れた。これぞ、大川君の『印度に於ける国民運動の真相及由来』（ママ）と題する秘密出版物であつた。私は、初めて大川周明の名を知つたのである。

ここにあるように、満川亀太郎はR・B・ボースに紹介される形で、初めて大川周明の名前を知ることになった。この当時、タラクナート・ダースというインド人活動家が来日し、大川周明らと密接に関わりながら活発な活動を展開していたが、彼もイギリス外務省と日本政府の圧力によって日本を去らなければならなくなり、一九一七年八月六日、彼の送別会が開催された。満川亀太郎は、これ以前にR・B・ボースを通じてタラクナート・ダースと面会する機会を持っており、この送別会にも参加した。また、この送別会には大川周明も参加しており、ここで確実に満川と大川の二人は顔を合わせている。さらに、この送別会の前後に開かれた満川亀太郎主催の研究会・三五会に、R・B・ボースと大川は共に出席し、インド問題について活発な議論を繰り広げていた。一九一七年の後半には、大川周明と満川亀太郎の関係は徐々に親密なものになりつつあったと見てよいだろう。

さらに、翌年の一九一八年一〇月、満川が三五会を発展させて結成した老壮会の会合に、大川周明は主要メンバーの一人として加わった。そして、翌年、大川周明が北一輝を中国から呼び戻すことによって、猶存社が結成された。大正期から昭和初期の日本改造運動を牽引する諸団体の源流である猶存社は、R・B・ボースの仲介による大川周明と満川亀太郎の出会いがなければ結成されていなかった可能性が高い。そのことを考慮すると、この時期のR・B・ボースの地下活動は、多くの日本人の目をインドの独立運動へと向けさせることに一定程度成功したのと同時に、その副産物として新たな日本改造運動の人的ネットワークを構築することに寄与したと言うことができよう。

3—3. 相馬俊子とのロマンスとインドカリー

結婚

さて、R・B・ボースはこのような中でも、常にイギリス政府の手先の探偵に追われる地下生活を送っていた。この探偵は、行商人の八百屋や海苔屋に変装してR・B・ボースの居所を探り、強引に彼の身柄を拘束してイギリス大使館に引き渡そうと試みていた。

当初、潜伏先として用意された麻布新龍土町の家も、一九一六年九月頃には探偵に気づかれ始めたため、密かに麻布霞町に引越し、さらに麻布広尾町に転居した。これらの家にはR・B・ボースの簡単な身の回りの世話をする老女が一人同居するのみで、外部から彼への連絡には相馬俊子を中心に、相馬黒光や息子の安雄などがあたっていた。しかし、新宿中村屋にも探偵は見張りをつけていたため、彼らがR・B・ボースのもとへ出かけようとすると、その探偵が尾行してくることも度々で、それに気づくとR・B・ボースのもとへは行かず、新宿へ回り道をして戻ってこざるを得なかった。様々な方面から緊急の連絡がある際も、常に探偵の目を巧みに盗んで行動しなければならず、R・B・ボースの身辺には危険が付きまとっていた。

このような探偵による追尾は、地下生活が二年を超えた一九一八年になって、さらに厳しいものになった。R・B・ボースは関東地方を転々としなければならず、時には拘束される寸前で、着の身着のまま逃亡し、葛生能久の自宅に急遽匿われたりもした。

とにかく、何処へ引越ししても、得体の知れない主人が一人住まいの家は、近所の人々の噂になり、様々な疑いの目が向けられる。そうなると東京中に網を張る探偵に勘付かれやすく、身の危険に晒される。玄洋社のメンバーをはじめ、この二年間の間に秘密裏に交流を持った日本の有力者たちがR・B・ボースと連絡を取ることにも、常に困難が伴う。こうなってはR・B・ボースに寄り添い、彼の手足となって動くことのできる人間がどうしても必要であった。

そこで頭山満は、一人の女性に目を付けた。

相馬愛蔵と黒光の娘・俊子である。

頭山満は相馬家に対して、俊子をボースの妻にすることを懇望した。余程のことがない限り頼みごとなどしない頭山の依頼に、母の黒光は動揺した。

　ああこれは私の責任だ。私が俊子を自分の代りに（R・B・ボースとの連絡係に——引用者）出しさえしなければ、俊子にこういう難儀な役目は廻らなかった。頭山先生にもこんなお考えは浮かばなかった［相馬一九六三：一九二］。

黒光は「娘の将来に人並の幸福を願う」「世の母親の一人」として苦悩する。俊子をR・B・ボースの妻にすることは、彼が探偵から常に追われる身であることを考えれば、余りにも過酷な人生を背負わせることになる。単に外国人の妻になるというだけの問題ではない。R・B・ボースと結婚することによって、俊子が「死地につくことはあまりにも明瞭であ」るものの、頭山からの懇望を簡単に断ることはできない。

黒光は悩んだ挙句、この話を俊子に伝えた。

お前もよくよく考えなさい、事情が切迫しているからといって返事を急いではならない。これは世間の嫁入りとは全くわけが違うのだからね〔相馬一九六三：一九三〕。

黒光がこのように話すと、俊子は特に顔色を変えず、頷いて返事を約束した。やがて二週間が過ぎ、頭山から返事の催促が来た。

黒光は俊子に意思を尋ねた。

すると、彼女ははっきりと「行かせて下さい、私の心は決まっております」と答えた。「お前よく考えたのですか」と黒光が問うと、俊子は「よく考えました」と言い、さらに黒光が「だけどお前いのちがけですよ」と問いただすと、「知っております。お父さんとお母さんの心持ちもよくわかっていいます。私やっていただきます」と答えた〔相馬一九六三：一九三〕。

また、R・B・ボースの方も、この結婚話を承諾した。

俊子は芯の強い女性で、口も堅い。英語も堪能で、いざという時の行動力と忍耐力もある。そのような俊子が献身的に自分の連絡係を務めてくれている姿を目の当たりにして、R・B・ボースはいつの日か彼女に対して恋心を抱き始めていたのであろう。

しかし、彼はあくまでもインド独立のために活動する革命家であり、インドには親族や仲間たちを残して来日している。またインドでの過激な活動を展開してきた時代から「妻子があっては思い切った活動ができない」という思いを一貫して抱いてきた。さらに、一九一〇年代前半のインド独立運動を牽引してきた革命家として、未だ日本に留まっていることは不本意であり、状況が許せば一刻も早くインドへ戻って、仲間たちと共に独立運動に邁進したいという思いも常に胸に秘めていた。そのような中で、この日本人との結婚話を受け入れることは、生涯、日本に骨をうずめる覚悟を持たなければならない重大な選択であった。日本人の妻子を独立運動下の危険なインドへ連れて行き、革命活動を展開することは難しい。ましてや、妻子を見捨てて、自分だけインドへ帰国することなど到底できない。

この時、R・B・ボースの胸のうちでは、様々な想いが去来したであろう。しかし、彼は頭山からの結婚話を静かに受け入れ、長期にわたって日本に留まる覚悟を決めた。

R・B・ボースと相馬俊子の結婚式は、一九一八年七月九日、両家の親類の参列もないまま、頭山満の自宅で密かに執り行われた。この日、俊子は父親の愛蔵に連れられ、普段着で市電に乗って頭山邸に行き、そこで高島屋から届けられた婚礼衣装に初めて袖を通して、式に臨んだ。のちに着物の着付けを行った頭山夫人が相馬黒光と会った際に「お支度が出来ない家でもないのにおいとしい」と泣いて悲しんだという。この結婚は、俊子が子供時代を過ごした信州穂高の相馬家にも伝えられず、ましてやインドにいるR・B・ボースの親族にも伝えられなかった。また、この二人の結婚に際しては、頭山が親元となり、後藤新平と犬養毅が保証人となった。

二人が新婚生活をスタートさせた家は、芝の愛宕山下にあった。しかし、ここにもすぐに追っ手の影が忍び寄ったため、一旦、葛生能久の家に匿われ、その後に青山南町へと移った。さらに、ここも二ヶ月余り住んだだけで引越し、青山高樹町へと移った。これらの家は、どこも崖下の湿地や高い塀に囲まれた日光の入らない場所で、新婚ながらひっそりと身を潜める窮屈な生活が続いた。

そのような逃亡生活の中、R・B・ボースには一つ、大きな悩みがあった。それは、「俊子が本当に自分のことを愛してくれているのか」という不安だった。俊子にとっては、頭山満の意向によって半ば一方的に決められた結婚であり、R・B・ボースの心の中では「本当は自分のことを全く愛していないのではないだろうか」という懸念が去来していた。

そしてある時、R・B・ボースの不安が爆発する。

二人が千葉の海岸の家で密かに静養している時、R・B・ボースが急に次のようなことを言い出した。

「あなたは私と結婚したが、心から私を愛して来てくれただろうか。私はあなたのほんとうのことをききたい。」

R・B・ボースからこのような問いを突きつけられ、俊子は涙をためながら黙っていた。

するとR・B・ボースは、想いが高じたのか、思わず次のようなことを口走った。

「ほんとうに私を愛しているのか、それならしるしを見せてほしい。私の前で死んで見せてほしい。そこの欄干、そこを飛んで見せられますか。」

俊子は真剣な面持ちになった。

そして、急に立ち上がって、欄干に向かって走り出した。

その姿には、覚悟を決めたような真剣さがあった。

R・B・ボースは狼狽した。そして、今にも欄干から飛び降りようとしている俊子を必死で抱き止めた。

R・B・ボースは俊子にその失言を詫び、二度とそのような問いを発するようなことはなかったという。

このような過程を経て、二人は傍目にも仲睦まじい夫婦へと次第に成長していった。

長男・長女の誕生と日本への帰化

一方、一九一八年一一月にドイツが連合国との休戦協定に調印し、翌年一月にパリ講和会議が開催されると、「ドイツの諜報活動と通じている」との理由からR・B・ボースの国外退去を要求していたイギリス政府も、その大義名分を失い、彼を追跡していた探偵の姿もぱったりと見られなくなった。

そのような中、結婚から二年が過ぎた一九二〇年八月一三日、長男正秀が誕生した。この「正秀」という名前は、頭山満によって命名されたものであった。さらに一九二二年一二月二四日には長女・哲子が誕生した。この「哲子」という名前は、一九一五年一二月にR・B・ボースが新宿中村屋に逃げ込んできた際、黒光の乳質が変化したことによって亡くなった赤子の名前を継いだものであった。黒光はR・B・ボースと俊子の長女の姿に、亡くした子の面影を見たのであろう。この「哲子」という名前には、R・B・ボースと相馬家の数奇な運命への深い思いが込められていた。

また、晴れて自由の身となったR・B・ボースは、千駄ヶ谷町穏田（現在の原宿駅近く）に家を建て、一家でそこに住み始めた。この家は妻の俊子がアイディアを出して設計されたもので、R・B・ボースの生涯の住まいとなった。

親子四人の家庭は、過酷な運命を背負いながらも、束の間、小さな幸福に包まれていた。

そして、一九二三年七月、R・B・ボースはついに日本に帰化した。彼は国籍上、インド人としてではなく、日本人としてインド独立運動に邁進することを決心したのである。

この時、問題となったのは、R・B・ボースを相馬家の養子にするか、新たに「ボース家」を立ち上げて、妻子を新家の籍に入れるかということであった。これについては頭山や犬養など結婚の保証人となった人々が協議し、新たに一家を創立することが決められた。ボースには、漢字の「防須」という字があてられたが、これは犬養毅による命名であった。

この日本への帰化に際して、R・B・ボースは一九二四年九月、当時の内閣総理大臣の加藤高明をはじめ関係省庁の大臣に対して、国籍法の改正を要求する請願書を提出した。[3] これは一八九九年三月に発布された国籍法の第一六条に「帰化人、帰化人ノ子ニシテ日本ノ国籍ヲ取得シタル者及ヒ日本人ノ養子又ハ入夫トナリタル者ハ左ニ掲ケタル権利ヲ有セス」として、国務大臣、枢密院議長・副議長・顧問官、宮内勅任官、特命全権公使、陸海軍将官、大審院長、会計監査院長、行政裁判所長官、帝国議会議員が挙げられていることに対する抗議行動であった。R・B・ボースはこの時、明言はしていないが、のちの行動から考えて帝国議会の議員に立候補することも視野に入れていたと見られる。しかし、彼のような帰化日本人は、この帝国議会議員になる権利をそもそも与えられていなかった。

R・B・ボースは請願書の中で、この国籍法第一六条は、大日本帝国憲法第一九条の「日本臣民ハ法律命令ノ定ムルトコロノ資格ニ応シ均シク文武官ニ任セラレ及ヒ其他ノ公務ニ就クコトヲ得」という文言の精神に「背馳」していると主張する。確かに、この第一九条では公職に就く権利を保証するにあたって「法律命令ノ定ムルトコロノ資格ニ応シ」という留保がつけられており、国籍法第一六条の文言は憲法の定める範囲内であるとされていた。しかし、R・B・ボースは「帰化臣民は一般国民と其の義務を同じくし、権利のみに於て之が差別を受る」のは帰化人に対する明白な差別であると強く主張する[外務省記録一九二四：一二三五—一二三六][4]。

さらに彼は、次のように述べる。

法文に迄も明記して、故らに其の差別を立つるは、自然、帰化臣民をして其の忠誠心に一種の寂寥を感せしめるの憾なき能わず。（中略）今や帝国に於ては、内外に於ける差別待遇の撤廃、人類天賦の幸福増進に鋭意せらるるの時に夛り、国籍法上、尚ほ斯かる条文を存するは、寔に白壁の微瑕として之れを惜しまざるを得ず［外務省記録一九二四：一二三六―一二三七］。

ここでR・B・ボースは、日本政府がアメリカなどにおける日本人移民に対する差別的法律の撤廃を要求しているにもかかわらず、日本国内における帰化人に対する差別的扱いを法制化していることを鋭く見抜き、批判している。表面的には「差別待遇の撤廃」や「人類天賦の幸福増進」などを掲げ、一見きれいな「白壁」のように見える日本政府の姿勢にも、近づいてじっくりと見てみると細かい「傷」や「綻び」が多くあることにR・B・ボースは気づかされたのだ。日本滞在が一〇年目を迎えた彼の目には、日本政府や日本人の掲げる理想と現実の間にある多くのギャップが、はっきりと映り始めていた。

この当時の日本国内では、翌年の一九二五年に施行されることになる普通選挙法をめぐって、活発な

（3）この請願書は内田良平のサポートのもと提出された。内田をはじめとした玄洋社・黒龍会のメンバーは、天皇の名のもと日本国籍を取得した者に対しては、日本国民としての権利を平等に与えるべきであると考えていた。彼らにとって重要なことは、「天皇の臣民として君国に忠誠を誓う」ことであり、それを行った者に対しては日本国民としての権利を保証すべきであると考えていた。

（4）原文は漢字・カタカナ表記であるが、読みやすさを考慮して漢字・ひらがな書きに改めた。また、適宜、句読点も付け加えた。以下、この請願書に関する引用部分も同様のこと。

議論が起こっていた。新聞や総合雑誌には普通選挙に関する記事や論文が数多く掲載されたが、そこでは内地に住む朝鮮人に対して参政権を与えるか否かという問題も議論の俎上にのぼった。(ちなみに、朝鮮に住む朝鮮人、台湾に住む台湾人は、法的には「日本人」でありながら、政治的能力や民度が低いとの理由から、独立まで一貫して参政権が与えられなかった。)

小熊英二が的確に指摘するように、「日本人」というカテゴリーは一貫した不動のものではなく、常に政治的状況によってその範囲が揺らぐ流動的なものであった[小熊一九九八]。このような「日本人」というカテゴリーをめぐる問題は、R・B・ボースのような外国人の帰化をめぐっても表面化した。

R・B・ボースは、「一意忠誠を君国に致さんことを期」したにもかかわらず、日本政府が制度的に帰化人を差別することは、その「忠誠心」が大いに削がれることに繋がる、と請願書の中で訴えた。彼は、日本政府を真っ向から(頭ごなしに)批判するのではなく、「日本人」の懐にしっかりと入りつつ、内側から逆投射する形で日本のあり方を批判した。R・B・ボースは、多くの日本人ナショナリストに温かく受け入れられた存在であり、法的には紛うことなき「日本臣民」であったが故に、日本政府やアジア主義者たちの建前を内側から鋭く突き崩し、内破させる力を有していた。このような彼の立ち位置は、のちに日本の中国政策に対して、鋭利な批判を突きつけることになるが、一方でそれは「日本人」の懐に深く入り過ぎていたが故に、言論や行動が大きく制限されることにも繋がった。R・B・ボースの抱え込んだ批判や苦悩、憤りは、日本政府やナショナリストたちが無自覚的に(時には自覚的に)共有していたアジア諸国に対する支配への欲望を炙り出していた。

妻・俊子の死

ともあれ、日本に帰化したR・B・ボースは、インドの独立を果たすべく、日本における活動を積極的に展開し始めた。しかし、一方で帰化が認定された一九二三年頃から、妻・俊子の体の具合が思わしくなくなってきた。俊子は病にもかかわらず、幼い正秀と生まれて間もない哲子の子育てや家事をこなし、懸命に家庭を支えた。しかし、その病状も一九二四年の半ば頃から急速に悪化し、床に臥す毎日が続くようになった。

俊子の病は肺炎だった。

母の黒光は、俊子が肺炎を患ったのは「あの隠れ家の、日光に恵まれない、年中屋内の生活と、昼夜やすまる暇もない数々の心労の結果」であると述べているが［相馬一九六三：一九九］、おそらく黒光が言うように、新婚当時の苛酷な生活環境が、俊子の体を徐々に蝕んでいたのであろう。

俊子の病は思いのほか重く、病状は日に日に悪化していった。

そして、一九二五年三月四日。

俊子はついに息を引き取った。二八歳の若さであった。

彼女は臨終の時、R・B・ボースが懸命に唱えるヒンドゥーのマントラを、かすかに声をそろえて唱和した。俊子は、R・B・ボースとの結婚生活の中で、彼が毎朝、熱心に唱えるサンスクリット語のマントラを暗記し、それを二人で日常的に唱えるようになっていたのである。

この俊子の臨終の時は、母の黒光ですら介入することのできない夫婦二人だけの時間であったという。俊子はR・B・ボースが唱えるマントラの響きに包まれながら、永い眠りについた。

のちにR・B・ボースは「短かったけどわれわれの生活は幸福であった。いや一生の幸福をあの数年の間に享けたという気がしている」と回想している〔相馬一九六三：二〇〇〕。R・B・ボースは、俊子のことを心から愛していた。

この後、R・B・ボースのもとには度々、再婚話が持ち込まれたが、その一切を彼は頑なに拒否した。彼は「俊子に感じていたものを、又その人に感じることが出来ようと思わない」し、相馬愛蔵・黒光をおいて「別の父母を持とうとは思わない」と明言し、どのような条件のよい再婚話にも、全く応じなかったという〔相馬一九九九：二二〇―二二一〕。

植民地支配への抵抗としての「インドカリー」

さて、俊子が亡くなっても、R・B・ボースと中村屋の関係が切れることはなかった。むしろ、両者の間の絆は、以前にも増して強固なものになっていった。R・B・ボースと俊子の二人の子供（正秀と哲子）は相馬愛蔵と黒光のもとに預けられ、R・B・ボース自身は原宿の家で一人暮らしをした。子供たちは、毎週日曜日に原宿の父のもとを訪れ、親子水入らずの時を過ごした。R・B・ボースは、毎週この日を、大層楽しみにしていたという。

また、中村屋は一九二三年四月一日付けで資本金一五万円の株式会社に改組しており、R・B・ボースは、相馬家の息子や娘と共にその主要な株主の一人となっていた。さらに彼は、中村屋の取締役に就任し、その経営にも参画した。

一方、新宿に店を構えて以来、順調な売り上げの伸びを見せていた中村屋は、この当時、大きな岐路に立たされていた。東京の郊外化が急速に進み、少し前までは場末の様相を呈していた新宿へも、百貨店などの大型店舗が次々と進出してきたのである。特に中村屋にとって脅威だったのは、一九二五年、新宿駅前（現在のアルタの場所）に進出してきた三越百貨店の存在であった。三越の進出後、中村屋の売り上げは一五％ほどもダウンし、右肩上がりの成長に急ブレーキがかかった。

中村屋ではこれを機に開店時間を延長することとし、さらに工場の三つの部門（日本菓子部・洋菓子部・食パン部）の職長に、それぞれ日本一の評価を獲得している技術者を招聘して、巻き返しを図った。また、固定客の多くの声を反映して、一九二七年六月には喫茶部を開設した［中村屋二〇〇三］。

この時、喫茶部の看板メニューとして売り出されたのが、R・B・ボース直伝の「インドカリー」であった。R・B・ボースは常日頃から、西洋経由で日本に入ってきたカレーに対して、「インド貴族の食するカリーは決してあんなものではない」と不満を持っていたようで、喫茶部の開設を機に、日本で初めて本格的な「インドカリー」を売り出すことを提案した。彼は日本人の目を「現実のインド」に向けるためにも、イギリス人によって作り変えられた「カレー」ではなく、インド人が実際にインドで食べている「インドカリー」を売り出すことに強い執念を持っていた。R・B・ボースは、作り方だけではなくその素材にも徹底的にこだわり、喫茶部の開店後は、ほぼ毎朝、出来上がった「インドカリー」を検食するために現れたという。R・B・ボースにとって、本格的な「インドカリー」を日本人の間に広めることは、イギリス人によって植民地化されたインドの食文化を、自らの手に取り戻そうとする反植民地闘争の一環であった。

この中村屋の「カレー」の商品名は、現在に至るまで、一貫して「インドカ
、、、
レー」ではなく「インドカリー」である。これは、中村屋が本格的なインド料理にこだわっていることを表していると共に、このメニューの存在自体がイギリスのインド支配に対する痛烈な批判をも含み込んでいたことを表している。「カレー」から「カリー」へと微妙にズラされた商品名は、R・B・ボースによる植民地権力に向けた「抵抗の声」そのものだったのである。

「恋と革命の味」

さて、この「インドカリー」は、売り出した直後から大きな反響を呼び、喫茶部を代表する人気メニューとなった。当時の一般的なカレーが一〇〜一五銭のところ、新宿中村屋の「インドカリー」は八〇銭（サラダ・コーヒー付きのセットが一円）もした。それだけ高価なメニューであったにもかかわらず、この商品は連日、飛ぶように売れた。そして、徐々に「新宿中村屋の喫茶部でインドカリーを食べるこ

と」が、当時の裕福層や文化人たちのステイタス・シンボルとなっていった。「中村屋のインドカリー」は、多くの作家や知識人たちの綴る文章に登場するようになり、そのブランドイメージはさらに高まった。

この「インドカリー」のヒットに伴って、一部の人を除いてまだまだ知名度が低かったR・B・ボース自身も、広く「中村屋のボース」として知られるようになった。新宿中村屋の喫茶部を訪れる人たちは、食事の際に「ボースが伝えた本格カリー」を話題にし、一連の「中村屋への雲隠れ騒動」や「俊子とのロマンス」について盛んに語り合ったという。また、このボースと中村屋の関係にまつわる話は、ロマンを掻き立てられる恰好のネタとして、当時の新聞や雑誌に頻繁に取り上げられるようになり、その記事を通じて多くの国民がR・B・ボースの存在を知るところとなった。そして、中村屋の「インドカリー」は、次第に「恋と革命の味」と言われるようになり、「中村屋のボース」の雲隠れ騒動と恋物語は、広範に知られるようになった。

R・B・ボースは単なる一亡命者ではなく、日本国民のロマン主義的心性を掻き立てる「中村屋のボース」となって、新たな一歩を踏み出した。

和服姿のR・B・ボース

右：プラタープと。後列左は中谷武世
左上：インド人の同志と。中央はA・M・サハーイ
左下：インド人同志と

タゴールを迎えての宴会
右側前列にR・B・ボースの姿が見える

第四章　日本での政治活動の開始

4―1．表舞台へ

アタルの自殺

R・B・ボースは一九二〇年代に入ると、姿を積極的に表舞台に現すようになった。そのきっかけとなったのが、東京外国語学校（現在の東京外国語大学）のインド人講師H・T・アタルの自殺事件であった。アタルは一八八九年生まれで、一九一六年にイギリス大使館の斡旋で来日し、東京外国語学校のヒンドゥスターニー語（ウルドゥー語）の教師となった人物である。彼は来日当初、イギリス大使館に忠誠を誓い、その意向に従ってイギリスのインド統治を肯定する文章を書いたものの、次第にイギリス大使館からの圧力に苦痛を感じ始め、ついに一九二一年六月一四日、服毒自殺をするに至った。

彼は、この時、数通の遺書とインドの家族への手紙を残したが、そこには一九一五年にR・B・ボースが来日した際に連日行動を共にしたマジュムダールが、イギリスとアメリカのスパイであると告発されていた。他にもイギリス大使館に対して「インドは必ず（イギリスを）復讐するであろう」という痛烈な批判や、「キリスト教宣教師団が日本とアジアを引き裂くべく活動している」と糾弾する文章が書かれていた。

この事件は、新聞各紙で大々的に取り上げられ、事件の詳細や遺書の内容などが報道された。また、アタルのもとでウルドゥー語を学んだ東京外国語学校の学生の手記なども連日掲載され、アタルがいかに指導熱心で、高潔な人物であったかが紹介された。

報道が過熱するに従って、日本のアジア主義者（特に猶存社のメンバー）の間ではイギリスのインド支配に対する義憤の念が高まった。そして、六月二三日、東京帝国大学・日の会の主催で「アタル氏追悼印度問題講演会」が開催されるまでに至った。この講演会を主催した「日の会」は、猶存社の学生組織の一つで、大川周明と鹿子木員信の指導のもと結成された団体であった。この会の草創期のメンバーには、戦後に首相となる岸信介も含まれており、この当時の幹事はのちに日本を代表するアジア主義者の一人として活躍する中谷武世であった。

「アタル氏追悼印度問題講演会」は、東京帝国大学三二番教室で開催され、大川周明をはじめ、鹿子木員信、中野正剛、武田豊四郎、島野三郎、サーバルワールらが壇上に立って熱弁を振るった。また、この頃にはめったに外出しなくなっていた北一輝も会場に現れ、壇上には上がらなかったものの、会が終わるまで演壇のすぐ下の席に腰をおろして、演説に耳を傾けていた。

この講演会には二〇〇〇人以上の聴衆が詰め掛け、大盛況であったという。アタル自殺事件は、新聞紙上で大きく報道されたこともあり、民衆の間のアジア主義的心性を掻き立てた。また、インドを植民地支配するイギリスと同盟関係にある日本政府に対する批判も一気に高まった。ちなみに、日英同盟の破棄は、この年（一九二一年）の一二月一三日、日英両国政府が共に四カ国条約へ調印したことによって実現する。
さて、この講演会にR・B・ボースは姿を現した。彼にとってはこの会への参加が、「中村屋への雲隠れ」以降、表舞台に姿を見せる最初の機会で、のちの日本での活発な言論活動の幕開けとなった。「アタル氏追悼印度問題講演会」を主催した「日の会」の幹事・中谷武世は、戦後、次のように回想している。

特にこの講演会で注目されたのはインドの亡命革命家ラス・ビハリ・ボースが此の会に出席したことで、彼としてはこれによって日本に亡命後、初めて世間に顔を出したことになる。当日彼はただ壇上のアタルの霊位に黙禱を捧げただけで何の演説も挨拶も行わなかったのであるが、司会者の指名で白い上衣に大きな廻しを腰に巻いた民族衣装で壇上に姿を表した時、「ああ、あれがボースさんか」というささやきが小波のように渡ると共に満場から旺んな拍手が起こった［中谷一九八八：二〇］。

「ああ、あれがボースさんか」というささやきが会場各所で起きたという記述から推察するに、当時R・B・ボースはインド問題に関心を抱く人々の間では、既にある程度その名を知られた存在だったと見られる。
この講演会への出席によって表舞台に登場したR・B・ボースは、同年（一九二一年）一〇月二七日に「印度人倶楽部」を創設し、日本におけるインド独立運動の拠点作りに着手した。この印度人倶楽部は、表向きは在京インド人の親睦団体という形をとったが、その会合ではインドの政治動向についての議論と共に日本におけるインド独立運動の活動方針が盛んに話し合われた。また、この頃にはインドやヨーロッパ、アメリカにおけるインド人独立運動家たちと、書簡のやり取りを通じて頻繁に情報のやり取りを行っていた。R・B・ボースの遺族のもとに残された彼宛の書簡類[1]の中には、ヴァラナシで急進派の活動を共にしたS・サンヤルからのもの（一九二二年五月二五日付け・一九二三年一一月九日付け・一九二三年一一月二九日付けの三通）や、北京から発送されたラビンドラナート・タゴールからのもの（一九二四年四月二六日付け）、スイスから送付されたM・バルカトゥッラーからのもの（一九二四年一二月一九日付け）、メキシコから送付されたH・L・グプターからのもの（一九二三年九月一二日付け）、パリから送付されたB・R・カーマからのもの（一九二二年・日付は不明）などがある。

彼は翌年の一九二二年頃から、生活の糧を稼ぐために東京の国士舘で英語を教え始めた。さらに、日本の政界の有力者との繋がりも持ち始め、一九二三年六月には、のちに首相にまでなる浜口雄幸が、八重洲の中央亭へR・B・ボースを招待する書簡を送り、会合の席を持っている。前述の通り、R・B・ボースはこの年（一九二三年）の七月、日本に帰化した。

同時に、この頃からR・B・ボースは、日本各地での講演活動を開始する。一九二三年三月には九州各地（福岡市、八幡市、大牟田市、熊本市など）と神戸を訪れる講演旅行を行っており、同年八月には再び神戸を訪れて、インドの現状を訴える講演会を開催している。また、一九二四年一月には相馬愛蔵の故郷の長野県で講演を行い、二日間で六〇〇人以上の聴衆を集めている。

プラタープとサハーイ

一方、この頃、のちの日印関係にとって重要な役割を果たすインド人が相次いで来日した。ラージャー・マーヘンドラ・プラタープとA・M・サハーイがそれである。

まずプラタープは、一八八六年にインド・ウッタルプラデーシュ州ムルサンの藩王の三男として生まれた王族で、二二歳の時（一九〇八年）同州ヴリンダーヴァンに「プレーム・マハー・ヴィッディヤーラヤ」（愛の大学）を設立した人物である。

彼は一九一四年の第一次世界大戦の勃発と共にヨーロッパへ渡り、インド独立のための援助をドイツから受けようと画策する。彼はドイツの秘密工作に加わり、その活動のため、一九一五年アフガニスタンへと移動する。彼はそこでインド臨時政府を樹立し、自ら終身大統領の座に就いた。ちなみにこの時、首相に就任したのが、初代東京外国語学校ヒンドゥスターニー語講師として来日したM・バルカトゥッラーである。

また、プラタープは一九一八年に、インド人としてはいち早く革命後のソ連に入り、トロツキーらと

（1） 現在は大東文化大学に寄贈され保管されている。

会見する。さらにそこからドイツへと渡ったものの、第一次大戦におけるドイツの劣勢によって活動の目処が立たず、ハンガリーのブダペストに逃れる。彼はここで「愛の宗教」(Religion of Love) という宗教団体を設立し、「愛」の精神に基づく世界連邦主義を訴え始めた。

一九一九年末、彼は再びアフガニスタンに戻り、カブールを拠点としてイギリス帝国主義の打倒のための連帯を促す国王からの書状を携え、世界各地を転々とする。そのような過程で、一九二一年一〇月二三日、彼はカナダからの船で初めての来日を果たす。この時、R・B・ボースはプラタープと親交を持ち、以後、二人は度々、行動を共にすることとなる。プラタープは翌年はじめに日本を離れるが、一九二五年五月一四日、「愛の宗教」と世界連邦主義を広めるため再来日し、R・B・ボースや大川周明をはじめとした行地社のメンバーらと行動を共にした。

一方、もう一人のサハーイは、インド・ビハール州のバーガルプル出身で、一九二〇年代初頭のガンディー率いる第一次非協力運動に参加した人物である。彼はその頃、インド独立後の大統領となるラージェンドラ・プラサードの秘書として反英闘争を支えた。

一九二二年、チャウリチャウラー事件によってガンディーの第一次非協力運動が瓦解し、運動の低迷期を迎えると、サハーイはインドを離れアメリカに渡り、医学の勉強を志す。しかし、当時の情勢では、アメリカ行きのパスポートを取ることができず、一旦、日本に入国し、そこからアメリカに渡る方法を模索することを決意する。

一九二三年五月六日、彼はラージェンドラ・プラサードとC・R・ダースというインド独立運動の有力者からの祝福を受け、カルカッタを発ち日本へ渡った。彼は日本に到着し、アメリカ行きのパスポートの発行をイギリス領事館に申請するが、それは認められずアメリカへ渡ることを断念せざるを得なくなった。彼はインドへ帰国するか、日本に留まってインド独立運動を展開するか思案するが、ジャワハルラール・ネルーやラージェンドラ・プラサードからの指令に基づき、日本に留まることを決意する。以後、彼は神戸を拠点として、活動を展開する。R・B・ボースとは、来日直後の一九二三年八月に神戸で出会ったのを機に、様々な場面で関係を持つことになる。また、サハーイはのちに日本における国民会議派の支部を神戸に作り、『*Voice of India*』という雑誌を創刊する〔長崎一九八〇b〕。

このようにして、世界的な人脈を持つプラタープと、インド国民会議派の有力者と強いパイプを持つサハーイという二人の有力な来日インド人と結びついたR・B・ボースは、日本におけるインド独立運動の人的ネットワークを拡大させ、その中心的役割を担うようになる。以降、在日インド人の反英独立運動は、R・B・ボースを中心とし、プラタープとサハーイの両者のサポートによって進展していくこととなる。

R・B・ボースのアジア主義

さらに、R・B・ボースは、一九二二年頃から『改造』や『東方時論』をはじめとするいくつかの雑誌に寄稿し、文字媒体上における積極的な言論活動もスタートさせた。そこではイギリスの植民地支配がインドの尊厳を貶め、民衆の自由や権利を踏みにじっている様を具体的な事例に基づいて論じていると共に、西洋の帝国主義打倒を目的とするアジア主義の主張が展開された。以下では、一九二〇年代はじめから半ばにかけての彼の議論を見てみることにしよう[2]。

まずR・B・ボースは、イギリスのインド支配をはじめとする西洋の帝国主義を強く批判し、アジア諸国の独立の必要性を説いた。そして、その実現のためには、欧米列強への武力闘争が必要であり、その観点から日露戦争における日本の勝利を絶賛した。しかし、そのような武力闘争は、欧米の植民地勢力と同様の権力的抑圧を生み出してはならないとし、次のように論じた。

> 白人とは違ひ、亜細亜は決して、その権力と指導権とを濫用することなしに、人類の幸福の増進と、そして不正と暴力に基礎をおくものではなく、万人の正義と権利とに基礎をおく本当の平和を確立するために、そを利用するであらう［ボース一九二二］。

また、このような反帝国主義闘争が実を結ぶためにも、アジア諸国は連帯する必要があるとし、「東洋人連盟」実現の重要性を説いた。しかし、その先頭に立つべき日本は、明治維新以降、「専ら其の教育に、政治に、或は社会生活に、欧米化せん事を努めてきた」ため、「有色友邦を失望せしめたのみならず、度々其の信頼に違背する行動があつた」と強く非難した［ボース一九二四］。この点に関するR・B・ボースの日本批判は、次の文章にも表れているように、皮肉に満ちていてとても手厳しい。

日本は配合の悪い洋装を為す事を以て白人と同一に待遇され様としたのである〔ボース一九二四〕。

さらにR・B・ボースは、このような欧化政策を採ったことによって「白人は日本に白人並の待遇を与へたか否か」と問い、アメリカにおける日本人差別とその排斥運動を例示して、日本人の欧化主義に対する幻想を糾弾した。そして、一部の日本国民は「翻然として白人崇拝の悪夢より目覚め自己の中に白人より、より尊い或るものの存在する事を自覚」しようとしているとし、「今日の東洋人連盟の声は自覚者の叫びである」と位置づけた〔ボース一九二四〕。

また、R・B・ボースはアジア人の連帯に基づく「東洋人連盟」こそが、正義と真理に依拠する真の国際平和を可能とするとして、次のように訴えた。

東洋人の政治的、経済的、軍事的勢力が、白人の勢力に対抗し得るに到る時、否白人の勢力に優る時、正義と真理は自ら其の影を全世界に投ずるであらう。茲に於て初めて国際平和は持ち来たさ

---

(2) ちなみに、彼の日本語力は非常に高いレベルにあり、この頃には既に流暢な日本語で、長時間の演説をするまでになっていた。ただし、彼は生涯、漢字交じりの文章を書きこなすことはできなかった。そのため、その著書や論文は、概ね口述によるものか、彼自身がローマ字書きしたものを第三者が邦文に書き起こしたものかのいずれかである。

れるのである。而して此の勢力は全く東洋人連盟に其の基礎を置くものである［ボース一九二四］。

そして、このような「東洋人連盟」の中心的地位を占めるのは、日本、中国、インドの三ヶ国であるとし、この国々の団結の重要性を説いた。さらに彼は、この三ヶ国を中心とする東洋には「精神的乃至思想的共通点」があるとし、特に「その宗教的方面に於いては、互に深く相関している」と論じた［ボース一九二五］。

このような主張は、人間存在の本質を宗教的「神性」の中に見ようとするR・B・ボースの思想に依拠していた。彼はこの「神性」を欠いている人間は「人間の形は備えて居ても、人間と認めることは出来ない」とし、アジア人を抑圧・虐待する欧米人は、真の意味で人間として存在していないと非難した［ボース一九二六b］。そして、インド独立やアジア復興の真の意義は、単なる政治的独立や発展にあるのではなく、宗教的「神性」に基づく人間の存在根拠の回復にこそあると論じた［ボース一九二六b］。

さらにR・B・ボースは、アジア復興のための革命を、物質的欲望の超克をもたらす個々人の宗教的覚醒に基づくものでなければならないとして、次のように主張した。

我らは、一個人としてわれの解放、内面の革命と共に、亜細亜革命を、また世界革命を来たさねばならぬ［ボース一九二六a］。

R・B・ボースにとってのアジア主義は、単なるアジアの政治的独立を獲得するためのプログラムなどではなく、物質主義に覆われた近代を超克し、宗教的「神性」に基づく真の国際平和を構築するための存在論であった。彼にとっての「アジア」とは、単なる地理的呼称などではなく、西洋的近代を乗り越えるための思想的根拠そのものであったのである。

R・B・ボースはこのような観点から、東洋の精神主義が西洋の物質主義を指導すべきことを論じた〔ボース一九二四〕。ただし、この時の彼の西洋認識は、非常に単一的でステレオタイプ化されたものであり、西洋における思想体系やその宗教・文化の多様性を捉えようとする視点が著しく欠如している。彼は「欧米人は未だ嘗て真の精神文明の光りに浴したる事なく、否少くとも精神文明を創造するの能力」は全くないと主張し〔ボース一九二四〕、さらに「日本の神教、支那の儒教、印度の仏教の如き崇高なる神教や宗教が彼等にはない」と断言した〔ボース一九二五〕。また、一九二四年一月一一日に長野県上田市で行った講演では、「基督教も真の教義はありません。野獣教であります」と述べ、東洋の宗教によって西洋を指導しなければならないことを強調した〔外務省記録一九二四：一二一五〕。

「先んじて露国を承認せよ」

しかし、このような西洋に対する粗雑な批判を展開する中で、彼が唯一高い評価を与え、その存在に期待をかけたヨーロッパの国があった。

革命後のロシア（ソ連）である。

ソ連は当時、イギリスを主要な敵とする対外戦略を進めており、反英独立運動を展開するR・B・ボースとしては、戦略的な利害が一致していた。また、彼はコミュニストの唯物論には賛同しないものの、ロシア革命については「侵略主義の人々のあとに自由主義の人々が政権を握るに到った」として高い評価を与えていた［ボース一九二二］。

R・B・ボースは、一九二三年六月、『東方時論』に「先んじて露国を承認せよ」という論考を発表し、日本はソ連を早期に承認すべきことを強く訴えた。彼はこの論考の中で、日本にとっての真の敵はイギリスであるとし、その脅威に対抗する戦略的観点から、ソ連と提携すべきことを盛んに訴えた。

彼は具体的に次のように主張した。

> 現在のところ日本は軍力も工業力もまた経済力も充分には有して居らぬ。工業力から見て戦争に一番必要なもの即ち鉄、石油などは、日本には殆ど産しない。どうしても他国と結んでその供給を受けなければ恐らく日本は一年も戦争を続けることは出来ないであらう。（中略）地理上及び経済的利害関係から見れば、日露親善はこの問題を満足に解決することが出来るのである。そしてこれは露西亜としても非常に有利なことになる。日本と露西亜は一緒になつて、共存共栄の為にアングロサクソンの帝国主義に有利に抵抗することが出来るのである［ボース一九二三］。

彼はこのような観点から、日本政府のシベリア出兵をはじめとする対ソ外交を「誤った行動」と非難し、一刻も早くソ連を承認し、通商貿易を開始しなければならないと訴えた。R・B・ボースにとって、当時のソ連はイギリスと敵対する絶好の勢力であり、日本とソ連の両国の力を利用して、イギリスのインド支配を揺るがすことこそが、彼の日ソ提携論の意図するところであった。さらに、この論考では、中国とインドの独立運動の現状は日ソ両国と連携できるような体勢にはないとしながらも、日本・中国・インドの三ヶ国は文化・宗教の面において自然的連携を一貫して保持しているとし、中国・インドのナショナリズム運動が成熟すれば、日ソ中印の連携を機軸に反帝国主義運動を展開することが望ましいとの考えを示唆している。

さて、このようなR・B・ボースの日ソ提携論は、何も彼に限定された主張ではなく、他のアジア人の中にも同様の議論をする者が少なからずいた。

そのうちの代表的な一人が、孫文である。

R・B・ボースの「先んじて露国を承認せよ」という論考が発表された一九二三年六月当時、孫文は第三次広東軍政府の中核にいたが、彼は中国を含む日中ソが連帯することによって、中国の利権を分割するワシントン体制を切り崩すことができると考え、その可能性を積極的に模索しようとしていた。一方、欧米列強に包囲されていたソ連政府も、中国と連携することによってソ連包囲網の一角を打ち破ることができると考え、その革命運動を支援した。孫文はこの中ソの連携に日本を加え、その同盟関係の下で二十一か条要求を破棄させ、欧米列強が握り続ける中国での利権を放棄させようと画策した。

このような孫文の日中ソ連携論は、R・B・ボースの日ソ提携論と時期を同じくしており、イギリスへの対抗という点において、両者の議論が図らずも一致していることが興味深い。第二章で述べた通り、一九一五年の時点でR・B・ボースは孫文と面識を持っており、彼を通じて頭山満らとの関係を結んだのであるが、この当時、東京に留まるR・B・ボースと中国で活躍する孫文との間に、書簡のやり取りなどがあったかどうかは定かではない。また、R・B・ボースが孫文の日ソ中連携構想を把握していたかどうかも定かではない。このR・B・ボースの「先んじて露国を承認せよ」という論考が、孫文の呼びかけに呼応したものかどうかはわからないが、中国革命運動とインド革命運動に奔走する両者の対外構想が一致していた点は、一九二〇年代のアジア史を考える上で重要なポイントであろう。

孫文の大アジア主義演説

さて、その孫文は一九二四年一一月末、広東で第一次国共合作を成立させ、上海から北京へ向かう途中、日本へ立ち寄った。彼は、中国統一への道筋をつけるには欧米列強が中国において有している特殊利権や辛亥革命前に締結された不平等条約の撤廃が不可欠であると考え、日本が二十一か条要求を取り下げることで、その先鞭をつけることができると考えた。

孫文は一一月二二日、上海を出発する際に、犬養毅と頭山満に宛てて、神戸で会見したい旨の電報を打った。彼は、日本滞在期に親密な関係にあった日本の有力者に働きかけ、二十一か条要求の撤廃を実現させようと画策したのである。

孫文からの暗号電報を受け取った犬養は、当時、現役の逓信大臣で、急に東京を離れることができない身にあった。そのため、彼は代議士の古島一雄を代理に立て、神戸に派遣した。一方、頭山の方は神戸へ行くべきか否かを思案していたが、孫文が神戸に到着した二四日になって、大阪に滞在中の内田良平から「是非今夜お立ちを乞ふ」という電報が届いたため、その晩の夜行列車で神戸へと向かった。頭山を乗せた列車は、途中、別の貨物列車の脱線事故のため立ち往生し、神戸に到着したのは予定の時間を七時間ほど過ぎた午後三時であった。頭山一行は、孫文の秘書・戴天仇らの歓迎を受け、直ちに自動車で孫文の待つオリエンタルホテルへと向かった。

ホテルでは、孫文が頭山の来訪を待ち構えていた。八年数ヶ月ぶりの再会を果たした二人は、互いの労をねぎらいつつ、早速、会談へと突入した。

まず孫文は、国際情勢に関する自らの観測を述べ、頭山に意見を乞うた。これに対して頭山も自らの見解を述べ、日本と中国が提携共動すべきことを強調した。これに続き、孫文は中国が諸外国との間に締結した不平等条約の一切を撤廃する必要があることを力説した。ここで孫文は、頭山に対して日本政府が袁世凱政権に強要した二十一か条要求の取り下げと、日本が中国に有している特殊利権の返還の要求を切り出そうとしていた。しかし、頭山は、孫文の口からその要求が発せられる前に、一つ「釘」を打った。

この会見に立ち会った藤本尚則は、著書『巨人頭山満翁』の中に、この時の頭山の発言を記録している。

頭山は孫文に対して、次のように言った。

貴国四億の国民を以てして、外国の軽侮と侵略を甘んじて受くるが如きは、苟も国家を愛する志士豪傑の之を憤るは当然である。嘗て満蒙地方が露国の侵略を受けし時の如き、幸いにして我が日本が相当の実力ありたればこそ、多大の犠牲を払って、唇歯輔車関係にある貴国保全の為め之を防止するを得たのである。依つて同地方に於ける我が特殊権の如きは、将来貴国の国情が大いに改善せられ、何等他国の侵害を受くる懸念のなくなつた場合は、勿論還付すべきであるが、目下オイソレと還付の要求に応じるが如きは、我が国民の大多数が承知しないであらう〔藤本一九三〇：五二四—五二五〕。

孫文は、この言葉を聞きながら、顔を強張らせたという。自らの要求を見抜かれた上、それを口にする前に、「目下オイソレと還付の要求に応じるが如きは、我が国民の大多数が承知しないであらう」として明確に退けられたことに、彼は動揺の色を隠せなかった。

孫文としては、この会見で頭山との間に合意を見出し、政界に多大なる影響力を持つ彼から日本政府の要人に対して不平等条約の撤廃と満蒙における特殊権益の返還を要求してもらいたいと考えていた。彼はこの時、何とかして二十一か条要求の撤廃の確約を取り付け、その足で北京に向かいたかったに違いない。しかし、頭山が話を切り出す前に、その要求を拒絶した。頭山の性格を熟知する孫文は、これ以上、自分の要求をぶつけることは無用であると判断し、匙を投げて会見を打ち切った。彼は頭山に対して「今夜はどうか一晩でもこのホテルにお泊りを願いたい」と礼を尽くし、会見場をあとにした。

この時、頭山が孫文にぶつけた発言は、現実主義に名を借りたポピュリズム以外の何ものでもない。頭山は、自らが日本に対する欧米列強の不平等条約の撤廃運動に奔走した過去の体験から、中国国民の反帝国主義ナショナリズムに対する理解を示しているが、最終的には、満蒙に対する日本人の国民感情を楯に、孫文の正当な要求を退けている。ここには「我が国民の大多数」を批判する姿勢が全く見られず、日本政府の帝国主義を追認してしまっている。

当時の頭山満は、孫文に対して日本国民の感情を代弁することが、大局的には「仁義」に叶っていると判断した。頭山は、満蒙に対するロシアの進出を日本人が多大なる犠牲を払って阻止したとして、その見返りとしての特殊権益を日本が保持することこそが「仁義」に叶っていると認識していたのである。前述のように、玄洋社・黒龍会のメンバーは思想を構築することをあえて放棄し、仁義や礼節を軸にした精神性や感情の側面を優先させたが、このような点こそが、彼らの活発な行動を支える最大の強みでもあり、問題そのものでもあった。

孫文は、日本における最大の理解者である頭山満までもが、中国に対する不平等条約の存在を追認する現状を目の当たりにして、匙を投げた。そして、彼は、自らの憤りを日本国民に直接ぶつけるという行為に出た。

それが、頭山との会談の三日後（一一月二八日）に神戸高等女学校で開催された演説会である。孫文の来日に対する民衆の注目度は非常に高く、当日は会場に入りきれない人が外に溢れるほどの盛況であった。

この演説の中で、孫文は、物質文化と軍事力に依拠するヨーロッパの「覇道」に対し、今日のアジア諸国は、東洋の「仁義道徳」に依拠した「王道」によって対抗しなければならないと訴えた。そして、そのような「王道」に基づいた世界を構築することこそが「大アジア主義」の本質であると主張した。さらに、孫文は次のように述べ、日本人の帝国主義的志向性に対して警鐘を鳴らした。

あなたがた日本民族は、欧米の覇道の文化を取り入れていると同時に、アジアの王道文化の本質ももっています。日本がこれからのち、世界の文化の前途に対して、いったい西洋の覇道の番犬となるのか、東洋の王道の干城となるのか、あなたがた日本国民がよく考え、慎重に選ぶことにかかっているのです［松本二〇〇〇：一二二］。

このような日本国民に対する警告を残し、孫文は北京へ向かった。

当時、孫文は重い肝臓病を患っていた。そのため北京に着いて間もなく、彼はロックフェラー病院に入院し、翌年（一九二五年）一月、手術した。しかし、彼の肝臓は深刻な癌に冒されており、手の施しようがなかった。

そして、その手術から約一ヶ月半後の三月一二日。彼は北京で死亡した。

残された遺書には、不平等条約の撤廃の必要性が説かれ、「革命いまだ成らず」と記されていた。

「日本よ！　何処に行かんとするか？」

さて、R・B・ボースであるが、在日インド人・サハーイの回想録によれば、彼はこの孫文の来日時に神戸まで足を運び、頭山と共に孫文と面会したという。サハーイは、R・B・ボースとオリエンタルホテルで会うと、「彼は私を孫文や頭山に紹介し、孫文を主賓とする夕食会に招待した」と記録しているが［長崎一九八〇b：五］、当時の孫文の行動を追った外交文書やその他の関係者の回想、当時の新聞記事などにR・B・ボースの名前は全く見られないため、この記述の信憑性には大いに疑問が残る。

しかし、二人の面会の有無はともあれ、当時のR・B・ボースは、孫文が神戸での演説で表明した日本政府および日本人に対する憤りを、この後で触れるように、明白な形で共有していた。また、この二人が主張するアジア主義は、その日本批判の側面だけに留まらず、思想的にも政治的構想としても共通する点が多かった。ここでは、二〇世紀前半のアジア諸国の反帝国主義運動が、一国の内部に閉じられた運動として展開していたのではなく、思想連鎖を伴う国際ネットワークの網目上で展開されていたことに注目する必要があろう［山室二〇〇一］。

さて、孫文と同様、日本に対して強い憤りをおぼえていたR・B・ボースは、孫文が死去して一年後の一九二六年三月、行地社（大川周明が中心となって結成された団体）の機関誌『月刊日本』において、痛烈な日本批判を展開する。

R・B・ボースは、ここで日本のアジア主義者たちの中国認識に対して激しい憤りを示した。

我らの最も遺憾とする所は、声を大にしてアジアの解放、有色人種の大同団結を説く日本の有識階級諸公にして、猶中国人を侮蔑し、支那を侵略すべしと叫び、甚だしきに至りては、有色人種は性来、白人に劣るの素質を有するが如くに解することこれである。従来の支那通なる人々を点検するに比々皆然り。真に自らを知り、同時にアジアを認識するの士は暁の星の如く実に寥々たるものである［ボース一九二六a］。

彼がここで非難する「従来の支那通なる人々」は、玄洋社・黒龍会のメンバーを含んでいると考えられる。この時、R・B・ボースは、頭山を筆頭とする日本のアジア主義者たちが「アジアの解放」やアジア民族の団結を訴えながら中国に対して帝国主義的態度をとっていることに対して、率直に非難の声をあげた。R・B・ボースの目には、当時の「支那通なる人々」はインドを植民地支配するイギリス人たちと同様の帝国主義者としか映らなかったのである。そして、そのことに対して、彼は沈黙を通すことができなかった。この論考は、玄洋社・黒龍会のメンバーから様々な恩恵をこうむっているR・B・ボースとしては、相当の覚悟と勇気を持って発表した文章だったに違いない。

R・B・ボースは、前記の文章に続けて次のように論じる。

支那は列強の狂暴なる帝国主義、侵略主義を完全に駆逐することなくして、自我の確立は不可能である。支那の学生、商工会、労働者団、学者団等の民衆運動を目して、単なる煽動の結果なりと嗤ふことを止めよ！ 支那は自己革命の遂行のためには、先づ第一段階として、自国の軍閥、官僚を倒す前にそれらより、より強大なる鉄の如き外部的桎梏―列強の―を打破根絶せねばならぬ。その完成のために革命支那は、労働者も、学生も、軍閥も、官僚もブルジョアも、相共に一時団結するを要する。第二段の内的革命は其れが完成無くして考へられない。排外、攘夷誠に結構である。鎖国を目的とする排外ではなくして、自己主張の攘夷である。日本もこれに対しては決して妥当なる道を採り来りしとは云ひ難いと私は思ふ。支那問題に対して三考を要する。廿世紀の四分の三半はこれが解決に残された期間である［ボース一九二六a］。

ここでも、中国の革命運動を正当に評価しようとしない日本に対する批判が展開されている。また、五四運動をはじめとした抗日運動についても、「排外、攘夷誠に結構である」として、暗にそれを評価する立場を示している。

そして、R・B・ボースは、日本に対して次のような言葉を投げかける。

日本よ！ 何処に行かんとするか？［ボース一九二六a］

ここには、R・B・ボースの日本に対する失望と憤りが凝縮されている。「イギリスによるインド支配を打倒すべき」と主張する日本のアジア主義者たちが、一方において中国に対する紛うことなき帝国主義者の顔を有している点を、彼は果敢に指摘した。前述のように、この文章が掲載された媒体は、大川周明が中心となって設立した行地社の機関誌である。その読者は玄洋社・黒龍会メンバーとは異なるが、革新的な思想を有する若いアジア主義者たちが多く購読していた雑誌である。R・B・ボースは、あえてこのような媒体で、孫文が日本に対して「西洋の覇道の番犬となるのか、東洋の王道の干城となるのか」と迫った問いを、アジア主義者たちに向けて再び投げかけたのである。ここでは、このような文章を機関誌に掲載した当時の行地社メンバー（特に大川周明）の中国認識にも注目する必要があろう。

ともかく、このR・B・ボースの論考は、日本に帰化した親日インド人の彼までもが、日本人の帝国主義的姿勢を批判した点において、重要な意味を持っていた。この論考は、インドを支配するイギリス人たちと日本のアジア主義者たちが「同じ穴の狢」であることを鋭く突きつけ、彼らの論理を内側から突き崩そうとする画期的なものであった。

4―2．全亜細亜民族会議

第一回全亜細亜民族会議の開催へ

そして、彼はこの論考を発表した後、ある大きな事業に関わっていく。それは一九二六年八月に開催される全亜細亜民族会議であった。

全亜細亜民族会議とは、一九二四年七月一〇日に設立された全亜細亜協会が企画した会議で、アジア諸国の代表者が一堂に会して、西洋列強の帝国主義の打破とアジアの復興について協議しようとするものであった。このような会議は前代未聞のもので、アジア諸国の代表が集結する初めての会議として企画段階から広く注目を集めた。

この会議の母体となった全亜細亜協会は、政友会幹事長の岩崎勲らが発足したものであったが、会議の企画・運営は代議士の今里準太郎が中心的な役割を担った。今里は、この会議に中国代表団を参加させるべく、一九二五年八月と一九二六年一月の二度にわたって中国を訪問する。そして、北京の亜細亜民族大同盟の幹部である林展民らと会見し、会議への参加の約束を取り付けた。ただし、この亜細亜民族大同盟は中国政府を代表する機関ではなく、中国が公式的にこの会議への参加を決めたというわけではなかった。

帰国した今里は、一九二六年二月一一日に、全亜細亜協会と中国の亜細亜民族大同盟の連名で、次のような趣意書を作成し、各方面に発送した。

> 全人類の共存共栄、是れぞ我等人類の究極の理想であります。而して其の実現は先づ近隣より相扶け相進み、善隣の共存共栄を確保して順次全人類共存共栄の大理想を達成すべきものと信じます。吾人は此の趣旨に依り先づ全亜細亜民族の共存共栄を完うすべく全亜細亜民族会議を主唱するものであります。
>
> 即ち四千年の古き歴史を有する亜細亜文化の復興を計り、全亜細亜に包蔵する無限の資源を協力開発して全亜細亜民族の経済的融和向上を期し、進んで人類平等の大義に則って世界の和平全人類の共存共栄の実現に貢献せんとするのであります。
>
> 全亜細亜民族会議を開き全亜細亜民族の向ふべき処を決議し九億の全亜細亜の天地をして人類共栄の理想郷たらしむことを決して難事ではないと確信します［内務省警保局保安課一九二六：四―五］。

この文章は、思想を欠いた心情的アジア主義者たちの典型的なスローガンと言えよう。ここでは「全亜細亜に包蔵する無限の資源」に対する支配欲が見え隠れし、それを空虚で無内容な言葉で覆い隠そうとする意図が垣間見える。また、「全亜細亜民族の共存共栄」や「人類平等」を謳いながら、当の日本政府が中国・朝鮮に対して帝国主義的支配を行っていることへの批判が全く欠如している。

しかし、R・B・ボースは、この会議の実現に一縷の可能性を見出し、企画段階から準備委員の一人に名を連ねた。そして、彼は在日インド人のサーバルワールやサハーイらを集めインド代表団を結成し、さらにアフガニスタン代表として、当時、中国に滞在中であったプラタープをこの会議に招待した。また、R・B・ボースは全亜細亜協会の機関誌である『アジア』の第二号に、前記の『月刊日本』掲載論考と同じ文章を転載し、この会議の関係者が中国に対して帝国主義的な態度を取らぬよう警告した。

この会議は当初、上海で開かれる予定であったが、イギリスの権力が及んでいる上海ではR・B・ボースらの身の安全を確保できない可能性が強いことから、日中代表間で協議の結果、場所を変更して長崎で開催することに決定した。R・B・ボースは本会議開催の二週間も前の七月一六日に長崎入りし、この会議の準備と調整に奔走した。また、中国の代表メンバーである林可彝、王世鼎、黄攻素の三人も、事前準備のために七月一四日には長崎入りした。

二十一か条要求をめぐる紛糾

本会議開催前日(七月三一日)の午後八時半から、事前打ち合わせのための委員会が開かれた。ここでは明日以降の日程の協議が行われていたのであるが、突然、中国代表団が本会議において二十一か条要求の撤廃を決議すべきことを発議し、日本側にその承認を求めた。

日本側の代表者で現役の代議士である今里準太郎は、この要求に難色を示した。全亜細亜民族会議はあくまでも民間外交の一環であり、日本政府が公式的に関わる会議ではなかった。このような性質の会議において、一代議士が国家の外交政策の根幹を揺るがす決議を採択することは、大きな問題を引き起こす恐れがあった。しかも、翌日以降の本会議には、地元長崎と宮崎選出の代議士たちも参加することが決定していた。今里としては、この要求を簡単に受け入れるわけにはいかなかった。

今里は中国側のメンバーに対して、本会議における決議は二十一か条要求の撤廃に限定せず「広く亜細亜民族間の不平等条約撤廃」を目指すべきことを明記してはどうかという妥協案を提示した。しかし、中国代表団はこれに一切応じず、徹底して二十一か条要求撤廃を日本側が承認することにこだわった。そして、この決議がなされないならば「他の提議を為すの要なし」として、会議をボイコットすることを宣言した［内務省警保局保安課 一九二六：一二二］。

会議前日になって突如、参加拒否をちらつかせながら二十一か条要求の撤廃要求を突きつけることは、中国側が予め練っていた戦略だったのであろう。突然湧き上がった難題に、この日の委員会は紛糾し続けた。

時はあっという間に夜半を過ぎた。

それでも日本側と中国側の妥協点が一向に見出せないため、翌日の午前中に再び議論することとして、とりあえずこの日の委員会は閉会した。

翌日（八月一日）の午前一〇時。

中国側の黄攻素と沈徳の二人は、今里の宿泊先を訪問し、昨夜の議論を続けた。しかし、ここでも両者の溝は埋まらず、協議は物別れに終わった。黄攻素と沈徳は、その足で中国代表団が集まる中国領事館に赴き、昨夜からの一連の経緯を説明した。そして、全メンバーの統一見解として、二十一か条要求撤廃の決議がなされないならば、この会議から即座に脱退することを決定した。

午後二時。

この日の本会議開催に向けて、最後の会議が秘密裏に開かれた。

この会議には、前日の議論には参加していない長崎選出の代議士・則本由庸、森肇、宮崎選出の代議士・永峰與一、佐伯好朗の四人も加わり、中国代表団と対峙した。もちろん、インド代表のR・B・ボースもこの会議に参加している。

ここでも中国側は二十一か条要求撤廃の決議を主張して、一歩も譲らない姿勢を崩さなかった。当然、日本側の代議士たちは猛反発し、議論は紛糾した。

日本側と中国側の激しい議論は二時間にわたって続いた。

午後四時。

このような議論の膠着状態に、ついに日本側の四人の代議士が匙を投げた。彼らは「国を売りて迄も本会代表たるの要なし」として、会議への不参加を宣言し、席を立った。さらに、中国側も主張が受け入れられないならば、会議から脱退するとして席を立とうとした。

本会議開催の予定時刻は、既に過ぎていた。

このままでは全亜細亜民族会議の開催は中止となってしまう。せっかくの準備や企画、構想がすべて水の泡だ。

この事態に危機感を募らせたR・B・ボースは、必死になって日中間の調停に乗り出した。

彼は、中国側の頑な姿勢を窘めつつ、主催者の今里に対して、中国側の要求を受け入れるよう迫った。

今里は、この会議の開催に代議士人生を賭けていた。しかも、地元長崎の有力者からは多額の寄付金をもらい、会場や宿泊施設まで提供してもらっていた。会場には既に多くの人が詰め掛けている。国内外から多数の新聞記者もやってきている。ここで急遽、会議を中止するわけにはいかない。

もはや、今里には、中国側の要求を受け入れるしか残された道はなかった。

彼はR・B・ボースの調停を受け入れ、二十一か条要求撤廃を盛り込んだ決議を発表することに合意した。そして急遽、その決議文の作成に取り掛かった。

この時、作成された決議文は以下である。

全亜細亜民族会議の招集は、全亜細亜民族平等の実現を謀り、全亜細亜民族共存共栄の目的に到達せむとするものなり。併し中日間の不平等条約を先ず最初に取消を為さざれば、是既に亜細亜民族自身間に於ても其の平等の解決を失ひ、白色人種に向って平等と解放を要求することが出来ない故、現在中日間に存する不平等条約は、須く亜細亜民族の共存共栄の目的の為に、相互誠意を以て取消に努力すべし〔内務省警保局保安課一九二六：二四〕。

これは、当時の日本において、日本の帝国主義的姿勢こそがアジアの共存共栄の障害となっていることを明言した点において、画期的な宣言文であったと言えよう。しかも、この文章が多くの人々の注目を集める会議の冒頭で発表されることになったのは、一大事件と言ってもよいほどの出来事であった。

秘密会議は、この宣言文を取りまとめ、ようやく終了した。

時刻は午後五時を過ぎていた。

各国代表者たちは急いで本会議場に向かい、会議の開幕に備えた。

本会議の開始

午後五時三〇分。

当初の予定から大幅に遅れて、本会議が始まった。

この本会議には、日本・中国・インドの代表者以外にも、朝鮮とフィリピンの代表者が加わった。ちなみに朝鮮代表は李東雨と姜世馨で、フィリピン代表はヴェルゾーサであった。他にもアフガニスタン代表としてプラタープが参加予定であったが、彼が国籍証明書などを所持していなかったため入国そのものが認められず、大会に参加することができなかった[3]。

会議は、主催者の今里による開会の挨拶で幕を開け、全亜細亜連盟の規約と前記の不平等条約撤廃に関する決議文が朗読された。この後、中国側と日本側からそれぞれ会議開催までの経緯が説明され、各国代表の演説に移った。

まず壇上に立ったのは、中国代表の黄攻素であった。

彼は、この会議の目的を「白人種の侵略主義に対抗し人類の自由平等に到達せんとする」こととし、「有色人種」が「白人種」を排斥することが目的ではないことを強調した。また、アジア諸国の中では、日本のみが自力で国家を防衛できていることを評価した上で、欧米列強（特にイギリス）の侵略政策にアジア諸国が苦しめられている現状を訴えた。さらに彼は、その批判の矛先を日本に向け、次のように論じた。

　本会の趣旨は全亜細亜民族が団結して白人種に対し自由平等を唱へるものでありますから、日本から自発的に不平等なる条件を取消し各国に実施せしめねばなりませぬ。左様でなければ凡ゆる努力も水泡に帰するのみならず、益々白人種に暴威を与ふるものであるまいかと信じます〔内務省警保局保安課一九二六：三六―三七〕。

内外のメディアが注目する中、中国代表者が当の日本でこのような演説を行ったことには大きな意味があったと言えよう。彼の演説は、孫文が神戸で行った「大アジア主義演説」と同様、日本が欧米の帝国主義勢力の一員となっていることを批判し、日本人が掲げるアジア主義の矛盾とイデオロギー性を告発したものであった。

この黄の演説のあと、日本代表メンバーの田中守平が演壇に立ち、続いてインド代表のR・B・ボースの演説が始まった。

R・B・ボースは、国際連盟が西洋人の利害関係の調整のためだけに作られた機関であるのに対し、「亜細亜連盟」はアジア人だけのために存立するのではなく、世界人類全体の恒久平和のために存立すべきことを説いた。しかし、現在のアジア諸国間には「団結の裏に利害関係があり」、「昨日の敵は今日の味方」という情況になっているとして、厳しく批判した。そして、これから構築していく「亜細亜連盟」は「愛」によって結びつき、全世界の幸福に貢献しなければならないことを強調した〔内務省警保局保安課一九二六：四三―四四〕。

ここでR・B・ボースが「愛」という言葉を使っているのは、おそらくプラタープが主張する「愛の宗教に基づく世界連邦構想」に影響を受けた結果であろう。ここではR・B・ボースやプラタープの構

（3）このプラタープ入国拒否の背景には、本大会に彼を参加させたくないイギリス政府から日本の外務省に対する圧力があった。この問題の経緯は日本のアジア主義外交を考える際に重要であるが、R・B・ボースの評伝という本書の目的から逸れるため割愛する。別稿を期したい。

想するアジア主義が、単にアジアが連帯し欧米列強に対抗するためのスローガンではなく、信仰心に基づく精神主義によって近代的物質主義を克服し、さらに国際政治の基盤となっている国民国家システムのあり方を超越論的に脱構築しようとする理念でもあったことを確認しておく必要がある。

さらに、フィリピン代表のヴェルゾーサが演説を行い、入国を許可されなかったプラタープからのメッセージが読み上げられ、この日のプログラムは終了した。

ここでは、朝鮮代表が参加しながら、演説を行うことができなかったことに注目する必要がある。彼らは、アジア諸国の代表として会議に参加しながら、他の代表者と同様の扱いを受けていなかった。このことは今里の掲げたアジア主義が、真の意味でアジア諸民族の平等性を担保するものではなかったことを白日の下に晒していた。

さて、翌日の八月二日。

会議は二日目に突入した。

この日は、一般傍聴を禁止し、具体的なプロジェクトに関する意見交換が行われた。R・B・ボースはこの委員会の委員長となり、会議の進行役を務めた。ここでは、アジア通信機関の設置やアジア横断鉄道の建設、アジア大学の創設などの意見が出され、全亜細亜民族会議として取り組むべき具体案が検討された。

この議案の審議が終了した時、突如、黄攻素が「インドの独立を承認する」ことを決議すべきであると提案した。しかし、主催者の今里は「斯る問題を議論するに於ては本大会が解散を命じらるるに至るべし」として、この議案を退けた。R・B・ボースも今里の立場に一定の理解を示し、これに対して妥協的に同意したため、黄は提案を撤回した。この出来事からもわかるように、第一回全亜細亜民族会議は日本政府の外交政策の枠組みを超えることが難しく、国際政治上、多くの制限が加えられる情況下で開催されたものであった。

ともあれ、この委員会でのR・B・ボースの司会は非常に手際のよいものであったようで、翌日の『大阪毎日新聞』では次のような記事が掲載された。

二日の委員会で最も注目されたのは、インド代表ボース氏の議長ぶりで、氏は流暢な日本語をあやつりながらともすれば意見が衝突しようとする日支両代表の間に立つて、双方の感情を害することなく、うまく会議を切り回したことであつた。

このようなR・B・ボースの活躍もあって、二日目の協議では、特に大きな波乱や対立もなく、無事に終了した。

最終日の波乱――朝鮮問題・安南問題・日中問題

問題は最終日の八月三日の会議開始前に起こった。

一日目の会議には朝鮮代表として参加し、二日目の委員会には一転して出席を許されなかった姜世馨が、大阪の全韓国人連盟会長・李春植を伴って、今里のもとへ抗議にやってきたのである。彼らは、もう一人の朝鮮代表の李東雨は韓国の真の代表ではないと訴え、「何故韓国民族の等しく認める代表をこの大会に出席せしめないか」と怒鳴り込んだ。これに対し、今里が「同情はするが今出席せしめるわけに行かない」と拒絶すると、姜世馨が今里の胸倉を摑み、「一寸出て来い」と叫んだ〔『大阪毎日新聞』一九二六．八．四〕。

この騒動に驚いたR・B・ボースは、即座に今里と姜の間に割って入り、両者の仲裁を行った。そして、李東雨を朝鮮代表から外すことはできないとし、彼らの暴力的な要求を退けた。さらに、各国代表者との協議の末、姜世馨を連盟から除名することを決した。

この騒動は、一見、単なる朝鮮人同士の仲間割れのように見えるが、そうではない。この騒動が起きた背景には、全亜細亜民族会議の開催と参加代表者をめぐる朝鮮の新聞報道と世論の反発があった。

この会議が開催される前の企画段階では、朝鮮の代表者の参加を認めない方針が採られていた。これに対し、朝鮮人発行の朝鮮語の新聞・『朝鮮日報』には、会議開催直前の七月半ば以降、再三にわたって朝鮮代表の排除を批判する記事が掲載された(4)。

例えば七月一三日の『朝鮮日報』は次のように論じ、全亜細亜民族会議の主催者を厳しく批判した。

もし印度が参加することになれば、我が朝鮮からもそれに参加し得るはずであるが、朝鮮に対して参加を勧誘したとは聞かないのは、まことに奇怪なことといえよう。（中略）「民族」を単位とする以上は、朝鮮民族を除外することはできないのである。（中略）彼ら（主催者）が朝鮮民族に対し招待状を発しなかったことは、その主催者の心事がきわめて卑劣であることを立証するものである。それゆえわれわれは亜細亜民族大会に対して抗議を提出せざるを得ない［水野一九九四：五二六］。

このような朝鮮メディアの反発が強まる中、主催者の今里は、七月二五日に朝鮮で参政権運動を展開していた国民協会の李東雨をはじめ、日本当局に協力的な朝鮮人数名を朝鮮代表として会議に招致することを決定した。このことが朝鮮に伝わると、メディアの全亜細亜民族会議に対する反発は過熱し、それに朝鮮代表として参加する李東雨らを「魚頭鬼面の輩」「『日鮮融和』の卸売業者」と厳しく非難した。また、七月二六日の『朝鮮日報』では、日本政府に協力的な朝鮮人の参加は「帝国主義の倭小な傀儡となるのみならず、内においては朝鮮人大衆の真正な意思を偽り、その対面を汚し、外においては一般の耳目を多少とも混乱させること」になるとして、激しく糾弾した［水野一九九四：五二八］。この『朝鮮日報』以外にも、『東亜日報』などが同様の記事を掲載し、日本当局の思い通りに動く朝鮮人を代表に据えて「アジア民族の解放と団結」を訴える主催者の欺瞞を叩いた。

（4）　全亜細亜民族会議の開催に対する朝鮮の反応については、水野直樹の研究［一九九四］が詳しく充実している。以下、朝鮮メディアの反応に関する記述は、この論文に依拠する。

大会最終日の朝に起こった朝鮮代表をめぐる小競り合いは、このような朝鮮メディアの反発が背景にあって起こったものであった。姜世馨が今里の胸倉を摑み、会場の外へ引きずり出そうとした騒動は、暴力を伴う突発的介入によってしか自分たちの声を届けることができない朝鮮人の苦境と、大会主催者が掲げたアジア主義的スローガンの空虚さを象徴していた。

さて、このような騒動によって一時間ほど遅れたものの、最終日の本会議は、午前一一時一〇分に開会した。

この日は冒頭で、前日の委員会で出された議案が開示され、その議決が行われた。そして次に、R・B・ボースからいくつかの緊急動議の提案がなされた。

R・B・ボースはまず、一五人の「亜細亜運動功労者」を列挙し、彼らに対する賞賛の意を表した。ここで彼が挙げたのは以下の一五人である。

トルコ：ケマル・パシャ
イラク：ザクルル・パンヤ
ペルシャ：リガ・ハーン
アフガニスタン：アミール・アマラヌ・ハーン、プラタープ
インド：ガンディー、モーティーラール・ネルー、ラビンドラナート・タゴール
フィリピン：クエーゾン、リカルテ、オスメラ、アギナルド

中華民国：孫文
日本：頭山満、犬養毅

「亜細亜運動功労者」の中に頭山と犬養を挙げているのは、R・B・ボースの彼らに対する敬意と配慮の表れであると共に、この二人の有力者を巻き込む形で今後の全亜細亜民族会議を進展させたいというしたたかな狙いがあったのであろう。

さらに、彼はこの一五人を本連盟の名誉会長としてはどうかという提案を行ったが、これは当分保留されることとなった。また、「長崎市民に謝意を表すること」や「連盟の目的に賛成し且つ之が達成に助力したる白色人と提携すること」が提案され、問題なく決議された。おそらく後者の提案は、この会議が「反白人を目的とするもの」として解散させられることを避けるために行った決議であろう。

このR・B・ボースの緊急発議に続いて、議長の今里が次の八人を理事に指名し、了承された。

日本：今里準太郎、大川周明
中国：黄攻素、林耕餘
インド：R・B・ボース、ラテナ
アフガニスタン：プラタープ
フィリピン：リカルテ

ここでは、朝鮮人が理事から外されている点に注目する必要があろう。日本当局に対して協調的な李東雨でも、理事に指名されることはなかった。

また、この会議には姿を見せていない大川周明が理事に選出されている点も重要である。大川率いる行地社のメンバーは、全亜細亜民族会議に対して概ね協力的な態度をとっていた。

この理事の指名の後、各国代表の演説が行われた。

まず中国代表の劉華瑞が壇上に立ち、熱弁を振るった。そして、彼の演説が終わった時、突然、傍聴席からモーニング姿の紳士が壇上に現れ、演説を始めた。

彼は開口一番、流暢な日本語で次のように言った。

私は安南の国民党外交部長フエレバー・ロイといふ者です、或は御存知の方があるかも知れません［『大阪朝日新聞』一九三六．八．四夕刊］。

会場は一瞬どよめきに包まれたが、次第にそれが拍手喝采に変わった。

ロイは、学生時代に東京に留学していたものの、一九〇八年の日仏条約の締結によって日本国内に留まることが叶わなくなり、安南（ヴェトナム）へ帰国したという経歴を持つ人物であった。彼が「御存知の方があるかも知れません」と言ったのは、留学時代の旧知の日本人が会場内にいるかもしれないと考えたからに他ならなかった。

本大会主催者の今里は、日仏条約に配慮し、企画段階から正式に安南代表を会議に呼ぶことを見送っていた。そのため、ロイはこのような最後の手段を使って、強引にこの会議への参加を果たしたのである。

彼は壇上からフランスの安南支配を厳しく批判し、その惨状を訴えた。

安南は多年保護政府の横暴手段に苦しめられたが、獣形的文明国人の圧迫を受けつつあり、諸君には既に安南のこの苦しい立場を諒解して貰へることと思ふ〔『大阪朝日新聞』一九三六．八．四夕刊〕。

そして、演説の最後を次のように締めくくった。

私は広東の隠れ家から香港に出で、上海を経由して来たものである。本会議の正式代表として出席出来ぬのを遺憾に思ふ。私は途中から日本に来るまでに幾度か危険が身に迫りました〔『大阪朝日新聞』一九三六．八．四夕刊〕。

さらに、彼は「今日本を去ります。再会の機のいたらんことを祈ります」と言い残し、一人の従者を連れて会場から姿を消した。会場内は拍手喝采に包まれ、しばらくの間どよめきが止まなかった。

さて、この後、中国代表の蔡障川が壇上に立った。

彼は、一日目の中国代表の演説と同じく、日中間の不平等条約の廃止について言及し、アジア民族の団結の必要性を訴えた。

しかし、ここでもまた問題が起こった。

演説の日本語訳を担当した平見精一が、不平等条約撤廃に言及した箇所を正確に訳さなかったため、日本語に通じた中国代表の林耕餘が異議を申し立てたのである。

この訴えは議長によって認められ、急遽、通訳を平見から林へ交代させることとなった。

替わって壇上に上がった林は、蔡の演説の次の部分をはっきりと日本語に訳した。

私共は中日間の問題を解決せねばなりません。此の会に於て此の不平等条約を取消すことに努力すると云ふ事に決定しましたから、之を実現すると云ふ事に努力致し度いと思ひます［内務省警保局保安課一九二六：六五］。

この訳を林が読み上げる最中、会場にいた日本人の聴衆（松阪義雄）が壇上に向けて「日支間、何の不平等条約あるか」と怒号を浴びせかけた。一瞬、会場は騒然となり、中国側の代表者たちは、一斉に不快感を顕わにした。

このように、様々な問題が噴出した最終日であったが、午後二時三〇分、全亜細亜民族連盟の歌（全亜細亜協会作）の合唱と万歳三唱によって、何とか大会は終了した。

一方、真偽の程は定かでないが、サハーイの回想録によれば、この会議中に参加者の間でアジアの植民地諸国の青年たちを組織し一斉蜂起させる秘密計画が進められたという。この準備のため、サハーイは偽装のための貿易商社を設立し、大会終了後、アジア諸国を訪問して各地の若い民族主義者たちとのネットワーク作りに奔走したという［長崎一九八〇b］。しかし、この計画が具体化することはなかった。

また第二回の全亜細亜民族会議は、翌年、上海において開催されたが、そこにはR・B・ボースの姿はなく、第一回大会を超えるような大きな成果は見られなかった。さらに第三回大会が一九二八年に開催することに決したが、この大会が開かれた形跡は全く見られない。結局、全亜細亜民族会議は大きな成果を収めることなく、消滅してしまった。

R・B・ボースの転換点

ともあれ、一九二六年八月の第一回全亜細亜民族会議は、一九二〇年代におけるR・B・ボースの最大の活躍の舞台であったと言える。彼はこの会議中、いくつかの妥協と譲歩を行い、自己主張を押しとどめ、会議全体の成功のための調停役として奮闘した。彼のこの姿勢は、日本側の二十一か条要求に関する譲歩を引き出し、様々な具体的案件を決議する上で大きな役割を担った。おそらく、日中間の綱引きが繰り返される中、両者の立場に理解を示すR・B・ボースの存在がなければ、この会議は成立しなかったであろう。その意味で、R・B・ボースの存在意義は極めて大きかった。

しかし、R・B・ボースは、この会議での活躍以降、以前に見られたような厳しい日本批判を公の場では極力控えるようになる。そして、日本の有力者たちとの関係をより一層強め、彼らと協調しながら日本におけるインド独立運動を推し進めるようになる。このような彼の姿勢は、日本人有力者たちとの間に様々な形の妥協を生み出し、それが彼の日本における地位と影響力を高めることへと繋がった。

R・B・ボースにとって、この第一回全亜細亜民族会議での活躍は大きな転機となった。彼はここで、プラグマティズムに基づく現実路線に活路を見出し、何よりもまず具体的な進展や成果を獲得することに重点を置いた。R・B・ボースはあくまでもインド独立を目指す革命家であって、批評家や思想家たることを目的とはしていない。彼はインド時代以降遠ざかっていた独立運動のアリーナに復帰し、革命家としての行動原理を再び思い起こしたのであろう。

以降、R・B・ボースはインド独立の達成を目的論的に追求する現実主義者として、日本の帝国主義的歩調に柔軟に対応していく。そして、日本での活動の場を徐々に広げ、政治的影響力を獲得していく。しかし、その代償として、日本の帝国主義的姿勢に対する批判力を徐々に失い、インド本国の独立運動との間に大きな溝を作っていくことになる。

この時、R・B・ボースは四〇歳になっていた。

1942年3月9日、
大東亜民族交歓大会で演説するR・B・ボース

上段左：松井石根と。１９３８年6月１９日、中村屋にて
上段中：会談中のＲ・Ｂ・ボース
上段右：朝鮮・満州旅行にて
下段左：宴会の席で
下段右：山形県酒田にて。前列左は大川周明

ナチスドイツとの連携を訴えるR・B・ボース

第五章　苦難の道へ

5―1. 日本におけるインド独立運動

活発な言論活動

一九二〇年代末になると、R・B・ボースの活動はさらに活発化した。特にナショナリストが刊行に深く関わる諸雑誌へ盛んに寄稿し、日本におけるインド独立運動の気運を高める運動に奔走した。

当時のR・B・ボースは、日本人が余りにもインド問題に関心を持っていないことに対する不満を強めていた。一九二九年一一月、雑誌『道』に寄稿した「亜細亜と日本」では、「日本国民は、日本国の地位と環境から言っても、又た世界の平和と人類の福祉から言っても、印度の問題には、当然深い関心を持たねばならぬのに、それ程でもないのは、非常に遺憾に思ふ」と述べ、日本人に対する苛立ちを表明していた。

彼は、このような現状を打破し、日本人に対してインドの現状に対する関心を喚起するために、一九三〇年一月から行地社の雑誌『月刊日本』で、大川周明と共に「全亜細亜通信」と題した連載を開始した。

R・B・ボースはこの連載を開始するにあたって、次のように述べている。

日本の新聞には殆ど印度よりの通信なきが故に、印度に於ける国民運動が逼塞せるかの如く考へて居る人々もある。今月以降「全亜細亜通信」に連載発表せらるる印度よりの消息は、読者に印度の実相を彷彿せしめるに役立つことと信ずる［ボース一九三〇a］。

R・B・ボースは数年間にわたって、毎月欠かさず、『月刊日本』にインドにおける政治ニュースを掲載し続けた。また、大川周明もR・B・ボースと共に、東南アジアや中東情勢のレポートを掲載し、日本人に対して、アジア問題に目を向けるよう喚起した。大川は一九三二年、五・一五事件に連坐して逮捕されるが、その後もR・B・ボースは連載を中止することなく、単独で「全亜細亜通信」を継続した。

一九三〇年には、中谷武世との共著で、萬里閣書房から『革命亜細亜の展望』を出版した。これはR・B・ボースにとっては処女作となる著書で、以降、訳書や共著を含めると、彼は日本語で二〇冊近い著書を刊行することになる。この『革命亜細亜の展望』は、インドの窮状を日本人に訴える内容の著作で、インド独立運動の歴史的展開を詳細に記述したものだ。他にもR・B・ボースは、様々な雑誌へ寄稿し、インドにおけるイギリスの圧制の実態と、反英独立闘争の展開を著述し続けた。

このような彼の活発な言論活動は、多くの日本人の心情に訴えかけるものがあったようで、雑誌『道』の主幹である松村介石は、一九三二年一〇月号の『道』で、感情を込めて次のように述べている。

毎度ボース氏の寄稿を戴くが、イツも涙無くしては、之を読む事が出来ぬ。（中略）印度の兄弟よ待て、日本は何時までも腰抜政治家の支配する国ではないぞ。

また、R・B・ボースが日本人に紹介したのはインドの政情だけではなかった。彼は一九三二年、二冊目の著書として、『印度頓知百譚』（渋谷青花との共著）を出版し、さらに、『民間蒐集による印度民話集』（渋谷青花との共著）、『バガヴァット・ギーター』（高田雄種と共訳）、『印度神話ラーマーヤナ』（高田雄種と共著）などを次々と出版して、インドの神話や民話を紹介しようと努めた。

「完全独立」の要求

一方、インドでは一九二〇年代末になって、新たな反英闘争の動きが生まれてきた。前述のように、一九二二年のチャウリチャウラー事件を契機としてガンディーの主導する第一次非協力運動は瓦解し、以降、一九二〇年代半ばを通じて独立運動は低迷していた。代わってヒンドゥーの団結を訴え、ムスリムやクリスチャンからの再改宗運動を展開するヒンドゥー・ナショナリズム運動が活発化し、各地で宗教対立が頻発した。この運動は一九二五年にヘードゲーワールがＲＳＳ（民族奉仕団）を結成したことで確固たる潮流となり、サーヴァルカルが一九一五年に結成したヒンドゥー・マハーサバーと共に支持者を拡大させた。

しかし、一九二〇年代末になると、独立運動は再び息を吹き返してくる。一九二七年一一月、イギリスは憲法改革のための調査団をインドに派遣した。団長がサイモンであったことから、この調査団は「サイモン・コミッション」と呼ばれたのであるが、これには白人のみが名を連ねていたことから、インド各地で烈しい抗議行動が起こった。この「サイモン・ボイコット」と呼ばれる一連の運動の過程で、インドを代表する独立の闘志ラーラー・ラージパット・ラーイが警官隊にラーティー（警棒）で殴打され、死亡するという事件が起こった。この事件を契機として、反英感情が一層過熱化し、完全独立を要求するインド人の声が高まった。

一方、モーティーラール・ネルー（独立後、初代首相となるジャワハルラール・ネルーの父）を筆頭とする国民会議派の穏健派グループは、イギリスからの要請に応じて「インドの自治領化」を基本とする代替案（所謂「ネルー憲法」）を提示した。これに対しスバース・チャンドラ・ボースをはじめとした完全独立を求める急進派の若手たちが反発し、次第に彼らの主張が国民会議派の多数を占めるようになった。

そして、一九二九年一二月三一日。

ラホールで開かれた国民会議派の年次大会で、ついに「完全独立の決議」が可決され、ガンディーを中心とする大規模な非協力運動を展開することが決定された。また一月二六日を「インド独立の日」と定め、毎年、この日の独立を目指すことが確認された。

そして、一九三〇年三月。

ガンディーは、アーメダバードからダンディー海岸までの「塩の行進」を挙行し、非協力運動をスタートさせた。インド独立運動が、再び盛り上がりを見せた。

このような潮流を、R・B・ボースは日本から盛んに応援していた。特に一九二九年一二月の国民会議派の年次大会における「完全独立の決議」を高く評価し、「ここで国民会議は甦った」と絶賛した［ボース一九三〇b］。

しかし、インドの情勢は、R・B・ボースの期待したような動きにはならなかった。

一九三〇年五月。

塩の行進を指導したガンディーは逮捕され、非協力運動は中心的指導者を失った。一方でイギリス側は一部のインド人を懐柔し、独立運動を沈静化させるべく、第一回円卓会議を開催した。この結果、ガンディーは釈放され、イギリス側の代表者であるアーウィンと会合の席を持つことになった。

イギリスへの徹底抗戦を訴えるR・B・ボースは、このような動きに強く反発した。彼は、一九三一年一月二六日、第一回「印度独立の日」を記念する会合を新宿中村屋で開催し、日本のアジア主義者や在日インド人たちに「インドの完全独立」を訴えたのであるが［ボース一九三一］、彼はここで、インドの国民会議派本部に対して次のような決議文を打電し、「完全独立」に向けてイギリスとの妥協を止めるよう強く主張した。

東京在住印度人団体は、印度の完全にして絶対的自由宣言の第一記念日にあたり決議す。真の印度代表が一人として参加しない、いわゆる英印円卓会議の結論を拒否し、全印国民会議に対し「完全独立」を要求したるラホール会議の綱領を、あくまで支持するものである。当初の目標に到達するには、一切の障害物を克服し、一層の熱意と精力をもつて、独立自由への国民的闘争を今後も継続せられんことを要望す［相馬一九五三：五一］。

しかし、ガンディーは、徹底抗戦よりもイギリスとの話し合いを重視し、互いの妥協点を模索する道を選んだ。

一九三一年三月五日。

ガンディーはアーウィンとの間に協定を結び（「ガンディー・アーウィン協定」）、これをもとに非協力運動の停止を宣言した。ここではインド人による代議制政府によって憲法改革が進められることが合意され、ガンディーを代表とするインド国民会議派を、英印交渉の機軸に据えることが確認された。そして、この年の九月からロンドンで開催される第二回円卓会議にガンディーが出席することが決まり、彼はインドを旅立った。

しかし、このロンドンでの円卓会議は、インド側にとって完全な失敗に終わった。ここではインド人側の足並みが乱れ、結局、インド人の間で合意に達することができなかった。帰国したガンディーは、コミュニティー間の統一を構築すべく、再び非協力運動の開始を宣言したが、以前のような盛り上がりに到達させることはできなかった。

一方、R・B・ボースは、一貫してこのようなガンディーの行動を厳しく批判した。彼は第二回円卓会議が行われている最中の一九三一年一一月、「ガンヂーの譲歩と印度の独立運動」という論考を『日本新論』に寄稿し、ガンディーを「本心に於いて英の讃仰者である」と痛烈に批判した。そして、インド独立運動は、「完全独立」を貫く「非妥協的統率者の指揮の下」で、その目的を達するであろうと論じた。

ここでR・B・ボースが「非妥協的統率者」として期待しているのは、スバース・チャンドラ・ボースである。この頃から、彼はイギリスとの妥協を排する若き同郷の指導者チャンドラ・ボースに、大きな期待を寄せるようになる。

また、R・B・ボースはこの時期に、印度独立連盟（Indian Independence League）を結成し、日本において「インドの完全独立」を目指す運動を活発化させた。ちなみに、この印度独立連盟は、のちに日本の枠を超えて、世界史にその名を刻む重要な組織へと発展する。そのことは、次章で詳しく述べたい。

ガンディー観

さて、ここでR・B・ボースのガンディー論を概観しておこう。

ガンディーによる「ガンディー・アーウィン協定」や「第二回円卓会議」を酷評したR・B・ボースは、そもそも「マハートマー・ガンディー」という人物をどのように捉えていたのであろうか。

時は少しさかのぼって、一九二四年一〇月。

R・B・ボースは『日本及び日本人』に「革命途上の印度」と題した論考を寄稿し、ガンディーの非暴力運動について議論を展開した。

彼はここではっきりと「非暴力主義ではインドは独立できない」と断言している。そして、ガンディーが掲げる理念を「国民の自覚を促す為の一階梯として恪守」すればよいとし、あくまでも「非暴力」はインド独立運動において限定的なものであると位置づけた。

しかし、一方でR・B・ボースは、ガンディーを世界的な宗教者として高く評価する。

R・B・ボースは一九二九年四月、『我観』に「印度とガンディ」という論考を寄稿しているが、彼はここで、ガンディーの政治手法に低い評価を与える反面、自己犠牲の精神を体現する人格者として、ガンディーを高く評価している。

　昔から印度に於ては、犠牲といふものが非常に尊重されてきたのである。ガンデイ氏は恐らく学者としては余り大した価値はないであらうが、また政治家としてもそれ程有能ではないがまた雄弁家としてもそれ程優れてゐるというわけではない、併し同氏の衆人に最も優れてゐる点はこの犠牲心である。

また、R・B・ボースは、ガンディーがその高潔なる人格によってインド独立運動を広範に広め、全国民的な運動へと押し上げたことを高く評価する。

ガンディ氏が印度政界に出現するまでは主として知識階級によつてその運動は壟断されてゐたのである。併るにガンディ氏は彼の人格によつて印度独立運動を今日の如く一般普遍化して了つた。全くその功績は同氏のお陰である。今日、印度奥地に居住する貧民階級の間にでもガンディ氏の名声は普く知れ渡つてゐる。

さらに、R・B・ボースは、ガンディーを「単なる一政治家としてみることは大なる間違である」とし、「彼は宗教家であり、人類主義者である」と述べる。そして「彼の目的は単に印度の独立ばかりではなくして、全人類を完全に独立せしめ、以て幸福に導くといふのが本意である」と論じて、この論考を締めている。

このように、R・B・ボースは、「政治家ガンディー」に対して、インド独立運動を全国民的なものにした業績を除いて非常に否定的に捉える一方、「宗教家ガンディー」に対しては非常に高い評価を与えるというアンビバレントな見方を表明した。かつてインド独立運動の急進派のリーダーであったR・B・ボースにとっては、ガンディーの「非暴力」という政治手法と「イギリスとの話し合いによる漸進的な改革」という路線は断固として受け入れることができないものであった。そして彼は、ガンディーの指導の下では、イギリスの帝国主義を打ち負かしてインドの独立を勝ち取ることなど到底できないと確信していた。そのため、R・B・ボースは「来るべき数年間に印度の下層階級の人々の独立心は益々燃え上り、印度も亦武器を以て立ち上り得ることを示すであらう」という見通しを繰り返し表明し［ボース一九三五a］、さらに「独立は平和的合法的手段に依つては達成し得ざるものである」と断言し続けた［ボース一九三五g］。

手段としての暴力

しかし、R・B・ボースは「暴力」や「軍事力」を絶対視したわけではなかった。彼にとって「暴力」はイギリス帝国主義を一掃するための一時的な手段にすぎず、再び「真理の時代」がやってくれば、すべての「暴力」はその意味を失うと認識されていた。

このような彼の認識の基盤には、ヒンドゥーの「マハー・ユガ」という時間観念がある。これは、「黄金の時代」から「暗黒の時代」までの四つの時代を一つのサイクルとするもので、世界が破滅と再生を繰り返しながら永続していくという観念である。四つのユガ（時代）とは、世界が秩序・倫理・幸福に満たされた「クリタ・ユガ」から順に「トゥレーター・ユガ」「ドゥヴァーパラ・ユガ」と続き、不正・暴力・無知・強欲がはびこる「カリ・ユガ」で世界の破滅が到来し、その後、再び「クリタ・ユガ」が生成する。

R・B・ボースは、一九二七年一月号の『東方公論』に掲載された「真理の時代の建設」をはじめいくつかの論考の中で、近代を「カリ・ユガ」として捉える議論を展開している。彼はこれらの論の中で、西洋の帝国主義によって迎えた「終末」の世界をアジアの抵抗運動によって打破し、再び「真理の時代」を再生しなければならないと訴えている。

さらにR・B・ボースは、一九三〇年一月号の『我観』に寄稿した「社会と軍備」と題する論考の中で、「丁度車の廻る様に、又世の中に第一番目の時代が再現すると言ふ事を我輩は信じてゐる」とした上で、「真理の時代」である「第一番目の時代」が再現すれば「警察、及び軍隊の必要がなくなる」と論じている。そして、現在は西洋諸国がヘゲモニーを握り、軍事力によってアジアを制圧しているため、「彼らに対抗する為に、軍備を奨励せざるを得ぬのである」として、暴力を絶対視する見方を退けている。

このような近代以降の時代を「カリ・ユガ」と捉える議論は、当時のインドにおけるヒンドゥー・ナショナリズム運動を牽引するイデオローグたちにも見られる。ヒンドゥー・ナショナリストたちは、概ね古代インドを正義や秩序・倫理で満たされた「黄金の時代」と措定し、中世にイスラームの勢力がインドを支配したことによってその「栄光の古代インド」は汚され、さらにイギリスの植民地支配によって暗黒の時代「カリ・ユガ」が到来したと捉える。そのため、彼らは弱体化したヒンドゥー社会の強化と団結の必要性を訴えると共に、「暗黒の時代」をもたらした「敵」との戦いを奨励する。このような見方は、近年のヒンドゥー・ナショナリストにも引き継がれ、ムスリムやクリスチャンに対する暴動事件を誘発し続けている。

ただし、当時のR・B・ボースはこのようなヒンドゥー・ナショナリストのコミュナル（宗派〔主義〕的）な視点を、批判的に捉えていた。彼は、インドにおける中世イスラームの王朝について「回教徒の政府は印度の政府であつて、外国政府ではない」とし〔ボース一九二六c〕、同じインド人意識を共有する同胞の歴史として尊重している。また、インド大反乱の時のヒンドゥーとムスリムの結合を強調し〔ボース一九二九b〕、国民会議派が一九二八年の年次大会でムスリムの議長を選出したことに対して高い評価を与えている〔ボース一九二九a〕。

さらに、R・B・ボースは『日本新論』一九三二年九月号の「印度に於ける英政府の政策」の中で、ヒンドゥーとムスリムは「印度を彼等の共通の母として考へて居り、而して彼等は平和に、共に和合して生活する様に鼓舞されるであらうといふことは印度の最高の利益である」と述べ、宗教共存の重要性を訴えていた。また、彼は『国民思想』一九三二年一〇月号の「東洋時事解説」の中で、国民会議派をインド人に「宗教的或は階級的観念ではなく国家的観念」を持たせようと努力していると評価し、コミュナリズムや階級闘争をインド・ナショナリズムによって超克すべきであるという議論を展開している。

とにかく、R・B・ボースにとって重要なことは、イギリスの植民地支配からインドを独立させることであり、その目的を達成するためにはインド・ナショナリズムによってインド人の間の分裂を阻止し、さらに暴力的手段を行使することによってイギリスの勢力を駆逐することであった。

「寂しい」

さて、R・B・ボースはこのようなインド独立のための言論活動の一環として、日本各地で積極的に講演を行っていた。

一九三〇年八月には、山形県酒田において開かれた行地社の「夏期大学」の講師として招かれ、会場に集まった人々にイギリス植民地下のインドの窮状を訴えた。この「夏期大学」が開講された酒田は大川周明の生まれ故郷で、R・B・ボースの酒田行きには大川も同行した。

R・B・ボースは、日本各地を回った講演活動の中でもこの酒田の風土には特に心を動かされたようで、その時のことを次のように書き記している。

遠くに聳ゆる大小の山々を背景とし、パノラマの如く眼前に展開せられたる規則正しく区画された広茫たる田野を見て、私は故国印度の光景を想起せざるを得なかつた。翌日の午後、私は友人大川君の家の二階から、又世にも美しき風景を眺める事が出来た。一方には海岸から飛び来る砂を防ぐ為の松林が長城の如く連り、一方には中空に聳ゆる美しき鳥海山の麓まで田野遠く展けて居た。然かも翌日私が友人と共にモーターボートで日本海に乗り出した時、酒田の壮美は其極に達した。私は幾度か太平洋で日の出を見た、が日本海で日没を見たのは今度が初めてである。私は此時の自然の美しさを生涯忘れぬであらう〔ボース一九三〇c〕。

この時、R・B・ボースは、壮大な光景を目の当たりにして気持ちが高ぶったのであろう。また、急にインドへの望郷の念も高まってきたのであろう。彼はこの夕日を見つめながら「寂しい」と叫び、船底に身を伏せて慟哭したという〔相馬一九五三：五九〕。

R・B・ボースは、何と言っても一九一〇年代前半の急進派の独立運動を指揮した革命家である。そのような彼にとって、インドから遠く離れた日本からインドの独立運動の状況を一方的に見つめざるを得ない状況に身を置くことは、とても歯がゆく、かつ無念だったのであろう。また、彼の心には祖国への望郷の念が募ると共に、日本での活動によってインドを独立に導くことができるのだろうかという焦り・不安も激しく押し寄せていたと想像される。さらに、妻・俊子に先立たれたことも、彼の孤独感を拡大させる大きな要因だったであろう。

この酒田での出来事は、普段は決して弱音を吐かず毅然としてインド独立を訴えるR・B・ボースが、心の奥底に押しとどめていた感情を一気に爆発させた瞬間であった。

この時、彼がインドを離れてから、既に一五年という年月が過ぎていた。

5―2．満州事変

満州事変の勃発と「支那」批判

一九三一年九月、柳条湖事件を発端として満州事変が勃発した。

R・B・ボースは、前章で見たように一九二〇年代半ばには日本の中国に対する帝国主義的態度を厳しく批判し、日本の「支那通なる人々」に対して猛省を促していたのであるが、この満州事変に際しては、紛争発生の原因を日本側ではなく中国側の誤った政策によるものとし、逆に中国人の認識や外交戦略を強く批判する論を展開した。

日本は従来この意識（アジア人種的意識―引用者）に基づいて、日支共存共栄の為めに尽して来た。然るに支那は昔ながらの以夷制夷の術策を採り、白人の勢力を引いて、日本の勢力を打壊せんとした。そこで隠忍に隠忍を重ねて来た日本をして、遂に堪忍袋の緒を切らしめ遂に今回の満州事変が勃発したのである［ボース一九三二a］。

また、R・B・ボースは続けて、日中問題を解決するためには「支那が従来の術策を捨て、真にアジア的意識に眼醒める必要がある」とし、「日本民族が白人の圧力を排撃して、益々アジア的意識を以て、活動せんことを熱望する」と日本への期待を表明した上で、「支那に向って深甚の反省を促がす次第である」と中国側を厳しく非難した。

このような日中間の政治的抗争の要因を中国の国内政治の問題に還元する見方は、以後も折々で表明され続けた。一九三四年二月の『大亜細亜主義』に掲載された「緊急を要する日支印の協力」では、「目下、支那の有力なる発展を阻害しつつある三つの判然たる要素がある」とし、次の三点を挙げた。

（一）支那の内乱
（二）日本に対し陰謀を企つる支那の政策
（三）支那に対する外部の干渉

まず（一）に関してR・B・ボースは「混沌と不秩序と悲惨をつくり、罪なき生命及び財産を不必要にも破壊するに責を負ふべき支那の内乱の続行に対しては、何としても弁明のしやうがない」とし、「種々の、支那の指導者達の多くの声高き宣言あるにも拘はらず、支那の内乱の根本には支那の指導者達の烈しき嫉妬と利己心があると云ふことを認めるよりほかはない」と中国の政治リーダーたちを厳しく批判した。

また（二）に関して、彼は「支那の政治家が排日政策に従ふ限り、日本は止むを得ず強力なる政策をとらねばならぬ」とし、中国における日本の高圧的な政策を「日本は単に自己防衛のためにかうしなければならない」として擁護した。

さらに（三）に関して、R・B・ボースは「支那の政治家及び軍部の指導者が排日政策を主張する時に、彼等は知つてか知らずか、極東に於ける西洋の支配権を除去するに有力なる要素である処の日本の滅亡又支那の分割に興味を持つてゐる西洋諸国の道具になりつつある」とし、「排日政策に従ふ代りに、彼らは日本と協力すべきである」と主張した。

最後に、彼は「多くの支那人は恐らく我々を親日派として呪ひ、我が厚意的勧告を無視するであらう」とした上で、「それらの人々には、我々は、親亜細亜独立派であり、亜細亜の自由のために日支印協力を主張するものであることを申述べるのである」と言明した。

彼は、満州事変の勃発以降、それまでの中国ナショナリズムを評価する議論から一転し、明らかに日本側の立場に立って中国に対する厳しい見方を提示し続けた。

ただし、R・B・ボースはあくまでも日中の友好関係の構築を志向し、両国が共に手を携えてイギリスに対抗すべきであるとの考え方は崩してはいなかった。一九三三年八月の『新亜細亜』第四号では「日本の主要な隣国は米、支、露であつて、不正な英国の政策を破るためには、是等と友好関係をつくらねばならぬ」とし、「殊に日支友好関係を平等の原則の上に築き、他のアジア諸国と文化的関係をつくることが、英国の企図を敗り、永遠の極東平和をつくる上に必要である」と論じている。

ナイルとプラタープの満州工作

一方、一九三二年三月、「五族協和」「王道楽土」のスローガンを掲げ建国された満州国は、中国東北部からモンゴルにかけての地域で、その国家イデオロギーを敷衍し、同時に反英意識を高揚させるための様々な工作活動を展開した。満州国政府は、その活動の一環として、反英意識の強い在日インド人を満州に呼び寄せ、そこでインド独立運動を展開させることを企画した。

この時、その任務の遂行者として白羽の矢が立ったのがA・M・ナイルであった。ナイルは一九〇五年に南インドのケーララに生まれた人物で、一九二八年に来日して京都帝国大学の土木工学科に学んだ。彼は学生時代、京都においてインド独立運動を展開し、政治集会で度々弁舌を振るった。さらに、満州事変以降はリットン調査団反対運動を展開し、いくつかの雑誌にも日本語で論考を掲載していた。ちなみに彼は、戦後、銀座にインドカレーの専門店「ナイルレストラン」を開業したことでも知られる。

一九三三年の夏、ナイルは、京都帝大の同期で満州国の政治機構作りに携わっていた長尾郡太から満州でインド独立運動を展開するという話をもちかけられ、それに応じて海を渡った。ナイルに声をかけた長尾は、反日活動を展開する西洋諸国に対抗するために、大連で大規模なアジア人による会議を開催したいという意向を有していた。そして、その会議開催のための準備活動を進めるという役割を、ナイルに期待していた。また、前述のプラタープも、自らの理想とする「愛の宗教」の布教と、アジア解放のためのアジア人による軍隊の編成を満州で行いたいという希望を持っていたため、ナイルと同様の任務を与えて、満州へ派遣することが決まった。

満州に到着したナイルとプラタープは、まずインド解放運動のための宣伝機関を設立し、そこからイギリスがインドで行っている悪政の数々を中国人やモンゴル人に知らしめるためのパンフレットを刊行した。さらに、各民族にこの運動を広めるため、中国東北部や内モンゴル地域を旅し、反英闘争への参加を呼びかけて回った。さらに、一九三四年秋には、大連の大和ホテルにアジア各国から集めた約一〇〇名の代表によるアジア会議を開催し、アジア人の団結と満州国の存在を世界にアピールした［ナイル一九八三：一三一―一四〇］。

朝鮮・満州への旅

さて、R・B・ボースは、一九三四年五月、満州に渡った行地社の元メンバー笠木良明らの招きで、安岡正篤と共に満州を訪れた。安岡も行地社の元メンバーで、戦後、中曾根康弘をはじめとした歴代首相の指南役となったことでも知られる。R・B・ボースは当時、この安岡を「東洋精神の倉庫を見たいなら安岡正篤君に会つたらよい」と公言するほど、東洋学者として高く評価していた［ボース一九三四a］。

安岡の回想によると、彼らはまず朝鮮半島に渡り、そこで東学党のリーダーで反日独立運動の活動家の崔麟やキリスト教会の重鎮である尹致昊と面会し、さらに多くの日本人と朝鮮人を前にして講演も行ったという。安岡は、その時の様子を次のように回顧している。

(朝鮮に―引用者)一週間ほど滞在したが、その間毎日毎夜、実に盛んな歓待を日鮮両方から受けて、崔氏や尹氏達ともすつかり意気投合し、当時のことを知る人が後になつて、あの時ほど日鮮両民族の精神的投合を感じたことはないよと、よく語り合つた。お陰で私がそこから満州に向ふ時、京城の駅頭をむしろ朝鮮の人々の見送りで埋める有様であつた。この時のボース君の情熱と雄弁とは確に深く朝鮮人を感激させたものである［安岡一九五三：二九三］。

ここでR・B・ボースが、具体的にどのような話をして、日本人と朝鮮人の両方から「歓待」されたのかはわからない。また、この安岡の回顧文が、日本にとって都合の悪い部分を捨象していることも十分に考えられる。ただ、帰国直後の『新亜細亜』一九三四年七・八月号において、R・B・ボースが「朝鮮人が満足することが出来る様に朝鮮問題を解決するのは、日本の急務である」と述べていることから考えて、彼は当時の朝鮮を「朝鮮人が満足することが出来る」ような状況にはないと認識し、日本が直ちにその問題の解決に努めなければならないと考えていたことは確かである。おそらく、R・B・ボースは、朝鮮の人々を前にして、インド独立の重要性を語ると同時に、日本の朝鮮支配のあり方に対して婉曲的な言い回しで苦言を呈したものと考えられる。

ともかく、R・B・ボースは日本の朝鮮支配に対して無批判であったわけではなく、むしろ自己の置かれた立場を十分に考慮した上で、可能な範囲内での批判を日本政府及び日本人に対して行っていたと見るのが妥当であろう。このようなR・B・ボースの姿勢と「アジア人が一致団結して欧米列強の帝国主義を打破しなければならない」とするアジア主義的理想が多くの朝鮮人に伝わり、京城の駅に多くの見送り客が押しかけたというのが実情だったのではないだろうか。

さて、京城を発ったR・B・ボースと安岡は、一路満州に向かった。

新京に到着した二人は、ナイルの出迎えを受け、以後、満州滞在中はナイルが両者の世話を行った。戦後に公刊されたナイルの自伝によれば、この時R・B・ボースは、アジア人の団結心と反英意識を高揚させるような演説を中国人やモンゴル人に対して行ってほしいという笠木らの意向に従わず、満州に滞在する日本人に対してのみ講演を行ったという。また、満州滞在中にR・B・ボースは「日本の政策を公然と批判し」、日本へ帰国する間際には「荒木陸相あてに、満州国における日本の中国人虐待を強く非難する電報を書き上げ」て、ナイルに手渡したという。このようなR・B・ボースの態度は、満州国政府の関係者や笠木のようなアジア主義者にとっては期待はずれのものであり、彼はしばらくの間、「日本の政府当局者からうとんじられることになった」［ナイル一九八三：一四二］。

さらに、前記と同じ帰国直後の『新亜細亜』一九三四年七・八月号の中で、R・B・ボースは、今回の訪問で最も強く感じた点を、「満州に正しい信仰の目標が乏しいと云ふことであつた」と述べ、満州国の政策運営に対して苦言を呈している。

ここでR・B・ボースが「満州に正しい信仰の目標が乏しい」と論じていることは非常に重要である。周知の通り、満州国は石原莞爾の日蓮主義的理想を背景として建国された国家であり、「五族協和」や「王道楽土」といったスローガンを大義に掲げていた。そのような満州国に対して、R・B・ボースが「正しい信仰の目標が乏しい」と批判したのは、満州国が掲げた大義など表層的なものにすぎず、実際は宗教的多元主義に基づいた国家運営など行っていないということを批判する意図があったと考えられる。

前記のように、R・B・ボースは満州事変を契機に、厳しい中国批判の論調を展開していた。しかし、それと同時に、日本の帝国主義的態度に対して釘を刺すことも忘れてはいなかった。

日本帝国主義とR・B・ボースの苦悩

ともかく、この当時のR・B・ボースは、日本政府の支援によってインドを独立に導きたいという政治的意図と、日本帝国主義に対する不信感との間で引き裂かれ、苦悩する日々が続いていた。彼は日本人の帝国主義的態度を警戒し、時に「日本も英国の真似を見習わないように」と警告を発していたという［秦 一九五三：二五六］。

R・B・ボースが生涯親しくした人の中に、東京在住の朝鮮人実業家・秦学文がいたが、彼は、戦後に次のような回想文を発表している。

ボースさんは豪胆な、熱情的革命家である一面、非常に淋しい、泪をもっている人である。イヤ彼が熱情的革命家であるために、淋しみと泪を持っているのである。

ボースさんはよく、夜遅く電話をかけて来る事がある。そして、

「秦チャン！　俺だよ、俺だ。今〇〇にいる。すぐ来てくれ」と呼び出されるが、それは大抵環境の淋しい夜か、宴会帰りの時が多い。華やかな宴会そのものは、決して彼の淋しい心情を慰める事が出来ない。のみならず却って心の奥底の哀愁を呼び起こすからである。祖国を追われ、祖国をおもう彼の心境は、たとえ日本の朝野の多くの人士が、形の上の盛宴を張ってくれても、彼に取っては空虚なものであり、彼の心の憂愁を取去る事は出来ない。それに彼の最愛の妻俊子さんは、既にこの世にはいない。

二人は対座して無言のまま、盃を酌み交わすうちに、つい二人とも泣いてしまう。国は異うけれども、祖国をおもう心は同じだ。彼は私の心境を知り、私は彼の心情を知る！　要するに彼が私を呼び出すのは飲む為ではない。互いに相抱いて泣く為であったのだ［秦一九五三：二五七］。

ここにあるように、R・B・ボースが、普段は押しとどめている感情を表に出して泣くのは、日本人相手ではなく、一人の朝鮮人実業家が相手であった。二人は共に祖国を帝国主義勢力によって奪われ、故郷に帰ることもままならない者同士であったが、秦はR・B・ボースがインド独立のための支援を仰

いでいる日本政府によって植民地支配されている朝鮮人であった。

R・B・ボースが日本人から離れ、秦と抱き合って泣いた時の涙は、単なる望郷の念から出たものではなく、自分がインド独立のための拠り所とする日本が、目の前にいる朝鮮人にとっては紛うことなき帝国主義国家であることへのやりきれない思いが込められた涙であった。

R・B・ボースは、日本帝国主義に対する警戒心と苦悩を抱きつつ、日本政府を拠り所としてインド独立運動に邁進しなければならないというアポリアを抱え込まざるを得なかった。

5―3. 雑誌『新亜細亜』の創刊

『新亜細亜』

さて、一九三〇年代のR・B・ボースは、インド独立運動家としては不本意ながらも、日本における著述活動を充実させていた。著作物は毎年のように公刊され、雑誌へ寄稿した論考も多い時には月に五本を超えた。ただし、その大半の論考は日本語で公表されたため、インド本国への影響力はほとんど期待できなかった。

そのような中、R・B・ボースは一九三三年五月に、自らの手で『新亜細亜』(*The New Asia*)という雑誌を創刊した。彼は、この雑誌を創刊する目的を「亜細亜独立の為の日印親善緊急を極力主張する日本の先駆者のみならず、印度人を指導するにある」としている[ボース一九三四d]。そのため、『新亜細亜』は、同じ内容を和文と英文の両方で記載し、毎号、インド各地や欧米で活動する独立運動のリーダーたちに密かに送られていた。しかし、『新亜細亜』はR・B・ボースが刊行するものであるとして、イギリス側からインドへの持ち込みを禁止された。R・B・ボースは、このようなイギリス政府の措置に対して、次のような見解を示している。

我々はこの両国関係を更に親密にならしめたい。併し、英国人はこの主旨を喜ばぬ、彼等は両国亜細亜国民の何れでも互いに親しく、友情を発露するのはそれが亜細亜に於ける英国の利益に反する為に心よしとしない。これこそは印度国内に於いてわが紙配布を厳禁する様に英国政府を刺激した根本の観念である［ボース一九三四d］。

また、R・B・ボースはこの『新亜細亜』の発送以外にも、様々な方法を使ってインドの独立運動と連携することを模索していた。中でも一九三〇年代には国民会議派との連帯を志向していたようで、毎年の年次大会や重要な出来事が起きた際には、その都度、日本から電報を送信していた。

その甲斐あってか、一九三六年には以下のような手紙が国民会議派の事務局からR・B・ボースのもとに届いたという。

今度印度国民会議は外事部を設置したが、其目的は在外印度国民主義者と連絡をとることにある。貴下は日本に於ける印度人の政治的経済的文化的活動に就て当外事部に報告し、当部の仕事を援助されんことを懇請するものである。当部に於ては、貴下の報告を印度に於て出版し、且つ我等亦貴下の活動に援助をなさんとするものである。当部は今後印度国民会議の出版物を送付いたすべく貴下も亦度々その報告及び刊行物を送付されんことを願うものである［ボース一九三六e］。

この記述を裏付けるように、R・B・ボースの遺族のもとには、この時期に国民会議派から送られてきた各種の公刊物が残されている。インド独立運動は、インド国内に閉じられた運動ではなく、日本を含む国際的な人的ネットワークの上で展開されていたのである。

自己犠牲の精神

この『新亜細亜』は、「印度を指導する」ことを大きな目的としたため、当時のR・B・ボースが抱いていた理想や思想が表現されている箇所が多く、重要な記述が散見する。ただし、彼は本格的な哲学者や思想家ではないため、その記述は断片的で、体系的なものでは決してない。また、特筆すべき斬新な議論や緻密な哲学的議論を展開したわけでもなく、思想そのものとしては非常に粗が多い。しかし、R・B・ボースは独学で様々な分野の書物を読み、幅広い知識を身に付けつつ、自己の抱いている思想信条を率直に表現してきた。彼のような高等教育を受けていない非エリートのインド人革命家が、当時の日本において如何なる思考を巡らし格闘していたのかを知ることは、「二〇世紀アジア」という時空間を考察する上でも重要であろう。以下では『新亜細亜』を軸に、一九三〇年代に展開されたR・B・ボースの思想を概観してみたい。

まず、R・B・ボースの思想信条の核として一貫しているのが「自己犠牲の精神」の重視である。第一章で述べたように、彼は宗教哲学者のオーロビンドから強い影響を受け、命懸けで反英独立闘争に従事することを、ヒンドゥー的「自己犠牲の精神」(Atmasamarpana：アートマサマルパーナ)の発露として捉えていた。彼のこの信条は生涯変わることなく、日本においても「自己犠牲の精神」の重要性を説くことが頻繁に見られた。

例えば、一九三五年四月の『新亜細亜』第二三・二四号で、R・B・ボースは次のように論じている。

今日に世界は凡有る方面に於て即ち経済、財政、教育、精神的に悩んでゐることの重なる原因は『個人主義』即ち己のために他を犠牲にする制度にある。家族主義即ち他のために己を犠牲にすると云ふ主義のみがかゝる憂うべき状態より世界を解放し人類を幸福にすることが出来る。

ここにあるように、R・B・ボースは、近代の「個人主義」を「己のために他を犠牲にする」ものと措定し、それに対して「他のために己を犠牲にする」「家族主義」を人類の理想として捉えていた。そして、そのような「家族主義」の理想は、かつてのインドにおける農村社会において実現されていたと論じる。

かつて印度の社会は、主に田園であつた。この親しき環境の中には個人と社会の財産の間に調和があつた。輿論は非常に強くて金持は財産を一人で享楽してゐることをはぢた程であつた。金持は彼から社会が恩恵を受けている時に名誉を感じた。手短かに云へば、この関係に於ては英語で慈悲と呼ばれるものが何もない。富者は貧者の側に地位を占めた。社会に於ける彼の地位を維持するために、彼は非常に寛大に多くの間接な方法で寄付しなければならなかった。純良なる水、医学生の援助、教育寺院、饗応、村の道路は、社会の水路に流出する私有財産から提供され、国庫からではなかった［ボース一九三五b］。

ここに見られるような「かつての農村社会」にヒンドゥー的理想社会のイメージを投影し、産業化された近代都市社会を否定的に捉える見方は、ガンディーをはじめとする近代ヒンドゥーの宗教哲学者の間でも広く共有されていた。このような社会観が、ヨーロッパのオリエンタリストとの共犯関係によって構成されたものであることは、エドワード・サイードの「オリエンタリズム」論を引くまでもなく明らかである。かつての農村社会を、理性が支配する近代都市社会の対極として捉え、そこに理性の他者としての宗教的共同体の理想を見出そうとするあり方は、ヨーロッパの知識人たちが近代的主体を確立するためにオリエントに押し付けたイメージを、インドの知的エリートたちが主体的に受容したことによって定式化したものである。R・B・ボースもこのような思考を共有しており、自発的に他者への奉仕を行っていたと措定されるかつてのインドの農村社会を「真に人類の幸福の永久的生活の避難所である」と見なしていた。

さらにR・B・ボースは、『新亜細亜』以外に寄稿した論考において、西洋近代における自由のあり方を批判し、「自己を考へずに他人のことを考へるさう云ふ種類の自由を所有することを称賛しなければならぬ」とも論じていた［ボース一九三一b］。

マルクス主義的唯物論からアジア的精神主義へ

また、当時の日本の知識人・社会運動家にとっては、マルクス主義をどのように捉えるかが非常に重要な問題であった。特に世界恐慌以降、日本の農村社会の経済状況が逼迫し、巨万の富を独占する大資本家への批判が高まる中、マルクス主義に希望を見出す人々が増加し、北一輝や大川周明といった昭和維新を志向した革新派ナショナリストたちも、このイデオロギーやレーニンによるロシア革命に対して一定の理解と支持を表明していた。

前述の通り、R・B・ボースはロシア革命に対して高い評価を与え、一九二〇年代にはソ連との連帯を志向していたが、マルクス主義に対しては「究極の理想ではない」として、その評価に留保をつけていた。

例えば、R・B・ボースは『新亜細亜』の一九三五年一・二月号で、社会主義に触れて次のように論じている。

此時代に於て社会主義が治療であるといふことはありさうなことだ。併し医療は永久的ではあり得ない。実際医師制度が終をつげた日が患者のためには記念すべき日として祝はれなければならない。

この文章でわかるように、彼は、社会主義は疲弊した世の中を立て直す一時的な「治療」としての有効性を認めるものの、それが最終的な理想社会のあり方ではないと捉えていた。また同時に、彼は、マルクス主義の最大の難点を「唯物論」にあると見なし、「物質的な共産主義から精神的な共産主義へ」の移行が必要であると論じていた［ボース一九三三b］。

R・B・ボースは「自己の物質的利益の追求を優先するプロレタリアートによる統治には問題が多い」とし、そこに宗教的立場やアジア的精神主義の注入が必要であると考えていた。彼はそのような立場から、「利己心なきプラトンの立法者達によって主張されたるごとく貴族政治」を高く評価し、イデア論から導かれた「哲人統治」に政治の理想形態を見出した。そして、そのプラトンが示した政治のあり方は、インドのヴェーダ文典に記載されたダルマに基づく統治（「ダルマラージャ」）と共通するものであるとして、独自の政治論を展開した［ボース一九三四b］。

彼は一貫して、近代西洋社会を「利己主義に基づいているため、契約社会にならざるを得ない」と批判し、逆に伝統的東洋社会は「人間も自然の一部」という観念に基づいて成立しているため、利他主義的社会が成立していたと評価する。そして、東洋においては「すべての生命の根源は一なるもの」であるという思想が共有されていたため、「自己を愛することが他者を愛すること」そのものであったとし、それこそが「ウパニシャッドの教え」「釈迦の教え」「孔子の教え」に共通する東洋的理想であると位置づけた［ボース一九三三e］。

このような理念は、彼のナショナリズム論にも色濃く反映された。

R・B・ボースは、西洋のナショナリズムを「個人的主我主義が拡大したもの」として捉え、個々の利益のために政略的に協力しようとする人工的なものであると見なした。そして、そのようなナショナリズムを「他民族に対して権力的・侵略的」にならざるを得ないものとして厳しく批判した。一方、彼は、東洋のナショナリズムを「母を愛する情の如く、自然の愛」に基づくものであると捉え、「自己の母に対して抱く愛情がどうして、他人の母に対して有害であることが出来ようか」と問いつつ、そのあり方を他国に対する融和的なものとして高く評価した［ボース一九三三f］。彼にとって、アジアのナショナリズムは、自然発生的で原初的なものであり、他国のナショナリズムとの共存が可能な存在であった。

また、ここで言及しておかなければならないことは、R・B・ボースは、西洋のすべてを否定していたわけではないということである。彼は、アジア主義的理想が西洋を排斥するものであってはならないとして、次のように述べている。

アジア連盟或はアジアモンロー主義を吾人が主張する所以は、西洋の凡ゆるものを排斥する意味ではない。また、西洋人を排斥する意味でもなく、アジアの天地から西洋の帝国主義的勢力を駆逐するにある。アジアとしては古代のすぐれたものを見出し、確保すると共に、また必要あれば西洋の文物も輸入しなければならぬ［ボース一九三三c］。

また、西洋が生み出したデモクラシーというシステムを高く評価し、その観点からリンカーンに対して最大の賛辞を述べる。

現代においてはアブラハム・リンコルンに優る真実の世界人はない。何れの土地、何れの国民にあつても、自由を愛するほどの者は男も女も、彼を愛し、彼を尊敬する。その理由は明白である。すべての民族は、デモクラシーに向つて動いて行く。そこで、リンコルンは近代世界の産出した最も著しき且又、真にデモクラシーの代表的預言者であり、軌範たるべき人として、普く認められるに至つたのである［ボース一九三五d］。

さらに、R・B・ボースは、自身の経験を踏まえた上で「国際結婚は、国際平和と友情の重要なる要素であることを知らねばならぬ」とし、排外主義に基づいた偏狭なナショナリズムを明確に排した［ボース一九三三b］。

多一論的宗教観

R・B・ボースは、世界平和の実現のためには、「宗教」の力が必要不可欠であると説いた。

若し此の世界から恐しき戦が駆逐されるものなら、現今非常に広く存する国民と国民、種族と種族の間に於ける不信及敵意の精神は廃棄されなければならぬ。而してその代りに四海兄弟の精神を作り上げなければならぬ。如何にすればこれが出来るか。それは宗教の助を借りなくては実現は不可能である［ボース一九三四e］。

そして、他宗教との協調関係を保つためには、宗教間の相対的な差異に固執するのではなく、絶対レベルの超越的真理の存在を認識した上で行動すべきことを訴えた。

さりながらすべてこの宗教の間に同胞関係を作れ。さらば国際的又種族的同胞関係は夜のつぎに昼が来る如く確定的に、ついて来るであらう。

質問が出る。如何にして宗教的兄弟関係をつくるか。答はかくの如し。それを実現し得る唯一の方法は、すべての宗教の指導者と信者とにより、名前、信条、礼拝の形式及これに似た永久に意見を異にするやうな宗教上の小さな事、比較的に重要でないことをさしおいて高くのぼり、これらの強調を止めて、無上の強調、唯一の強調を、宗教の大なる事、深いこと、肝心なこと、愛、親切、正義、慈悲、過失の許し、他人を憐むこと、あらゆる種類の人類の奉仕のごとき精神及生活に関する事、否応なしに人類に寄集め、四海兄弟をつくやうにするものすべてにおくことにある。凡有る宗教の指導者及信者がこれをなす時には—彼らが小さな表面的な一時的なものから眼を心の、精神上の、生命上の偉大なる、肝要なるものに転ずる時には—彼らは、宇宙的宗教全宗教の心髄である一の宗教、唯一の真実の生命の宗教を見出す。その宗教は戦争を亡ぼし、世界の平和をもたらすであらう。何故ならば人類はその時にはじめて、すべての一の家族に属することを悟るに至るであらうから［ボース一九三四e］。

ここではっきりと示されている通り、R・B・ボースの宗教観は多一論的なものである。多一論とは、「神は異なる多くの実存においてこの世界に内在し、同じ一つの本質においてこの世界を超越する」という考え方である［落合二〇〇一：九〇］。つまり、地球世界という相対レベルにおける多様な個物は、絶対レベルにおいてすべて同一同根のものであり、地球世界における「多なるもの」は、その「一なるもの」の形をかえた具体的現れであるという概念である。R・B・ボースは別の場所でも「本質においては、種々の宗教は互に非常な相異を持つてゐないのである」と述べており、相対世界における宗教の多様性と超越的真理の唯一性を認識する多一論の立場を堅持していた。

彼はこのような多一論的宗教観から、西洋人の単一論的な信仰のあり方を痛烈に批判する。彼は、現在の西洋におけるキリスト教が他宗教を「一なる真理」の別の形での現れとは見なさない独善的なものになってしまっていると指摘し［ボース一九三一b］、そのようなキリスト教のあり方こそ、本来の姿からはかけ離れた「非キリスト教」的なものであると論じた［ボース一九三五e］。

5―4．アジア解放の論理と行動

日本を盟主とするアジアの解放

R・B・ボースは生涯にわたって、アジア諸国の連合による植民地支配からの解放を旨とするアジア主義の主張を説いた。しかし彼にとってのアジア主義は、単なる植民地解放闘争という政治的課題ではなく、多一論的信仰に基づく共生社会を構想する思想的課題でもあった。R・B・ボースにとって、「アジア」とは単にユーラシア大陸の非ヨーロッパ地域という地理的空間ではなく、西洋的近代を超克するための宗教哲学そのものであり、アジア諸国の植民地闘争は、近代主義を打破するための思想戦であった。

「アジア」には、この物質主義に覆われた近代社会を打破し、再び世界を幸福で包み込むという使命があると、R・B・ボースは確信していた。

アジアは過去の世界歴史に光栄ある位置をもつた。それは文化文明の源泉であり人類の幸福、安寧の為文化文明を世界に与へた。而して将来も、現在の人類の困難、不幸、悲しみ、悩みを救ふため新文化を生まねばならぬことは明らかである。然しその前提たるものはアジアの完全なる解放である。アジア、全アジアが完全に独立し、政治的、経済的、文化的屈縛から解放されねば、その使命を達し得ぬ［ボース一九三三d］。

R・B・ボースは、アジア解放の戦いを進める上で、日本・中国・インドの三国の連合が必要不可欠であると主張し続けた。

日本の利益と安全、並びに亜細亜の独立の為には、日支印三国の連結完成が不可欠である［ボース一九三四c］。

日本の利益と安全の為に、又亜細亜独立運動の成功を期する為にも、印度、中華民国、日本各国民間の完全なる一致協力の存立が緊要である［ボース一九三四d］。

そして、R・B・ボースは、日本政府に対して、西洋の帝国主義に従属するのではなく、リーダーシップを発揮してアジアの解放を成し遂げるべきであると盛んに説いた。そして彼は、孫文が大アジア主義演説でぶつけた「西洋の覇道の番犬となるのか、東洋の王道の干城となるのか」という問いを、日本に対して投げかけ続けた。

今、日本にとつて二つの道がある。一つは西洋主義に従つて、東洋の英国となり、人類の自由を奪ひ、而して圧迫し、自己の利益を計ることである。他の一つの道は、日本が東洋主義、日本精神に基いて他を幸福にすべく同胞民族を解放し、世界に於て偉大な日本になること之である。前者を選ぶ時は、日本は、亜細亜全体から呪はれ、後者になる時は、全世界から尊敬を受けるに至る。故に前者の存在は限定されたものに過ぎず、後者の存在は永遠的なものである［ボース一九三六a］。

R・B・ボースは、このように「日本を盟主とするアジアの解放」の必要性を説いたが、同時に「アジアの解放は、疑もなく、平等の原則の下に立つアジアの連合に基くものである」と述べ、アジアにおける日本の特権的な地位を承認するような見方を退けた［ボース一九三三g］。

また、「印度は帝国主義の要石」であるとし［ボース一九三三h］、インドさえ独立すれば、残りのアジア諸国はすべて自動的に独立するという見方を繰り返し表明した。

亜細亜の解放には印度の独立が絶対的に必要である。英帝国主義の本拠である印度が独立すれば全亜細亜は自動的に解放せられるのである。印度は現在英国の戦略的基地となつてゐるのみならず、莫大な経済資源と人力を英国に搾取されてゐる。英国が亜細亜及び阿仏利加に勢力を占め、独逸に対して抗戦できるのは、印度を支配するが故である。一度印度より英国の支配が除去されるならば、亜細亜が解放され、此処に全亜細亜は人類の救済のためのより良き新文明を創り得るであらう［ボース一九三七a」。

このような観点から、彼は「敵はソ連・アメリカではなくイギリス」であると繰り返し主張し、「英国が今日の世界政治に於て日本最大の強敵である事は動かすべからざる所」と断言した［ボース一九三三h］。特に彼は「日米が争うことは、イギリスを利するのみ」であるとして、日米協調の道を模索すべきことを盛んに訴えた［ボース一九三四a］。

「もう議論の時期は過ぎ去つた」

しかし、一方でR・B・ボースの目には、アジア連合の中心的役割を果たすべき日本が「東洋民族の団結」に対して非常に消極的であるように映っていた。彼は、日本人の多くが言論の上ではアジアの独立運動をサポートしアジア主義を行動に移すべきことを説きながら、具体的な活動に着手しないことに対して苛立ちを深めていた。

R・B・ボースは一九三六年三月の『新亜細亜』第三一―三四合併号の中で、次のように述べている。

近来亜細亜復興、亜細亜モンロー主義、亜細亜人の亜細亜の声が日本国内に高唱されるに至った。朝にあると野にあると問はず亜細亜的意識が旺盛になって来た。是は喜ぶべきことである反面、また当然のことでもあるが、唯是を口にするのみでは何等価値もない。誠意を以て行動に出づるべきであり、実行こそ今日不可欠のものである。然るに今日不幸にして実行の何等見るべきものがない。余が今より二十年前、印度より日本に亡命せる際、同じく亡命中の中華民国の孫逸仙氏が余に向ひ、「ボース君、日本は貴下を必らず、援助するであろうから、貴下は他国へ行くより日本へ留まる方がよい」と言ったが、孫文氏の言は不幸にも今日迄のところあたつてゐないのである。

斯して余の年来の目的は今日猶ほ達せられてゐない。そして余は未だ余の期待して己まぬ援助を何人よりも得ることが出来ない。言語文章による同情乃至援助は過分に戴き得たのであるが、所謂行動的援助は零であつた。然し是は過ぎ去つたことであるが未来は果して如何であらうか。余は日本の方々に是だけを質問せんとするものである。

R・B・ボースは、のちの東京裁判で南京虐殺事件の責めを負って絞首刑に処せられた陸軍軍人・松井石根と親交を持っていたが、彼はこの松井を通じて「インドの武装蜂起を日本の援助によってなしとげたいと軍へしばしば進言」していたという［下中一九五三：二五二］。しかし、この進言は日本の軍部がインド解放のための具体的行動を起こすことには繋がらなかった。

ただし、当時のR・B・ボースが日本に求めた「行動的援助」は、実現の可能性が低い軍事工作よりもむしろ、すぐにでも実現可能なアジア間の人的ネットワークの形成への取り組みにこそあった。

彼は、日本人が自ら率先してアジア諸国の学術的研究を進め、それを通じて相互理解と人的交流を深めていくべきであると訴えていた。そして、そのアジア諸国に関する研究は、満鉄などが推し進める政治・経済分野の政策研究ではなく、はじめは文化や宗教、社会の研究を中心になすべきだと説いていた。

彼等（日本人―引用者）は隣人の真の状況を熱心に注意深く研究することを決心し、お互いに理解することを以て主眼とせねばならぬ。これが今日アジアが直面する種々の問題を解く鍵である。アジアの何処にもクラブ・協会がつくられるべきであり、最初、研究は文化・精神・社会方面に限り、漸次政治経済及び他の重要問題に及ぼしゆくべきである［ボース一九三三g］。

この当時、R・B・ボースは大亜細亜協会という団体と深い繋がりを有していた。大亜細亜協会とは、一九三三年三月に設立されたアジア主義団体で、平凡社の創業者である下中弥三郎や前述の中谷武世が中心となって発足した。この団体の会頭には松井石根が就任し、評議員にはのちの首相の近衛文麿や広田弘毅など、政界の有力者が名を連ねた。R・B・ボースは、この組織の前身である汎アジア学会の創設時から同人となり、大亜細亜協会の機関誌である『大亜細亜主義』にも頻繁に論考を寄せたのであるが、彼は、アジア主義的実践の具体的な方策として、この大亜細亜協会の支部をアジア各地に日本の有力者が出向いて行って設立し、そこでそれぞれの独立運動の活動家たちとの人的ネットワークを構築すべきことを盛んに訴えた。

彼は『大亜細亜主義』一九三五年三月号に掲載された「亜細亜民族運動座談会」において、次のように発言している。

もう議論の時期は過ぎ去つたのではないかと思ふ。実際運動に入らなければならぬ（中略）特に私が考へるのは、今日吾々の最も希望するのは亜細亜の各国において、亜細亜解放の目的で大亜細亜協会と同様なオルガニゼーション、それをやらなくてはならない。それをやらない限り、唯単なる口だけで亜細亜解放などゝ言うても結局は何もならない。そのオルガニゼーションをやるには、私の考へるのは、誰方でも宜いから日本の有力家が支那だとか或いは比律賓或は暹羅等へお出になつて、さうして大亜細亜協会の支部、独立のオルガニゼーションをそこに置いて連絡を取るやうにしたら、一番仕事がしやすいのではないかといふ風に思ふのであります。

彼は、既に一九三二年にインドネシアの独立運動家M・ハッタが来日した際、下中と協力して「日本インドネシア協会」を創設し、自らその組織の議長に就任していた。彼はこの組織の立ち上げの際、ハッタに対して「インドネシアはオランダの支配からはなれて独立しなくてはなるまい、それには日本の協力を得ることが必要である、この際同志は気脈を通じて活動せねばならぬ」と説き、インドネシアにおける「日本インドネシア協会」の活動の推進と両国の活動家のネットワークを形成することの重要性を訴えていた［下中一九五三：二五三―二五四］。

アジア郷の設立

さらにR・B・ボースは、アジア諸国の学生と日本の学生を互いに留学させる必要性を説いている。

私達としては出来るだけ多くの印度人の学生が日本に来て貰う考えの下に非常に努力して居ります。併しそれだけでは足りない。力を協せて百人は愚か、五百人も千人も、又単に印度だけでなく亜細亜の諸国から日本に来て貰ひ、又同時に亜細亜の諸国を研究させる為には、日本からも学生を亜細亜の諸国に派遣しなければならんのであります［ボース一九三五d］。

R・B・ボースはこのような構想の下、一九三三年から東京の新宿に「亜細亜郷」という宿舎を開設し、インド人留学生の世話を自ら行っていた。この「亜細亜郷」は「二階三室、地下五室の建物で、十五、六人が寄宿し、延べ人数は百人近くなった」という。また、R・B・ボースは「食事に気をくばり、自ら印度料理の指揮をし」「日曜日の昼には宿舎の青年たちと必ず会食していた」。彼は、食材を「印度から取りよせ」るほどのこだわりを見せ、頻繁に「八重成豆のカレー、魚のカレー、鳥のカレー、マンゴーの漬物」などを取り揃えたベンガル料理を作ったという［相馬一九五三：五二］。

さらに彼は、デーシュ・パンデーをはじめとした在日インド人の同志たちを連れて、頻繁に銀座の寿司屋「久兵衛」を訪れた。この久兵衛は一九三六年創業の名店で、北大路魯山人や志賀直哉が愛した店として知られる。ここはウニやイクラを初めて寿司ネタにした店と言われ、現在でも日本を代表する寿司屋として営業を続けている。久兵衛の創業者は、この店を開業する以前に西銀座の「みすじ」という寿司屋で職人をしていたのであるが、R・B・ボースはその頃から彼の握る寿司を好んで食した。

R・B・ボースはここの主人を「久兵衛、久兵衛」と言って可愛がり、この店で頻繁に同志たちと語り合っていたという。ある時、在日インド人の同志がR・B・ボースの名を騙って問題を起こしたことがあったが、その時、彼はその人物を悪く言う人に対して「そう悪くいわないでくれ。彼もまた同志なのだ。彼が悪いのは、みんな、おれが至らないのだ」と言って詫びたという。さらに、久兵衛の主人は、次のような店での思い出を書き残している。

たまたま来あわせた他のお客が「なんだ、印度人か」などと侮辱したような言葉でも吐こうものなら、いきなり鉄拳をとばして相手を倒し、まわりの者がとめようとしても、力が強くて大骨折りでした。先生は、自分のことではめつたに怒ることはなかつたけれど、義憤を感じるとすべてを忘れて突進するといつた風でした［久兵衛寿司主人一九五三：一三九］。

また、R・B・ボースと連れ立って頻繁に久兵衛を訪れた秦学文は「ボースさんは日本に来ている印度人留学生の面倒をよく見ていた」と述べ、さらに「ボースさんは一面非常に豪放磊落であるが、反面には又非常に几帳面な人であった」と回想している［秦一九五三：二五六］。R・B・ボースは、非常に正義感が強く情熱的な人物であった一方で、インド人留学生の食事面にまで気を遣うことのできる細やかな神経の持ち主でもあった。

さて、R・B・ボースは教育による人材育成には多大なる関心を寄せていたようで、数年後に控えた皇紀二六〇〇年の記念事業として、日本に国際精神文化大学を作り、世界各国の精神文化を専門とする学者や学生を集めて研究・教育を進めるべきことを提言していた。

世界の歴史を見れば、軍力の勝れた国は一時的のものにすぎず、又経済力に発展した国も亦同様である。併し精神文化的に進んだ国の影響は何時迄も継続される。歴史はこの事実を証明してゐる。故に日本として建国二千六百年を記念すべき事業は、この点に注意を集中すべきである。我輩の考へるに日本に国際精神文化大学を設立する事はこの意味に於て、最も適切なものである。世界各国から精神文化学生及び研究者を招聘し、こゝに於て世界各国の精神文化を研究し、それを総合して大なる世界文化を産み出し、人類幸福の為尽力すべきである［ボース一九三五c］。

このようにR・B・ボースは、政治的・軍事的な運動を展開しただけでなく、世界の精神文化の研究・教育による人材の育成に強い関心を抱き、その一環として自ら留学生宿舎を運営していた。

印度独立殉死者追悼式

一方、R・B・ボースは、一九三五年一一月一七日、国民会議派の設立五〇周年を記念して、京都知恩院で「印度独立殉死者追悼式」を行った。これには頭山満も参列し、日本人を代表して祭辞を述べた。R・B・ボースは「余の胸にとつて最も悲痛に堪えぬことは、従来の革命運動に英国の為銃殺、死刑に処せられた多数の同志並びに後輩諸君のことである」とし、「京都知恩院に於て頭山満先生、真溪涙骨先生の御援助の下に印度殉国者の慰霊祭を行ひ得たことは、余として何より重荷を下した感じを禁じ得ないのであつて、余の一生の一大事をし了せたといふ気持である」と述べている。また、彼はインドにおいても同様の追悼式を行うべきことをガンディーに手紙で提案したところ、この年の一二月に開催された国民会議派五〇周年の年次大会においてインド独立運動の殉死者を追悼する祈禱が行われたという［ボース一九三六b］。

R・B・ボースは、この年、来日二〇年目を迎えていた。彼はこの節目の年に、念願だった「印度独立殉死者追悼式」を挙行し、かつて自分と共に戦い処刑されていった多くの仲間の顔が走馬灯のように駆け巡ったという。また、この式を終えて「余の一生の一大事をし了せた」と述べているように、彼はこの時を一つの人生の大きな区切りと捉えていた。この直後、彼は自分の人生を振り返る感傷的な文章を数多く残している。

例えば、一九三六年三月の『新亜細亜』第三一―三四合併号では、次のように述べている。

余は過去に於て生命を賭して祖国の為、同胞の為活動し、死線を彷徨したことも数回あつた。然し今や五十の年を迎へ、年来の目的が達せられないことを思ひ、心中悶々に堪えざるものがある。果して我が人生は成功といふべきか、それとも失敗ではないかその何れとも判断し得られないのである。

また、R・B・ボースは、一九三六年の年頭に相馬安雄のもとを訪ね、心痛の面持ちで次のように言ったという。

おれは今年五十歳だ。五十になるまで、なにひとつ出来なかつたじやないか。インド独立の目あてもつかない。これからの運動を、どうしていいのかも分らない。全く、情けないことじやないか［相馬一九五三：五八］。

亡命二〇年目と五〇歳という年齢を迎え、R・B・ボースは、未だインドの独立が達成されず、かつて自分が率いた反英闘争に加わることすらできない現状に悲観的になっていた。また、残された人生が、もう長くはないであろうことにも思いを巡らせたであろう。彼はこの頃、深い悲しみに暮れる日が多くなっていた。

几帳面な性格のR・B・ボースは、自らが刊行する雑誌『新亜細亜』を二ヶ月に一度必ず刊行してきたが、一九三五年一一月以降、数ヶ月にわたってこれを発行することができず、ようやく一九三六年三月に第三一—三四号の合併号を出している。当時の彼は、ライフワークとしていた『新亜細亜』の刊行がままならないほど、深い苦悩の淵に立たされていた。

5—5. 日中戦争

「支那事変は日中両国の抗争にあらず」

しかし、既に日本における有力なオピニオンリーダーの一人としての確固たる地位を築いていたR・B・ボースには、そのような悲嘆にばかりくれている暇などなかった。

一九三七年七月。日本と中国は盧溝橋事件を契機として、戦争状態に突入した。日中戦争(支那事変)の勃発である。

R・B・ボースは、この日中戦争が始まった直後から一貫して「支那事変は単なる日支抗争ではなく、実は世界大戦後英国が支那に対して用ひ来つた離間政策のために勃発したもの」という論陣を張り続けた[ボース一九三八a]。彼は「支那をそそのかして日支事変を起さしめたものも支那の背後に於ける英国の悪勢力である」とし、日本の真の敵はイギリスであると論じた。そのため、「盧溝橋事件が有つても無くても、上海に於ける大山大尉暗殺事件が有つても無くても、支那事変が勃発し、拡大しなければならぬ運命」にあったと断言した[ボース一九三八c]。

R・B・ボースは一九三七年一二月、『日本及び日本人』に寄稿した「英国の暗策を排除す可し」の中で次のように論じている。

今回の支那事変を発生せしめたる主因が英国の策動にあることは言ふまでもない。英国は多年に亘り東洋の二大国を相喰ましむるべく公然と或は秘密裏に種々の策動を続けつつあったのである。英国は大戦以後アジアに於て英国の勢力に挑戦し得るは日本のみであることを知悉し、競争者を打倒すると云ふ英国の伝統的政策に従ひ、支那を日本に対抗せしむべく全力を画して来たのである。

では、R・B・ボースは、このような日中戦争を解決するために、日本がどのような方策を採るべきだと考えていたのであろうか。

彼は「英帝国主義の拠点たる印度を衝き、印度の独立を達成せしむる」ことによって、日中戦争は自然と終結すると繰り返し論じた。

印度に於ける英国の勢力が一掃さるる時、即ち過去及び現在に於ける世界禍乱の原因である英国の印度領有が終焉を告ぐる時、支那事変、其他の世界的紛争も自動的に解決することは疑ひなきところである［ボース一九三八a］。

R・B・ボースは日中戦争の勃発を、日本の軍事力によるインド解放が実現する千載一遇のチャンスと捉えた。彼は「日本の敵は中国ではなくイギリスである」ことを徹底して訴え、イギリスの植民地支配の根拠地であるインドの解放によって、すべての問題は解決すると論じた。そして、この言論活動を通じて日本の世論を動かし、日本政府に具体的な行動を起こさせようと試みた。

タゴールの日本招致を企画

しかし、このような構想を推し進めるにあたって、大きな問題があった。それはインド国内の反日意識の高揚であった。

ガンディー、ネルーをはじめ国民会議派の多くの指導者は、当時の日本の動向を「新たな帝国主義国家の誕生」と見なし、批判的に捉えていた。特にネルーは、日本の軍事的侵略主義に対する非難と憂慮の念を表明し続けた。また国民会議派は、一九三八年、医師や医薬品、医療機材を「インド国民会議派医療使節団」として中国に派遣し、日本軍と戦う中国軍を支援する姿勢を鮮明にした。

このようなインドにおける日本批判の高まりに対して、R・B・ボースは、その原因を「イギリスによる世論の反日化」政策とインド人マルクス主義者の政略にあるとし、日本はインド国民に対して「支那事変の真義」を啓蒙する必要があると力説した［ボース一九三八b］。

そこでR・B・ボースは、アジア初のノーベル文学賞受賞者のラビンドラナート・タゴールを日本に招致して、「日中戦争はイギリスの謀略が原因である」ということを説得し、インドでの反日意識の高揚を阻止しようと考えた。

タゴールは、①一九一六年五月から八月、②一九一七年一月から二月、③一九二四年六月、④一九二九年三月、⑤一九二九年五月から六月の計五回日本に滞在しており、うち三回目と五回目の来日時にはR・B・ボースとも面会している。タゴールは親日家であった一方で、日本の帝国主義的動向に対しては当初から批判的な見方を示していた。特に日中戦争の勃発以降は日本に対する批判を強め、日本の正当性を説く詩人・野口米次郎との間で有名な「支那事変論争」を繰り広げていた。

R・B・ボースは、同郷の名士でもあるタゴールに対して深い敬意の念を抱いており、一九三四年二月の『東亜』に掲載された「タゴール翁と印度国民運動」をはじめ、いくつかの論考でタゴール礼賛論を展開していた。また、一九三四年七・八月の『新亜細亜』第一五・一六号では「日本人も日本文化研究の目的で、タゴール翁の大学に日本文化講座の設置のため努力されたし」という提言も行っていた。

R・B・ボースは、一九三八年一〇月、亜細亜クラブと関西日印協会の招きで神戸に赴き、インド問題に関する講演や座談会を行ったのであるが、この時、亜細亜クラブ会長の井関英雄が「支那事変以来の印度本国人の反日態度は実に遺憾だ」と主張し、R・B・ボースに詰め寄った。これに対して、R・B・ボースは、反日的態度を示しているのは「タゴール翁をはじめとした極く少数のものの、認識不足の結果にすぎない」と反論して、井関の怒りをなだめようとした。しかし、井関は納得せず、さらに様々な事例を提示しながらインドにおける反日意識の広範な広がりを指摘し、インドの現状を厳しく批判した［『神戸新聞』一九三八．一〇．二三、相馬一九五三：六七―六八］。

R・B・ボースは、この出来事をきっかけにタゴール招致の計画を本格化させ、一九三八年一〇月二一日、彼に対する日本への招待状を送付した。そこには、来日にかかる費用五万円を、すべてR・B・ボース側が負担する旨を明記した〔『大阪朝日新聞』一九三八．一〇．二三〕。

しかし、しばらくしてタゴールから、次のような断りの返事が届いた。

現在の私は、ながい間の外国旅行で、健康がすぐれません。けれど日本において、私の使命を果す適当な機会を与えられるなら、あなたの案に対し、一応考慮せねばならないでしょう。私の使命というのは、今日おたがいに戦っている、亜細亜の二つの偉大な国民の間に、文化と親善の関係をもたらすことであります。しかし当局が果して私に行動の自由を与えるかどうかは疑問で、日本を訪問して、いたずらに誤解はされたくないと思います。ご存じの如く、私は日本人にたいし、真の愛情を抱いているものであります〔『東京朝日新聞』一九三八．一一．一〇、相馬一九五三：六八―六九〕。

チャンドラ・ボースへの期待

このような情況下で、R・B・ボースが熱い期待を寄せたインド人政治家がいた。スバース・チャンドラ・ボースである。

R・B・ボースがチャンドラ・ボースに注目し始めたのは一九二〇年代後半からで、前述のようにいくつかの論考の中でチャンドラ・ボースについて言及し、その活躍に期待していた。一九三四年四月の『新亜細亜』第一一・一二号では「スバス・チャンドラ・ボース氏は印度独立運動の顕著なる指導者であり、印度青年から非常に尊敬されてゐる」と高く評価し、日本人に対して彼の動向に注目するよう促していた。

R・B・ボースはこのチャンドラ・ボースに対して、一九三八年一月二五日、密かに手紙を送付した。彼はこの書簡の中で、国民会議派は「非暴力に固執することをやめるべきであり、そのような信条を変えるべきである」とし、チャンドラ・ボースに対してそのような路線に与しないよう助言している。また、汎アジア主義の重要性を説きつつ、日本とインドの協力によってヨーロッパの植民地支配を打破すべきことを訴えている。さらに、R・B・ボースは「日中戦争の真相を知らずして、日本を批判してはいけない」と説き、「国民会議派は反日本運動を展開するという大きな過ちを犯している」と主張した。そして、このような難局を打開する切り札として「あなたに期待している」と述べ、チャンドラ・ボースに期する熱い思いを伝えた［Bose 2004: 253–256］。

しかし、この書簡はイギリス官憲によって没収され、チャンドラ・ボースのもとへ届くことはなかった。

このような彼のチャンドラ・ボースに対する期待は、年を追うごとにさらに高まった。一九三九年九月、ヨーロッパで第二次世界大戦が勃発すると、チャンドラ・ボースは「敵の敵は味方」という方針から、イギリスと敵対関係にあるドイツや日本、独ソ開戦以前のソ連と手を組むことを辞さない姿勢を表明した。これに対し、ネルーやジンナーは連合国に戦争協力し、その過程で独立を勝ち取ろうとする方針で、チャンドラ・ボースと対立した。さらに、ガンディーはイギリス・フランスに対してドイツへの「非暴力」抵抗を訴え、独自の個人的不服従運動を展開した。このような会議派内の分裂によって、チャンドラ・ボースはガンディー・ネルーと正面から対立することとなり、会議派議長の座から退かざるを得なくなった。彼は会議派から離れて新しい組織を作り、イギリスへの武力闘争を含む徹底抗戦を呼びかけた〔長崎一九九九：三六七―三七一〕。

このような事態に対して、R・B・ボースはチャンドラ・ボースの行動を高く評価し、『大亜細亜主義』一九四〇年八月号に掲載した「最近の世界情勢と印度独立運動」や各新聞紙上において、在日インド人グループは一致してチャンドラ・ボースの立場を支持する旨を表明した。同年七月四日の『都新聞』には詳細なコメントを寄せ、インド独立運動はチャンドラ・ボースの時代であるとの見方を示した。

> ガンヂーは私の尊敬してゐる人だが、今では単なる印度の聖人で〝昨日の人〟だ、チャンドラ・ボースは〝今日の人〟だ〔『都新聞』一九四〇．七．四〕。

さらに同日の『読売新聞』やその翌日の『中外日報』に寄せたコメントでは、チャンドラ・ボースを「ガンヂー翁よりも優れた政治家だと思ふ」と述べ、彼に対する並々ならぬ期待感を表明している。

ちなみに、チャンドラ・ボースはこの一九四〇年七月に逮捕され、翌年一月の仮釈放中にインドから脱出し、ナチス・ドイツに庇護を求めることになる。そして、一九四三年、密かに日本へ渡り、R・B・ボースと手を結ぶことになる。これについては、次章で詳しく言及したい。

ヒンドゥー・マハーサバーへの期待

さて、R・B・ボースがこの時期に、チャンドラ・ボースと同様、高く評価していたグループがある。それは、ヒンドゥー・ナショナリスト団体である「ヒンドゥー・マハーサバー」であった。ヒンドゥー・マハーサバーは、一九一五年にサーヴァルカルという人物が創設した団体で、ヒンドゥーの団結を強化し組織化を推し進めようとする「サンガタン運動」やキリスト教・イスラーム教に改宗した人達をヒンドゥーへ再改宗させようとする「シュッディー運動」を展開していた。サーヴァルカルは一九二三年に『ヒンドゥットゥワ』という著書を刊行し、一九二五年にRSS（民族奉仕団）を創設するヘードゲーワールにも多大なる影響を与えたことでも知られる。

R・B・ボースは、前述のように一九三〇年代前半までは、ヒンドゥーのコミュナリズム（宗派主義）に対して批判的な態度を表明し続けてきたのであるが、この時期になって、急速にヒンドゥー・ナショナリズム[1]への傾斜を見せ始めた。

R・B・ボースは、前記のチャンドラ・ボース宛書簡の中で「ヒンドゥーの団結こそが重要」であると説き、「インドのムスリムはヒンドゥーである」という見解を述べている。また、彼は「すべてのインド人はヒンドゥーである」とし、「それは、日本人がクリスチャンであろうと仏教徒であろうと日本人であるのと同じである」と論じている［Bose 2004: 255］。

さらにR・B・ボースは、一九三九年三月と五月の『大亜細亜主義』に「印度の国民的指導者サバルカル」という論考を連載し、サーヴァルカルの足跡を詳細に紹介すると共にその活動を絶賛した。彼はこの論考の中で、サーヴァルカルを次のように讃えている。

サバルカルは「英雄主義、勇気、冒険、愛国心の権化」であり「彼を称賛することは犠牲精神を称賛すること」であり、彼こそは「常に印度独立の炬火を燃しつづけた人であり、二十世紀初頭に於て、印度独立の為生命を賭した志士であり、現在は文化的独立の理論を樹立主張してゐる人」である。

また、R・B・ボースは一九三九年五月、『東方公論』に「印度独立運動の動向」と題した論考を寄せ、ヒンドゥー・マハーサバーの反英独立運動を礼賛している。

純然たる印度の文化的民族主義の立場にあるヒンドゥ、マハサバは総裁サバルカルの下に国民会議より遥かに徹底せる反英独立運動を展開せんとしつつあるのである。

このようなR・B・ボースによる一連のサーヴァルカル礼賛論は大きな影響力を持ったようで、当時の日本の新聞各紙には、サーヴァルカルを讃える記事が頻繁に掲載された。例えば一九三八年一二月二八日の『大阪朝日新聞』の「天声人語」では、R・B・ボースから情報提供を受けていることを明示した上で、サーヴァルカルが「対日悪感情を抱いてをらぬ」ことを高く評価し、日本の外交官は早急にヒンドゥー・マハーサバーと手を結んで対インド活動に乗り出すべきであると論じている。

この時期のR・B・ボースには、ムスリムやクリスチャンに対して暴力的行動を行うヒンドゥー・ナショナリズム運動を批判的に捉えようとする姿勢が全く見られない。むしろ「インドのムスリムはヒンドゥーである」と公言し、サーヴァルカルを「文化的独立の理論を樹立」した人物として評価する姿勢は、ヒンドゥー・ナショナリストそのものと言っても過言ではない。ここで彼が意図したのは、ヒンドゥー・マハーサバーがイギリスに対して妥協しない姿勢を打ち出していることに対して、一定の評価を与えることだったのであろう。しかし、そのような意図に引きずられる形で、ヒンドゥー・ナショナリズムのイデオロギーまでを積極的に容認する姿勢は、これまでの自らの主張を骨抜きにしてしまう事態である。

（1）ヒンドゥー・ナショナリズム運動は、「ヒンドゥー・ラーシュトラ」（ヒンドゥー・ネイション）の確立によりインド国民を一元的に統合しようとする政治・文化運動である。その活動は反イスラーム色が強く、現在に至るまで様々な暴動事件を引き起こしてきた。ヒンドゥー・ナショナリズム運動はインド独立以後も一定の勢力を保ち続け、一九八〇年代から急速に拡大化する。一九九八年にはヒンドゥー・ナショナリスト政党のBJP（インド人民党）が政権を奪取し、国家運営の中枢を担った。ヒンドゥー・ナショナリズム運動に関しては、拙著［中島二〇〇二］を参照のこと。

R・B・ボースの議論は、一九三〇年代後半に入って急速にその思想的一貫性を失っていった。

衆議院の代議士を目指す

さらにR・B・ボースは、一九三〇年代後半に衆議院代議士になることを目指す動きを見せ始める。第三章で言及したように、彼は一九二四年九月、内田良平のバックアップの下、国籍法第一六条は、大日本帝国憲法に違反しているとして、帰化臣民も帝国議会議員などになれるよう要請した請願書を首相等に提出しているが、同様の要請を一九三八年一〇月にも行っている。この時は日本帰化後一五年を経過しており、国籍法第一七条の「国籍取得ノ時ヨリ十年以後、内務大臣勅裁ヲ経テコレ（帝国議会議員等になることができないという制度―引用者）ヲ解除スルコトヲ得」という規定に基づいて、この帰化人制限を解除するよう、次のような要請状を内務大臣宛に提出した。

私儀大正十二年六月一日付許可により日本国々籍を取得致し現行国籍法第十七条規定の期間を経過致し候については同条規定により右法第十六条規定制限の解除方御高配願上度く、こゝに戸籍謄本相添へこの段反御願候成［『報知新聞』一九三八．一一．四］

この要請は認められ、国籍法公布以来初めて第一七条が活用されることとなった。R・B・ボースはこれに関して、次のようなコメントを『報知新聞』に寄せている。

代議士として御奉公することが国家のため必要だと思はれる時期が将来若し来るならその時ことは何んともいへませんが今は別に制限解除によつて何かになり度いなどと考へてゐる訳けではなく、唯あらゆる意味で日本人になりたいと願ふだけです『報知新聞』一九三八・一一・四」。

ここでは、代議士になることに積極的な発言をしてはいないが、この発言の五日前（一九三八年一〇月三〇日）の『国民新聞』には、「制限解除を受ければ、次期の衆議院議員選挙に打つて出で年来の抱負を果さうと張りきつてゐる」というコメントを寄せている。

結局、R・B・ボースが衆議院選挙に出馬することはなかったが、彼はこの時期、日本において更なる政治力を獲得しようと様々な画策を行っていた。

イタリア・ドイツとの連携

また、R・B・ボースはこの時期、ファシズム国家イタリアとドイツに注目し、両国のアフリカにおける植民地獲得の動きを容認しつつ、日独伊の連携によってイギリスを打倒する構想を訴え始めた。

ただし、R・B・ボースは当初、イタリア・ドイツのアフリカにおける植民地獲得闘争に対して、非常に厳しい見方を提示していた。例えば一九三五年に起こったイタリア・エチオピア戦争に際しては、イタリアの帝国主義的行動を激しく非難していた。

伊太利は今や以上幾多の厳粛なる条約を蹂躙し、エチオピア侵略の挙に出でんとしてゐるのであるが、余は此の挙が却つて大いなる不利を結果し惹いて全世界白人支配の没落を促進するを信じて疑はざるものである［ボース一九三五f］。

さらに、一九三五年一一月、『日本及び日本人』に発表した「伊・エ紛争の裏面を衝く」という論考では、イタリア・エチオピア戦争を「イタリーの凶悪な侵略」と断罪し、日本はエチオピアを援助する義務があるとして次のように論じていた。

有色人種擁護の世界的使命に立つ日本が、今やイタリーに脅かされて居るエチオピアに実際的な物質的な援助を与へることは、日本民族の義務であるべき筈である。エチオピアを援助することに依つて、日本は正義と平和とを守ることになるのである。

しかし、このようなスタンスは、一九三六年一一月二五日に日独防共協定が締結されると一転した。R・B・ボースは、協定調印直後の一九三七年一月一日に発行された『日本及び日本人』に「印度民族の立場から」と題した論考を発表したのであるが、ここで彼は「今回日独防共協定の締結を見たるは、我々亜細亜人として最も歓迎するものである」として、日独防共協定を高く評価した。また、彼は続けて「若し此上日伊協定が締結せらるる時は、日本の立場がより一層安全となり、国際的権威も増加せられるであらう」と論じ、日本はイタリアと手を結んでアジアの解放を推し進めるべきであるとの見方を示した。

R・B・ボースは、このようなヴィジョンを「南方政策」から「西方政策」への転換であるとし、ドイツ・イタリアと完全に手を結んでイギリス帝国主義及び共産主義勢力と対抗することこそがアジアの解放に繋がると論じた。

さらに、彼は日中戦争勃発後に発表した論考では、日本は「独伊と攻守同盟を締結し、伊太利の地中海制覇を支持すると共に独逸の阿弗利加旧植民地の恢復に就きても必要なる援助をなすべきである」として、イタリア・ドイツのアフリカに対する植民地支配の動きを容認すべきであるとの見解を示した［ボース一九三七b］。

R・B・ボースは、近い将来に地中海の制海権をイタリアが掌握し、イギリスの軍艦がイタリアの許可なしにスエズ運河を通過することが不可能になることを想定していた。そして、日本がイタリアと手を結び、イギリスをヨーロッパに封じ込めることで、一気に太平洋からインド洋にかけての制海権を掌握できると考えた。さらに、日本がドイツのアフリカ侵略を容認することで、ドイツはソ連の満州進出を牽制し、それによって日本は背後からのソ連の侵攻を警戒することなく全勢力をアジア解放のための戦いに向けることができると訴えた。

R・B・ボースは、具体的な数字を挙げながら、次のように論じた。

（日本が──引用者）独伊と結び、伊太利が地中海に於ける制海権を獲得するならば、日英相戦ふの時、日本海軍は一週間若しくは二週間にして英国東洋艦隊を撃滅し得るであらう。次いで日本が五箇師団、五百台の飛行機を印度に送る時、三箇月乃至六箇月にして印度に於ける英帝国主義は完全に崩壊するに至るであらう〔ボース一九三七b〕。

R・B・ボースは、このような構想の下「日独伊三国同盟」が締結されれば、「英帝国主義の拠点たる印度に於ける英国勢力を一掃し得るであろう」とし、「印度における英国の勢力が一掃さるる時、支那事変其の他の世界的紛争も自動的に解決することは疑ひの余地がないのである」と断言した〔ボース一九三七b〕。さらに「今日日本のなすべき最大の仕事は、独伊と結び印度に於ける英帝国主義を破壊させ、以て亜細亜を解放することにある」とした上で、「斯くして日本は名実共に新亜細亜の指導者となり、支那を含む全亜細亜は日本を人類の救の神と賞賛することに至るであらう」と論じた〔ボース一九三七c〕。

また、一九四〇年九月に日独伊三国同盟が成立すると、R・B・ボースは「世界新秩序樹立を目標とするもの」として絶賛し、この同盟関係を「己を犠牲にしても他の福祉を図らんとする」「アジア的理想に立つもの」と位置づけた［ボース一九四〇］。

さらにこの頃になると、R・B・ボースは、ナチス及びヒトラー礼賛論を展開するようになる。彼は一九四一年の中村屋の社報に次のような文章を掲載した。

彼の英雄ヒトラーの前進、向かうところ必ず決死不動の信念が躍動してゐる。彼の勝利は悉く信念によつて裏づけられてゐる。彼が偉大なる人物である所以のものは実にこの信念と至誠との保持者、その実行家たるに在る。それ故に彼は往くところ敵なく、進むところ必ず勝利の凱旋が挙がる。

一九三〇年代後半以降のR・B・ボースは、インド独立の実現を最優先するプラグマティストとして日本の帝国主義的動きを追認し、日本による「アジア解放」戦争を推し進めるための言説を繰り返した。さらに、イタリア・ドイツのファシズム体制を容認し、その両国と日本の連帯によるインド解放を目指した。

彼の人生に、残された時間は僅かであった。

彼は老年の域に近づくに従い、自分の死期を意識し始めたことであろう。そして、何とか生きている間にインドの独立を達成し、再び祖国の土を踏みしめたいという想いを募らせていたに違いない。

この頃のR・B・ボースの文章に、かつてのような批判的精神を見出すことはできない。また、同じ内容の論考ばかりが目立ち、その議論には深みも広がりもない。しかし、一方で、それらの文章には

「目の黒いうちに何としてでもインド独立を成し遂げたい」という狂おしいほどの執念が滲み出ている。

一九四一年。

R・B・ボースは、五五歳という年齢を迎えた。

髪の毛は徐々に抜け始め、体力にも翳りが見え始めた。しかし、インド独立に賭ける気力だけは全く衰えていなかった。

そして、そのような彼に、イギリス植民地支配からインドを解放する「最後にして最大のチャンス」が巡ってくる。

UNITY, FAITH AND SACRIFICE OUR MOTTO
से बाहर
जाओ.

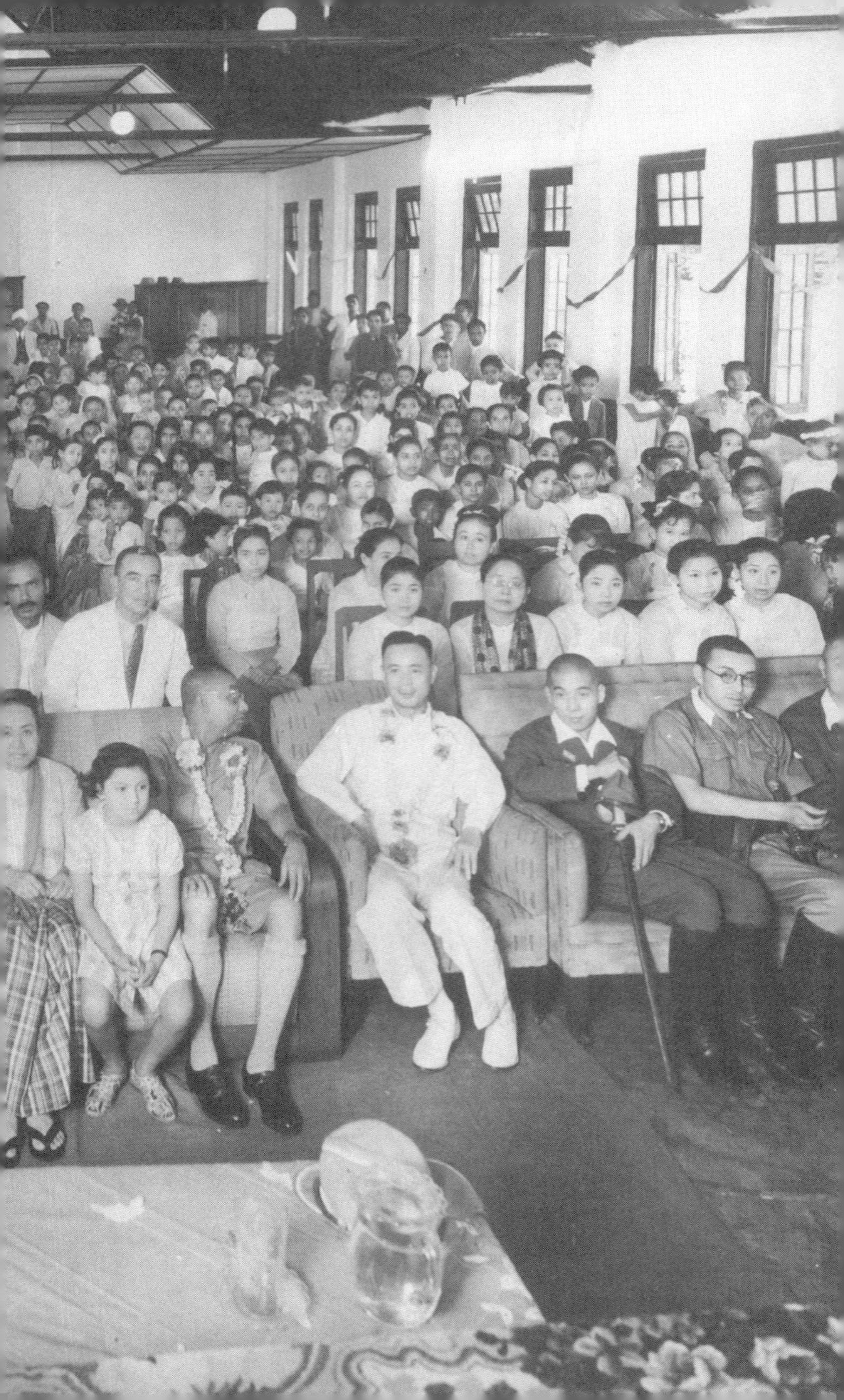

一 國民
一 開會
一 犒勞之
一 謝
激勵宣文

前々頁、前頁：東南アジア在住インド人の集会に主賓として出席するR・B・ボース

右上：帰国後、演説するR・B・ボース
左上：東京山王会議にて
下：東京山王会議中の記念写真

上：インド国民軍のメンバーと
下：スバース・チャンドラ・ボースと

第六章　「大東亜」戦争とインド国民軍

6―1. マレー作戦とF機関

「大東亜」戦争開戦とマレー工作

一九四一年一二月八日。

「大東亜」戦争が勃発した。

これは真珠湾攻撃による対アメリカ戦争の勃発であると同時に、マレー半島のコタバル上陸作戦による対イギリス戦争の勃発でもあった。

今日のマレーシアは、マレー人・華人・インド人によって構成される複合社会として知られる。町の中にはイスラームのモスクや仏教寺院などと共に、南インド様式のヒンドゥー寺院が散見し、インド系の物産店やレストランも数多い。このようなマレー半島のインド人移民の多くは、イギリスの植民地支配の下、南インドからゴムやコーヒー、サトウキビのプランテーションのために移住させられてきたことに由来する。その数は一九四〇年代当時、民間人だけでも九〇万人に上ったとされる［長崎一九九三：一五九］。

また、同時に、この地域を植民地支配するイギリス軍の中には、大量のインド人兵が組み込まれ、イギリス人将兵の指揮の下、各地に配備されていた。シンガポール・マレーシアのイギリス植民地支配は、このインド人兵に多くを依存していたのである。

日本の参謀本部における「宣伝謀略」部門を担当する第二部第八課は、一九四一年七月頃から、のちの対英戦争の勃発を想定し、マレー半島における工作活動に着手していた。この時、彼らが最も注目したのは、マレー半島からシンガポールの各地に展開していたインド人兵の存在であった。参謀本部は、マレー半島侵攻作戦を挙行する際、このインド人兵を懐柔することによってイギリス軍の体制を切り崩すことができると考えたのである。(1)

この参謀本部におけるインド人工作を指揮したのは門松正一であった。彼はこの年の七月はじめ、バンコクに駐在中のタイ大使館付き武官・田村浩のもとに飛び、インド人工作について極秘裏に協議した。そこで、彼らがこの工作の軸として注目したのが、バンコクにおいてインド独立運動を秘密裏に展開していたインド独立連盟(India Independence League)(2)であった。

インド独立連盟は、アマール・シンとプリタム・シンというスィーク教徒が運営していた組織で、その活動はごく限られた範囲に限定されていた。バンコクには、他にもタイ・インド文化協会(Thai-Bharat Cultural Lodge)という組織が存在したが、両者の関係は友好的ではなかったようで、門松と田村は人的ルートを開拓していたインド独立連盟を、マレー半島におけるインド工作の柱と位置づけて活動を開始した。

日本に帰国した門松は、この作戦を遂行する人物として藤原岩市に白羽の矢を立てた。門松は九月一〇日、藤原に対して「田村大佐を補佐してマレイ方面に対する工作の準備に当ってもらうことになる」と内示し、九月一八日には、杉山参謀総長が正式な訓示を与えた。この時、杉山は藤原に対して「貴官の任務は、差当り日英戦争が勃発するようになった場合、日本軍の作戦を容易にし、かつ日本軍とマレイ住民との親善協力を促進する準備に当るのであるが、大東亜共栄圏の建設という見地に立って、印度全局を注視し、将来の日印関係を考慮に入れて仕事をされたい」と述べたという［藤原一九六六：三七］。

藤原は九月二九日に羽田を発ち、一〇月一日にバンコクの地に降り立った。

（1）この他にも、いくつかの秘密工作が展開されたが、中でも有名なのは「ハリマオ工作」である。「ハリマオ」とは、マレー半島で華人に対する盗賊集団の頭となって活動していた谷豊のことで、参謀本部第八課は、彼の元に神本利夫を派遣し、対イギリス戦争に向けて日本軍の諜報活動に参画する工作を進めていた。谷はシンガポール陥落後にマラリアが原因で死亡するが、その劇的な物語は戦意高揚映画の題材にされ、戦後も「怪傑ハリマオ」として漫画やテレビドラマの主人公として人気を博した。

（2）日本においてはR・B・ボースが中心となって、同名の組織を運営していたが、両者はこの時、相互関係を持たない別組織であった。そのため、両者を区別するために、日本における組織を「印度独立連盟」と表記し、バンコクにおける組織を「インド独立連盟」と表記する。なお、両者はのちに統合され、同名の組織として展開していくが、その際は「インド独立連盟」という表記に統一する。

F機関とインド独立連盟

バンコクに到着した藤原は田村と面会し、マレー工作の現状を聞いた。そして、一〇月一〇日頃、彼はインド独立連盟のプリタム・シンと初めて面会し、今後の方針について話し合った。この工作は対イギリス戦争の勃発を前提とするもので、日本側としてはその動きを諸外国に気づかれることは断じて避けなければならなかった。そのため、藤原はバンコク在住の民間の日本人との接触も避け、プリタム・シンとの面会などは、人目を忍んで極秘裏に行われた。さらに、日本が対米英開戦の準備を真剣に進めていることをプリタム・シンにも察知されてはならず、慎重な対応が要求された。

プリタム・シンとの数度にわたる会談によって、藤原はインド独立連盟の活動規模がそれほど大きなものではないことに気づき、愕然としたという。また彼は、マレー半島のインド人たちが、日本の朝鮮半島・台湾における植民地支配や日中戦争中の捕虜に対する扱いなどに対して嫌悪感を抱いていることを知り、インド人工作の困難さを痛感したという〔藤原一九六六：六五―六九〕。

しかし、開戦の時は、刻一刻と近づいてきていた。

藤原は、開戦と同時にインド独立連盟の組織をタイ・マレー在住のインド人移民の間に広げ、さらにイギリス軍のインド人兵に対して、日本軍がインド独立連盟をサポートし捕虜を手厚く保護することを宣伝するという構想を抱いていた。そして、その実行部隊として「Freedom, Friendship, Fujiwara」

の頭文字を採った「F機関」を仮結成し、開戦の準備に入った。

一一月二八日。

藤原は大使館の徳永補佐官から、日米交渉が絶望的な状況にあり一二月上旬にも対米英戦争が勃発する見通しであることを聞かされた。彼はその日の夜からプリタム・シンと連日協議に入り、開戦を想定した活動の具体的方針の作成に取り掛かった。ただし、プリタム・シンに日本が開戦準備に入っていることを悟られてはならなかったため、藤原は米英の攻撃に対して日本が応戦することを想定した計画であると仮定した上で、プリタム・シンとの協議を進めた。

開戦一週間前の一二月一日。

日本側とインド独立連盟との暫定計画が完成し「田村＝プリタム・シン覚書」が結ばれた。ここでは「われわれの協力は、日印両国がそれぞれ完全なる独立国として自由かつ平等なる親善関係を成就し、相提携して大東亜の平和と自由と繁栄とを完成することを終局の念願としてなさるべきものとする」ことが宣言され、インド独立連盟が「印度の急速かつ完全なる独立獲得のため、対英実力闘争を遂行する」ことに対して、日本が「全幅的援助」を与えることが約された。また、「日本は印度に対し領土、軍事、政治、経済、宗教等にわたり一切野心を有せざること、いかなる要求をも持たざることを保証する」とし、ベルリンに滞在中のチャンドラ・ボースとインド独立連盟の連絡を斡旋することも約束した。さらに「日本軍は作戦地一般印度人ならびに印度人投降者（捕虜を含む）を敵性人と認めざるのみならず、同胞の友愛をもって遇し、その生命、財産、自由、名誉を尊重するものと」し、日本軍による宗教

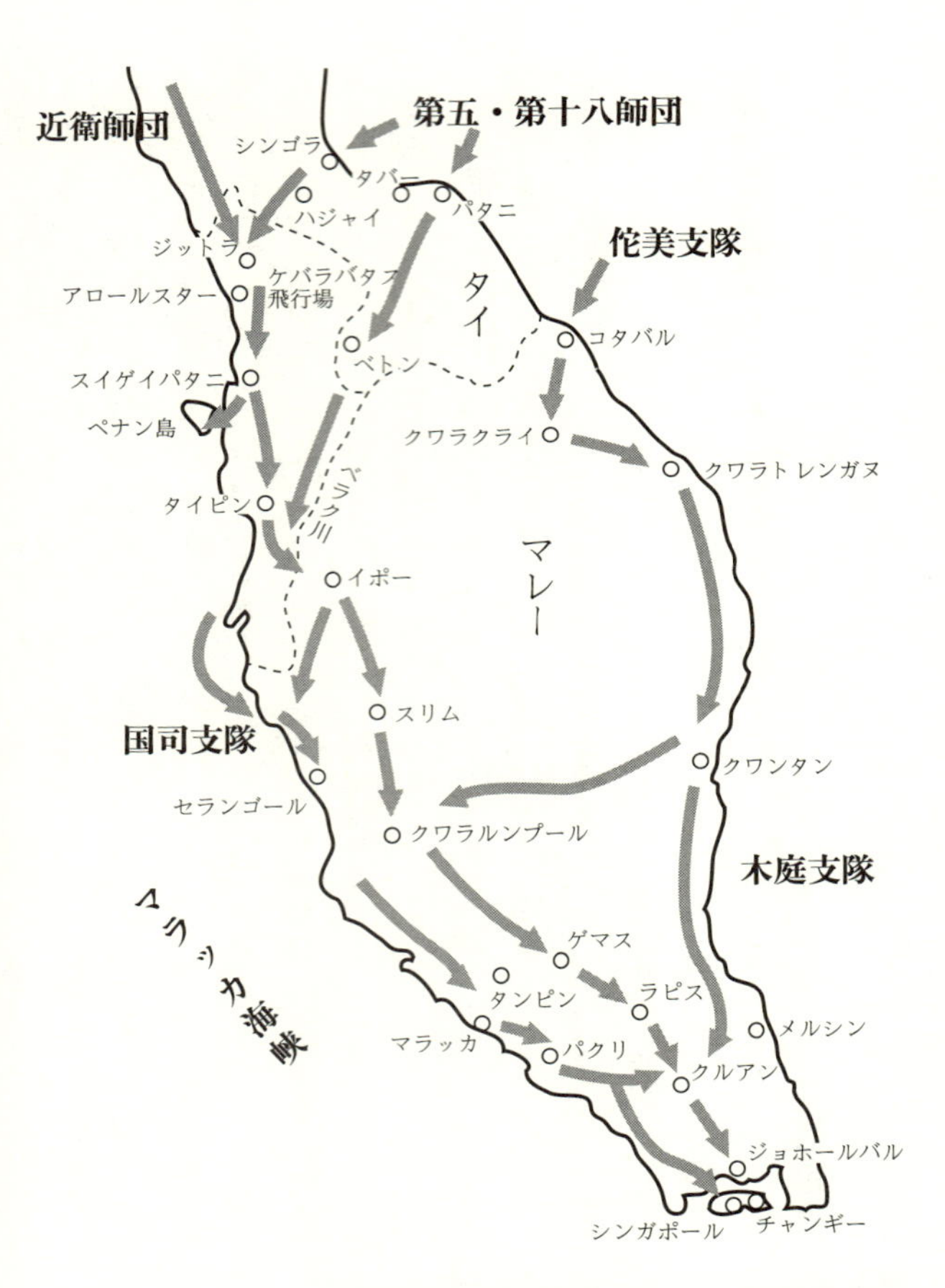

▲マレー半島における日本軍の進軍

［国塚 1995］参照

施設の使用を禁ずることも明記した［藤原一九六六：七五―七七］。

出陣

そして、一二月八日。

日本軍はマレー半島東岸のシンゴラ、パタニ、コタバルで上陸作戦を決行し、「大東亜」戦争が勃発した。さらにフランス領インドシナとタイの国境に待機していた近衛師団も、開戦と同時にタイに進駐し、翌日にはバンコクに達した。

日本軍の進撃は快調だった。

シンゴラとパタニから上陸した部隊は、それぞれ別ルートでマレー半島を横切って西岸へと向かい、コタバルから上陸した部隊は東岸を南下して一路シンガポールを目指した。また、海軍部隊は一二月一〇日にイギリス東方艦隊の主力艦であるプリンス・オブ・ウェールズとレパルスを撃沈するという大成果を挙げた。

この日本軍の快進撃を追う形で、F機関とインド独立連盟は作戦を展開し始めた。

藤原とプリタム・シンの両名は一二月一〇日朝にシンゴラ飛行場に到着し、それぞれF機関とインド独立連盟の本部を設置した。さらに、進軍中の日本軍の前線にそれぞれのメンバーを派遣し、インド人兵に対する工作活動を展開した。また、進軍先の町ではインド独立連盟の宣伝ポスターが一斉に張り出され、多くのインド人がその前に群がった。

一二月一二日。

日本軍はマレー半島西岸の町アロールスターを占拠した。

藤原とプリタム・シンも後を追ってアロールスターの町に入り、即座にインド人への宣伝活動を展開した。目抜き通りの警察署にはインド国旗と共にインド独立連盟とF機関の布標が掲げられ、町中に宣伝のビラが撒かれた。

たちまち、この警察署の前にはインド人移民や地元のマレー人が集まってきた。この群集に対して、プリタム・シンはヒンディー語でインド独立連盟の目的と計画について熱弁を振るい、日本軍がそれを援助する旨を説いた。この演説は一節ごとにタミル語に通訳され、その一句ごとに「割れるような拍手と共鳴の歓呼があった」という。藤原もこれに続いて演説し、日本が「東亜の民族を解放し、相克と対立を越え、自由と平等と共栄を目的とする東亜の再建」を目指していることを説いた。さらに「印度独立支援に対する日本の誠意をひれき」し、「民衆の奮起と協力とを求めた」。この演説会は一時間半にも及んだが、これが終わっても「民衆は陶酔したもののごとく」しばらくの間その場を立ち去ろうとはしなかったという［藤原一九六六：一一一―一一二］。

モーハン・シンとインド国民軍

このような中、イギリス軍のインド人兵の一個大隊が、集団で投降してきた。その大隊を率いるインド人将校はモーハン・シンという人物で、彼の投降により、以後、インド人兵の投降が相次いだ。藤原はこのインド人投降兵に、アロールスターの町の治安維持を任せることで、日本軍に対する信頼を獲得していった。

藤原は、次々と投降してくるインド人兵の統括をこのモーハン・シンに委ね、彼にインド独立のための反英闘争に参加するよう促した。しかし、モーハン・シンは、日本軍への期待を示しつつも、台湾や朝鮮半島における日本の植民地支配や満州・中国などでの施政に対して不信感を抱いていた。また、日本軍の捕虜ではなく、イギリスへの闘争にまで踏み込むことは、イギリス軍の将校として雇用されている彼にとって重い決断を要した。そのため、彼は一旦、態度を保留した。

その間にも、日本軍の快進撃は続いていた。

アロールスターに到達した第五師団はさらに南下を進め、一二月二三日にはタイピンを占領した。これに従い、藤原とプリタム・シンもタイピンへと進み、ここにそれぞれの本部を設置した。

一二月三一日。

このタイピンのF機関本部に、モーハン・シンが訪ねてきた。

彼は、インド人投降兵の総意として次の条件を提示し、日本側がこれを受諾すれば日本軍と協力してイギリスと真っ向から戦うことを宣言した。

（1）モーハン・シンはインド国民軍の編成に着手する。
（2）日本軍は、インド国民軍を同盟関係の友軍を以て遇し、全幅の支援を供与してくれること。
（3）日本軍は一切の印度兵俘虜を友情をもって遇し、インド国民軍に参加を希望するものは解放してくれること、印度兵俘虜はモーハン・シンに管理を一任すること。
（4）インド国民軍とインド独立連盟は差当り協力関係とする［長崎一九八〇a：二一］。

この要求を受けた藤原は、「個人としては直ちに賛同し得るものがあった」ものの、「きわめて重大な問題であり、軍司令官の意向を確認する必要があるので即答を保留した」［藤原一九六六：一五四］。

藤原は直ちに司令部を訪問し、鈴木参謀総長と杉田参謀と面会した。藤原がここでモーハン・シンの提案を伝えると、鈴木は快くこれを容認し、山下奉文将軍もこれに許可を与えたという［藤原一九六六：一五五］。

ここにおいて、モーハン・シンが主導する「インド国民軍」が誕生した。

この後、インド国民軍は宣伝部隊として日本軍と協力し、進軍先ではイギリス軍側に潜入して大量の投降兵を引き出した。このインド人宣伝部隊の活躍は著しく、インド人兵の協力を急速に失ったイギリス軍は、総崩れとなって一気に後退していった。

そして、一九四二年一月一一日。

日本軍は、開戦後たった一ヶ月足らずでクアラルンプールを陥落するに至った。

シンガポール陥落

さらに快進撃を続ける日本軍は、二月八日、マレー半島の先端のジョホールバルから海を渡って、シンガポール総攻撃を開始した。F機関、インド国民軍宣伝部隊、インド独立連盟もシンガポール攻略作戦の前線に立ち、インド人兵に対する宣伝工作を展開した。

シンガポールのイギリス軍の守りは堅かった。日本軍はその攻撃に手こずり、一進一退の攻防が続いた。

しかし、ここでもインド人兵に対する宣伝工作が威力を発揮した。

二月一三日。

近衛師団は、シンガポール北中部の要衝・ニースン英印軍陣地の攻撃に手を焼いていた。ここのイギリス軍はインド人兵部隊の一大隊であった。そのため、インド国民軍はこのインド人兵に対する宣伝工作に乗り出した。

当地でインド国民軍連絡班長を務めていたアラデタは、最前線に突き進んで仁王立ちとなり、インド人兵に対して大声で日本軍への投降とインド国民軍への参加を呼びかけたという。すると、インド人兵たちは次々と武器を棄て、日本軍へと投降してきた。さらに、この現象は、一気に後方の英印軍砲兵部隊に波及し、この日の投降兵の数は一〇〇〇人近くに上った〔藤原一九六六：二四三―二四四〕。

二月一五日。

ついに、イギリス軍は無条件降伏に同意し、難攻不落と言われたシンガポールが陥落した。

翌々日の二月一七日にはシンガポールで投降したインド人捕虜の接収式が行われた。「リトルインディア」と言われるインド人街に立地するファーラーパークで開かれたこの式は、約六万五千人の捕虜で溢れんばかりであった。

まずはじめに、イギリス側代表のハント中佐から、インド人兵を日本軍に引き渡すことが宣言され、その名簿が手渡された。その後、F機関の藤原、インド独立連盟のプリタム・シン、そしてインド国民軍のモーハン・シンが熱烈な演説を行い、聴衆を熱狂させた。藤原は、この時の様子を次のように回想している。

鳴りやまぬ拍手、舞上がる帽子、打ち振る隻手、果ては起ってスタンドに押し寄せんとする興奮のどよめき、正にパークは裂けるような感激のるつぼと化した〔藤原一九六六：二六二〕。

モーハン・シンはこの時、二万五千人のインド人兵をもってインド国民軍を編成した。そして、自らその司令官となって、指揮を行うこととした。

一方、このようなインド人兵の熱狂の影で、シンガポール在住の華僑に対する日本軍の粛清作戦が挙行されていた。藤原はこの作戦に強く反発し、「印度人（兵）工作に、大きな影響があると指摘して速急に善処を願った」という［藤原一九六六：二七二］。日本軍のマレー侵攻作戦は、開戦から二ヶ月余りでシンガポールを陥落するという快挙を成し遂げたが、その行き着いた先では、「亜細亜の解放」という美名とは裏腹に、華僑に対する大量虐殺が繰り広げられ、多くのアジア人の反感を買うこととなった。

6―2. One fight more, the last and the best

東条内閣の「大東亜共栄圏」構想

さて、話をR・B・ボースが活動する日本へと戻すことにしよう。

R・B・ボースは「大東亜」戦争勃発のニュースを、自宅のラジオ放送で知った。彼はこの瞬間、ついにインド独立という夢が叶う時が来たと考え、これまでの苦労がすべて吹き飛ぶ思いだったという。

彼は一九四二年の初頭、自宅で受けた雑誌のインタビューで、次のように答えている。

私は昨年一二月八日の午前七時、この部屋で、そこにあるラジオで、あの感激深い放送を聞きました。日本帝国が西太平洋に於て米英と戦闘状態に入つた―これで私の過去三十余年にわたるあらゆる苦難も苦労も、悩みも悲しみも、一瞬にして消えてしまったのです。自分はこの儘死んでもよいと思ひました。これで印度も解放される、否アジヤ全体はアジヤ人のアジヤになるといふ喜びに泣いたのです。この戦争こそ、単なる日米と日英の戦ではなく、全アジヤ人とアングロサクソンとの戦だと考へるのです［ボース一九四二b］。

また、R・B・ボースは『大亜細亜主義』一九四二年新年号に「年頭・日本国民に寄す」という論考を寄稿し、この戦争を「英米打倒の聖戦」と位置づけた。

一二月八日、畏くも対米英戦に関する詔勅換発せられ、而も日本海軍が広大なる太平洋の各地域に於て、世界戦史に類を見ざる赫々たる戦果を収むるに至つた事については衷心より慶祝と感謝の意を表せざるを得ないのである。今や事態は極めて明瞭であり、全亜細亜人は日本と相携へ英米打倒の聖戦に従事すべき崇高なる義務を有する次第である。

しかし、R・B・ボースにとって一つ大きな不満があった。それは「大東亜」戦争勃発当初、「大東亜共栄圏」の構想にインドが含まれていなかったという点である。

そもそも「大東亜共栄圏」という言葉が公の場で初めて使われたのは、一九四〇年八月の松岡洋右外相の談話である。松岡は、ここで「大東亜共栄圏」の範囲を中国・満州・オランダ領インドネシア・フランス領インドシナとし、インドはこの自給自足圏の枠外とされた〔長崎一九八〇a：九、有馬二〇〇二：二八七〕。このような認識は東条英機内閣にも引き継がれ、開戦当初も「大東亜共栄圏」にインドが含まれるという見解は示されなかった。

これについて、R・B・ボースはインドも「大東亜共栄圏」の構想に組み込むべきとして、次のように主張した。

所謂大東亜共栄圏が日、満、華、泰、ビルマ、及び今日の仏印、蘭印を含むものであることは従来度々耳にしたところであるが、自分はこれらの地域に共栄圏が設定されても印度に英国の勢力がある限り、共栄圏は結局不具的なものになると考へるのである。即ち亜細亜よりアングロ・サクソンの勢力を排除するには印度の解放が絶対的条件であることは、自分など年来の主張であるが、大東亜戦争は必然印度問題を解決し、以て亜細亜の解放を実現し、世界の真の平和を招来せしむべきものと考えるのである［ボース一九四二a］。

R・B・ボースは、「大東亜」戦争の勃発をインドの独立に繋げるべく、積極的な行動に打って出た。彼は、開戦の当日、印度独立連盟の同志を自宅に集め、今後の対応を協議した。彼らはここで、日本在住のインド人を全国から集結させ、インド独立に向けた一大決起集会を開催することを決した。

さらに、R・B・ボースは、軍の有力者や政府関係者に、「大東亜共栄圏」構想にインドを組み込むよう強く要請する行動に出た。また、日本のメディアで同様の言論活動を展開し、各地での講演を精力的に行った。

彼は、同志のデーシュ・パンデー及び神戸のA・M・サハーイと連名で、在日インド人に決起集会への参加を呼びかけた。そして、開戦から一八日後の一九四一年一二月二六日に東京鉄道ホテルで「全日本印度人大会」を開催した。この大会には約七〇名のインド人が集結し、マレー半島のインド人に対して、日本軍に協力しイギリス帝国主義打倒の戦いに参加するよう訴える決議を採択した。さらに、日本軍が「亜細亜に於けるアングロサクソンの勢力、軍事力、名声を駆逐し、圧迫された東洋諸国民を解放する力をいたしたその顕著な成功に対し、深い称賛」を送ることを決した［相馬一九五三：七五―七六］。この集会は、翌日の各新聞で大きく取り上げられ、「大東亜」戦争をインド独立に繋げるべきだという世論が高まっていった。

年が明けると、R・B・ボースは、さらに言論活動を活発化させ、各地の集会に赴いては「大東亜」戦争の開戦をインド独立の絶好の機会であるとする主張を熱弁した。また、一月二六日の「インド独立の日」には在京インド人三六名を集結させ、インドの完全独立を訴える決議文を、英語、日本語、ウルドゥー語で公表した。

しかし、一九四二年一月後半になっても、東条内閣のインドに対する方針は示されず、R・B・ボースは苛立ちを強めていた。彼は一月二八日の『中外日報』に次のようなコメントを寄せ、東条内閣に対する不満を表明した。

東条総理は議会に於てビルマ、フイリピン等の将来について言及されたが、印度については触られなかつた、これはお考のあつての事であらうが、我々としては印度の解放無くして英勢力の撃滅は無いと信ずる。

水面下の動き

一方、前述のように、マレー半島での進軍作戦は快進撃を続け、一月末にはイギリスの牙城・シンガポールに迫っていた。この頃には参謀本部も、マレー侵攻作戦におけるF機関・インド独立連盟・インド国民軍の重要性をはっきりと認識し、シンガポール陥落後、大量に出ると考えられるインド人捕虜の適切な処遇のあり方について検討を始めていた。

一月末。

参謀本部はついにインド問題に本腰を入れて取り組むことを決意し、具体的な協議に入った。そして、その作戦の中心を担う人物として、R・B・ボースの存在に目を付けた。

参謀本部は即座にR・B・ボースを呼び出し、彼に具体的な意見を尋ねた。R・B・ボースは「まずマレーにおける印度人投降兵を中心にし、それに新しく義勇兵をつのつて独立軍を組織する」ことを提案し、さらに「東亜各地の独立運動諸団体の代表を招集し、強力な政治団体を結成する」という構想を示した［相馬一九五三：七七―七八］。

また、参謀本部は、当時の日本を代表するインド研究者である木村日紀も呼び出し、インド工作に関する意見を尋ねた。この時、参謀本部はドイツに滞在中のチャンドラ・ボースを日本に招聘し、指導者とする構想を示したという。しかし、木村は「彼を日本につれて来ると、後日、日独間で問題が起こるかもしれない。それよりもこの際日本に久しく亡命して居るラス・ビハリ・ボース氏を指導者とすることが最も適切であり、また本人も祖国への最後の御奉公として献身的にやると考へる」と応じ、参謀本部もこの意見に同意した。木村はその翌日、R・B・ボースの自宅で彼と会談を行い、今後の進行構想を固めたという。そして、自ら参謀本部が進めるインド作戦の顧問に就任し、R・B・ボースと共に赤坂の山王ホテルを拠点として、活動を開始した〔木村一九五三：二四六〕。

さらに参謀本部とR・B・ボースは、インド作戦を挙行するための重要メンバーとして、当時上海に滞在中のA・M・ナイルを日本に呼び戻した。ナイルは帰国してすぐ、このR・B・ボースの作戦に加わり、彼らと同様、山王ホテルに拠点を構えた〔ナイル一九八三：二一八〕。

そのような中、大本営は二月七日付けで「対インド謀略案」を作成した。ここでは、イギリスの植民地支配体制を崩壊させるため、マレー半島・ビルマで投降したインド人兵を密かにインドに侵入させ、「インド内に反英独立の騒擾を喚起せしむ」ることが構想された〔原田一九七五：二七八―二八二、長崎一九八〇a：三二―三三〕。

これまで「大東亜共栄圏」の構想外だったインドが、マレー半島におけるインド人工作の成功によって、一気に大本営作戦の重要課題として注目され始めたのである。

東条首相の対インド声明

そして、二月一五日。

シンガポールが陥落した。

その翌日の二月一六日。大本営で会議が開かれ、当日の東条首相の演説でインド独立問題に言及することが決定された。この会議には木村日紀とA・M・ナイルも参加し、会議後には東条の演説草稿担当者と共に、演説内容を詰める作業を行った［ナイル一九八三：二二八―二二九］。

そして、東条首相は貴衆両院本会議で、次のような演説を行った。

今や（印度は）英国の暴虐なる圧政下より脱出して大東亜共栄圏建設に参加すべき絶好の秋であります。帝国は印度が印度人の印度として本来の地位を恢復すべきことを期待し、その愛国的努力に対しては敢て援助を惜しまざるものであります。若し夫れ印度がこの歴史と伝統を省みず、その使命に覚醒することなく、依然として英国の甘言と好餌とに迷ひその頤使に従うに於ては、私は茲に永く印度民族再興の機会を失うべき憂へざるを得ないのであります［衆議院議事速記録第一六号一九四二・二・一七］。

この東条首相の対インド声明を受けて、R・B・ボースは翌日の二月一七日、サハーイ、ナイル、リンガムと共に、山王ホテルで大々的な記者会見を行った。

R・B・ボースは、ここで「東条首相閣下の議会での声明には深く感激した」と述べ、「印度四億の民の解放と独立こそは八紘一宇の大精神を全東亜の被抑圧民族に明らかにするものだ」と熱弁した。また、「今やわれわれはこの印度独立を完成させるために同志と共に邁進する」と述べ、三月に在日インド人の代表者とタイ・マレー・シンガポールにおけるインド独立連盟・インド国民軍の代表者が東京で一堂に会し、インド独立に向けた会議を開催することを発表した〔『東京朝日新聞』一九四二・二・一八〕。

さらに、R・B・ボースは、次のような声明を発表し、各地のインド人に対して決起を促した。

印度の同胞よ。

吾等印度国民は国の内外に住するを問わず、印度人の印度たらんため、また亜細亜の印度たらんがため、過去百年、英国の圧迫と戦い、幾千人を犠牲とした。されど武力なき吾等は今日までそれを実現し得なかつたのである。現下、米英の亜細亜侵入打破と大東亜共栄圏建設とを目的とする大日本の聖戦は正にこれ吾等に絶好の機会を与へてゐる。

印度国民同胞よ！この天佑に乗じて印度は英国に対し、過去のすべてを清算すべし。同胞よ。スリー・クリシユナより受けし無執着の努力と、仏陀より受けし無我の精神と、イスラム教のアッラーの真理およびグル・ゴビンダ・シングの教、さらに聖雄ガンジーが示しつつある真理の把握とに、一丸となつて奮起せよ。日本の皇軍によつて転向せる印度兵は、印度人の印度たるため、すでに香港、マレーに於て英勢力駆逐に奮戦しつつあるに吾等は感激し、敢えて同胞の奮起を待つ。
一九四二年二月十七日印度国民大東亜代表　ラス・ビハリ・ボース『国民新聞』一九四二・二・一八」

この会見の様子は、翌日の各新聞で大々的に報道され、「印度独立運動の狼火上る」(『中外商業新報』)や「印度独立へ驀進・亡命志士、東京で決起」(『東京朝日新聞』)といった威勢のいい見出しが紙面を飾った。

頭山邸への訪問

R・B・ボースは、この会見の翌日、木村日紀、サハーイ、ナイル、リンガムらを伴って頭山満邸を訪ねた。当時八八歳の老齢に達していた頭山は風邪気味で臥せっていたが、R・B・ボースらが来訪してくるという知らせを受けると、紋付袴に着替えて彼を迎えたという。また、かつてR・B・ボースの地下逃亡生活を全面的に支えた葛生能久も、急遽、頭山邸に駆けつけた。
R・B・ボースと面会した頭山は、彼の亡命当時を回顧しながら、次のように語った。

君がはじめてきたときは震災で焼けた霊南坂の家だつたが…おもへば幸運な男ぢや、印度独立運動はいままでは一つの夢だつたがこんどは事実となつてあらはれたのぢや、一昨年新国劇でやつた「頭山満」の芝居の中に君も登場するがその芝居の続きを君が実演するときがきたのだ『東京朝日新聞』一九四二・二・一九夕刊」。

ここで語られている「『頭山満』の芝居」とは、新国劇が一九四〇年に「皇紀二千六百年」を記念して上演した「頭山満翁」という芝居を指している。中村吉蔵作のこの芝居では、ハイライトの一つとして「ボースの中村屋神隠し騒動」が取り上げられ、幅広い人々から好評を得ていた〔新国劇一九四〇〕。このような頭山の言葉に対し、R・B・ボースは次のように応えた。

ありがたうございます。命の恩人である先生、二十七年にわたつて無言の感化を与へてくださつた先生、先生のご恩に報いることは印度独立の実現にあると固く信じてゐます『東京朝日新聞』一九四二・二・一九夕刊」。

R・B・ボースの夢の一つは、独立したインドに頭山満を招待し、各地を案内することだったという。老齢の頭山を前にして、R・B・ボースの胸にはこみ上げるものがあったであろう。この場面に立ち会った新聞記者は「感激の場面がくりひろげられた」と記している『東京朝日新聞』一九四二・二・一九夕刊」。

最後に頭山は「お前たちの運動のええところを見てゆきたい」と語って、R・B・ボースらを見送った。命の恩人の頭山と会談したR・B・ボースは、インド独立に向けた決意を新たにしたことであろう。また、何とか頭山の目の黒いうちに、インド独立の報を届けたいという思いに駆られたに違いない。R・B・ボースはその日から、三月に東京で予定している大会議に向けて、さらに活動を活発化させた。

シンガポールへの電報

当初、東京での会議は、三月一〇日に予定されていた。しかし、輸送手段の問題で三月二八日に開始をずらすことが決定され、会場も議論の末にR・B・ボースらが滞在する山王ホテルに決まった。

R・B・ボースは、大本営を通じてシンガポールのF機関のもとに、インド独立連盟・インド国民軍の代表者たちを東京での会議へ招請する旨の電報を送った。これを受け取った藤原岩市は、インド国民軍司令官のモーハン・シンと協議し、インド国民軍とインド独立連盟からそれぞれ複数のメンバーを東京に派遣することにした。

また、藤原はバンコクで対立関係にあったインド独立連盟とタイ・インド文化協会の関係改善に乗り出した。彼はインド独立連盟のプリタム・シンを説得し、タイ・インド文化協会のスワーミー・サッティヤナンド・プーリーと和解することを求めた。そして、サッティヤナンド・プーリーを東京行きのメンバーに加えることを提案し、彼に返答を迫った。プリタム・シンは藤原の進言を快諾し、両者の大同団結が成立した。

三月九日、シンガポールにおいて、インド独立連盟とインド国民軍の支部長会議が開催され、「インド解放のため日本政府の支持と協力を得て活動する」ことが確認された［Sareen 2004: 59–63］。そして、東京行きのメンバーとして、インド独立連盟からはプリタム・シン、S・C・ゴーホー（シンガポール支部代表）、K・P・K・メノン（シンガポール支部代表）、N・ラグワーン（ペナン支部代表）、K・A・N・アイヤール（クアラルンプール支部代表）の五名、インド国民軍からはモーハン・シン、N・S・ギル、ムハンマド・アクラームの三名が選ばれ、これに藤原、岩畔（いわくろ）、大田黒の日本人三名とタイ・インド文化協会のサッティヤナンド・プーリーが同伴することとなった。

一行は飛行機の関係で、二組に分かれて東京へ向かうこととなった。一組目は藤原、岩畔、モーハン・シン、ギル、ラグワーン、ゴーホー、メノンの七名、二組目は残りの大田黒、プリタム・シン、サッティヤナンド・プーリー、アイヤール、アクラームの五名であった。

しかし、この飛行機の分乗が、のちに彼らの運命を大きく左右することとなる。

インド人に向けたラジオ放送

一方、東京で彼らを待ち構えるR・B・ボースは、陸軍軍人との会合や在日インド人との懇談に追われる日々を送っていた。

二月二二日には、赤坂末広で開かれた「ボース氏を激励する会」に出席し、本庄繁や松井石根といった大物軍人との会談を行った。R・B・ボースはここで次のような決意表明をした。

印度人は今回ほど日本の偉業に驚いてゐることはない、印度の独立はこの際を外しては二度となく得られないと思つて居ります、そのためには真の死の覚悟も辞さないつもりです『国民新聞』一九四二・二・二三」。

二月二四日には神戸に向かい、関西の在日インド人及び日本人支援者たちとの懇談を行った。ここでR・B・ボースは「自分達の使命はいかに祖国印度を英国の桎梏下から救い出すかにある」と述べ、「この聖業達成のためには宗教的闘争などあるべきはずがない」ことを強く訴えた『大阪時事新報』一九四二・二・二五」。

三月五日には、横浜山下町のインドクラブでの会合に参加し、在横浜インド人に対して演説を行った。当時の日本におけるインド商人のコミュニティーは神戸と横浜に集中しており、彼らとのネットワークはR・B・ボースにとってインド本国と繋がる重要なルートであった。従来、神戸のインド商人たちは、インド国民会議派日本支部を運営するサハーイを中心に、インド独立運動にも熱心に参加していたが、横浜のインド商人たちは概ね政治運動への参加には消極的であった。しかし、シンガポール陥落と東条首相の対インド声明を受けて、ついに彼らも重い腰を上げて、R・B・ボースの運動に協力することとなった。

R・B・ボースは、ここで次のように訴えた。

東条首相の声明にインド国民は今こそ立ち上らなければならぬ、シンガポールの陥落した今絶好の機会である、シンガポールや香港を落としただけでは英国は参らぬがもう参つたも同然である、インド人のインド、アジア人のアジアに今こそしなければならぬ〔『報知新聞神奈川版』一九四二・三・六〕。

三月九日には、後楽園球場で開催された「大東亜民族交歓大会」に出席し、会場に集まった一万人を超える聴衆に向かって熱弁を振るった。この大会は、陸軍省情報局が後援し、大政翼賛会が協賛をする大集会で、元首相の林銑十郎や頭山満らも壇上に上がった〔『読売新聞』一九四二・三・一〇〕。

三月一三日には、AK（現NHK東京放送局）から海外向けのラジオ放送を行い、インド国民に対して、反英独立闘争に起ち上がるべきことを熱く訴えた。R・B・ボースは、ここで「今やわれらは凱歌をあげて、この試練の時代から脱却せんとしてゐる」と説き、これまで「無執着の努力」によってインド独立運動に献身してきた先達たちの名前を挙げて、その功績を讃えた〔『東京朝日新聞』一九四二・三・一四〕。さらに一〇日後の三月二三日にも彼は海外向けのラジオ放送を行い、イギリスへの戦争協力を条件に戦後の自治を約束するクリップス使節団（放送前日の三月二二日にインドに到着）の口車に乗せられないよう、強くインド国民に訴えた［『中外日報』一九四二・三・二五］。

ボース氏激励会

三月二〇日には上野精養軒で、「ボース氏激励会」が開かれた。この会の発起人には、林銑十郎、阿部信行、本庄繁、松井石根、高橋三吉、広田弘毅、植原悦二郎、中野正剛、緒方竹虎、徳富蘇峰、川島浪速、頭山満、葛生能久、大川周明、鹿子木員信、安岡正篤、笠木良明、野口米次郎、岩波茂雄など、彼との付き合いのある著名人がずらりと名を連ねた。このメンバーを見るだけでも、戦前戦中期の日本におけるR・B・ボースの交友関係の広さと、当時の彼に対する期待の高さが窺える。

さて、この会は葛生能久による「開会の挨拶」で幕を開けた。

次に「発起人代表挨拶」として広田弘毅が壇上に立った。広田は次のような演説を行って、会場の拍手喝采を浴びた。

今日は我が大東亜戦争の勃発と共に、洵に印度国民全体の独立の為に、我が政府は勿論、我が国民全般が多大の同情を表し、絶大の同情を惜まぬ状態であるのであります。（中略）亜細亜に於ける大なる民族である印度が、若し此の際独立し得なかつたと致しましたならば、我々の戦つて居る大東亜戦争といふものの目的は過半失はれることになるのであります［黒龍会一九四二：七―八］。

この広田の「挨拶」を受けて、R・B・ボースが壇上に立った。

彼は、はじめにインド時代を回顧し、日本への亡命当時を振り返った。そして、「頭山先生初め其の他の方々の御努力に依つて私は今日まで生きて又再び印度や亜細亜の為に働くことが出来たと云ふのは、誠に感謝に堪へない次第であります」と述べ、満場の拍手を浴びた。また、シンガポールやマレー、ビルマだけでなく、インドからもイギリスの勢力を駆逐しなければ「大東亜」戦争は貫徹しないと主張し、「印度人の印度」の実現の重要性を訴えた。そして、彼は「諸君の前で是が最後の御話になるかも知れません」と、戦地での死を覚悟している旨を述べた上で、次のようなことを語った。

此の大東亜戦争の目的は何であるか、私は熟々此の点に就て考へました。勿論政治的に経済的に文化的に大東亜の諸国を完全な独立国にしなければならぬのであります。併し其の後は何であるか、私が思ふには大東亜として、つまり日本から印度までの諸民族が一緒になつて偉大なものを一つ生み出さなければならぬのであります。偉大なものを生み出して、それに依つて真の世界平和を確立し、人類を幸福にしなければならぬのであります〔黒龍会一九四二：一五―一六〕。

ここで彼は、軍部や政治家、右翼の大物たちを前に、「大東亜」戦争の目的を「大東亜の諸国を完全な独立国に」することと規定し、日本がアジア諸国に対して植民地主義的姿勢をとらぬよう釘を刺している。さらに、この戦争の結果、「大東亜として」「偉大なもの」を生み出し、それによって「人類を幸福に」するというアジア主義的理想を掲げている。前述のように、R・B・ボースにとって「アジア」とは、単なる地理的空間ではなく、西洋的近代を超克するための思想的根拠であり、過去に存在した多一論的信仰に基づく理想世界そのものであった。彼は人生「最後の御話」として、従来主張してきたアジア主義的理想の一端を語り、それを「大東亜」戦争の目的に据えたのである。

さて、このようなR・B・ボースの演説の後、陸軍大将の林銑十郎と海軍大将の高橋三吉が続けて「激励の辞」を述べ、さらに木村日紀が締めの挨拶を行って、会は終了した。

悲劇

この会には、三月一〇日にシンガポールを出発し、三月一六日に東京へ到着した一組目のインド人たちも参加していた。葛生能久は会の冒頭の挨拶で「昭南島方面から到着された西南各地の代表者の方々をも歓迎することを得ましたことは、此の上なき仕合せと存ずる次第でございます」と述べ、彼らの来日を歓迎した。

モーハン・シンらは、東京に到着後、R・B・ボース、ナイルらが拠点とする山王ホテルに滞在し、連日、様々な人の接待を受けた。

当初から、彼らはR・B・ボースをはじめとする在日インド人代表の面々と、そりが合わなかった。

彼らは、R・B・ボースたちを「久しく日本に在住し、日本の官民のひ護を受けてきた関係か、その言動が自主性を欠いていて、ややもすると日本の傀儡に堕する傾向のある」と非難した。また他方で、在日インド人たちも、シンガポールからやってきたインド人たちに対して「最近まで英国の統治下において英国に忠誠を尽くしてきたものが多く、革命家としての資格において欠けている」との見方を持っており、警戒心を強めていたという〔藤原一九六六：二八八―二八九〕。

また、来日したN・S・ギルら数名は、密かに東京在住のプラタープに会いに行き、日本事情や軍部の意図を聞き出そうとした。当時のプラタープは、周囲との協調性に欠けるとして軍部や在日インド人たちから敬遠され、自宅での半軟禁生活を余儀なくされていた。彼らが会いに行くと、プラタープは「注意せよ」と促し、「自分がちょっと日本人の気に入らないことを言ったばかりに、日本人は自分を排除して軟禁した」と告げたという〔長崎一九八〇a：三八〕。また、軍部からは一定の距離をとっていたサハーイも、二八日以降に予定されている東京山王ホテル会議の参加者リストからは外されていた。在日インド人の代表者は、R・B・ボース、ナイル、デーシュ・パンデー、リンガムといった、日本の参謀本部と気脈が通じているメンバーに限定されていた。シンガポールからやってきたインド人たちはこのようなことからも、R・B・ボースを中心とした在日インド人代表に対して、不信感を強めていた。

このようなインド人同士の亀裂はさらに深刻化し、この年の末にはインド国民軍存続の根元を揺るがす大問題へと発展する。

一方、この時、シンガポールから東京に到着していたのは、モーハン・シンらを乗せた一組目だけで、インド独立連盟のプリタム・シンらを乗せた二組目の飛行機は、まだ東京に姿を見せていなかった。彼らの乗った飛行機は、途中のサイゴン、台湾で手間取り、一組目が到着してから一週間が過ぎても、まだ東京に向かうことができなかった。

ようやく三月二四日の朝、飛行機は日本に向けて上海の空港を飛び立った。

この日の天候は荒れ模様だった。

一行は一旦、九州の太刀洗飛行場に到着し、給油を行った。日本列島の上空はさらに荒れ始め、突風が吹きつけ始めた。

この日、これ以上の飛行は困難だった。

しかし、上海から同乗した中山大佐が夕方の用事に間に合わせることを強要したため、一行は東京行きを強行した。

大田黒、プリタム・シン、サッティヤナンド・プーリー、アイヤール、アクラームを乗せた飛行機は、悪天候の中、太刀洗飛行場を飛び立った。四国を過ぎ、紀伊半島を横切るあたりまでは、何とか順調に飛行した。しかし、伊勢湾上空で電信連絡をした後、その飛行機は視界を失い、迷走の末、日本アルプスの焼岳の中腹に墜落した。

数日後に機体は発見されたものの、全乗客は既に息を引き取った後だった。

藤原岩市と並ぶマレー工作最大の功労者・インド独立連盟のプリタム・シンは、ここで帰らぬ人となってしまった。

インド国民軍の前途に暗雲が垂れこめ始めた。

東京山王会議

このような訃報に一同が心を痛める中、三月二八日から三〇日までの三日間、東京山王会議が開催された。

この会議には一八人のインド人が参加し、R・B・ボースが議長を務めた。

連日の会議は、順調には進まなかった。

ここでも在日インド人代表とマレー半島のインド独立連盟・インド国民軍の代表の対立が表面化し、議論が紛糾した。特にモーハン・シンは日本軍に対して懐疑的で、在日インド人代表たちに対しては「反抗的で非協力的」だったという［ナイル一九八三：二三五］。

また、インド国民軍代表のモーハン・シンとギルの間でも、深刻な対立があった。ギルは、「大佐」である自分よりも位の低い「大尉」のモーハン・シンが司令官としてインド国民軍を率いることに不満を持っていた。彼はかつてバンコクで綿布商を装い、イギリスの命を受けて日本に対する諜報活動を行っていた人物であった［丸山一九八五：五九］。そのため、日本軍と協力する形でのインド国民軍の運営には懐疑的であり、この計画を頓挫させることこそが彼の意図するところであった。彼はのちに「モーハン・シンらをこれ以上国民軍の形成にコミットさせない目的で東京会議にやってきた」と回想している［長崎一九八〇ａ：四四］。
ともあれ、会議は何とか三日間の日程を終え、次のような決議文を採択した。

この大東亜戦争がアジアにおけるイギリスの勢力と権力を確実に破壊すること、今がインドの完全独立の絶好の機会であること、この戦争の結果としてアジアの諸民族がめざめ、新しいアジアが確実に興ることを信じ、我々はシンガポール陥落のときの東条の演説に従い、日本と手を結ばなくてはならない［長崎一九八〇ａ：三九、Sareen 2004: 66］。


他にも、日本政府に対して、インドの完全独立に対してあらゆる援助を与えることや、インドの完全なる主権を承認することなどを要望すること、日本とインドはあくまでも対等な資格で大東亜共栄圏を構成すること、近いうちにバンコクで大規模のインド人会議を開催することなどを決議した。

ただし、会議が終わっても課題は山積していた。

中でも一番の問題は、ここで決議した事項に対して、日本政府が行政上の正式な承認を与えるかどうかということであった。結局、参謀本部は「将来を拘束されるおそれのある保障ないし約諾を与えざるごとく、万全の留意を払う」という方針であったため、この決議に対する明確な承認を避けた。

このような日本政府の対応は、三ヶ月後のバンコク会議の際に、大きな問題となって表面化する。

バンコクへ

さて、この会議を終えたR・B・ボースは、バンコクへと旅立つ準備に入った。

彼は四月五日に築地本願寺で開催された「遭難印度志士慰霊祭」に出席し、東条首相をはじめとする日本の有力者からの弔辞に対して、謝辞を述べた。また、四月一四・一五日には関西方面を訪れ、支援者の前で旅立ち前の挨拶を行った。

この四月末には、F機関を発展的に改組した「岩畔(いわくろ)機関」が、サイゴンで発足した。岩畔豪雄(いわくろたけお)は「大東亜」戦争勃発前に日米和平工作を進めた陸軍軍人として知られ、将来の陸軍を担う有望株の一人であった。この機関はのちに二五〇人のメンバーを抱える大組織になり、日本のインド工作を推し進める中心組織となる。

R・B・ボースは、五月五日に再び海外向けのラジオ放送を行い、完全独立を目指す反英闘争に多くのインド人が加わるよう訴えた。そして五月一一日、ついに彼は東京を離れ、バンコクへの旅路につくこととなった。

その前日、相馬家では一家が勢揃いして、送別の宴を催した。この時、R・B・ボースはいつもと変わらぬ様子で、平然としていたという。

相馬黒光が「なにかいいのこすことがあつたら」と尋ねると、彼は次のように語った。

独立運動については、命を投げだしてかかっています。覚悟はできているつもりですから、御心配くださらぬよう願います。正秀も哲子も、お父さんお母さんに養育していただいたので、今後とも心にかかることはありません。ただ哲子の結婚だけは、よろしくお願いいたします。物質的な幸福は望みません。精神的に幸福な結婚が望ましいのです。正秀は男ですから、別に心配なことはないでしょう［相馬一九五三：一〇六］。

やがてお開きの時間が来ると、R・B・ボースはいつもと変わらぬ姿で玄関を出て行ったという。彼は「誰も送ってくれるにはおよばないよ」と言ったが、息子の正秀は黙って父に付いて行き、駅でその後ろ姿を見送った。

翌日、R・B・ボースは陸軍の軍人やインド人の同志らと共に、船が出航する門司に向かった。その途中、彼らは伊勢神宮に参拝し、五月一三日に門司に入った。ここで二泊した後、一行は日蘭丸という船に乗り込み、途中台湾を経て、五月二八日にサイゴンに入った。そしてそこから飛行機に乗り込み、翌日の五月二九日、バンコクに到着した。

バンコクに着いたR・B・ボースは、さっそく五月三一日に相馬愛蔵に宛てて手紙を送った。また、六月二日と九日には、バンコク会議を直前に控えて多忙なスケジュールをこなす中、正秀と哲子に宛てて丁寧な手紙を送った。

この六月九日の手紙では、子供たちの健康を気遣いつつ、バンコクの様子を次のように伝えている。

今、内地は入梅ですから、食べ物には気をつけてちょうだい。ここも雨季です。熱くなるとすぐに夕立が来る。半時間か一時間雨が降ると、すぐに温度は下がる。明け方に、よく涼しくなる。時々、一枚の薄い毛布もいる。果物、魚、鳥などは豊富。熱帯の色々な果物だけで暮らせるようです。（中略）仕事はますます多くなって、忙しくなるばかり。体は良いです。さようなら。お父さんより。（原文はローマ字、以下の書簡も同様）

ここには、命懸けでインド独立に挑む闘志としての姿とは大きく異なる彼の素顔が表れている。彼の几帳面で家族思いの性格は、人生最大の闘いに挑んでいる時も、全く変わることがなかった。

また一方で、彼はこの頃、次のような言葉を頻繁に書き記し、自らを奮い立たせていた。

I was a fighter. One fight more, the last and the best.
（私はかつて闘士であった。もう一度、闘おう。それは最後で且つ最善の闘いだ。）

インドを離れてから二七年もの月日を経て、R・B・ボースはようやくインド独立運動の表舞台に復帰した。当時二九歳の青年革命家は、還暦を四年後に控えた老人になっていた。

彼はここでI am a fighterとは書かず、あえて過去形でI was a fighterと書いた。彼はそうすることで、命の危険を顧みず闘った過去の自分の魂を呼び起こそうとしたのであろう。

One fight more, the last and the best.

彼はこの言葉を胸に、イギリスの植民地支配に対して立ち向かい始めた。かつての過激な革命家R・B・ボースの心に、再び火がついた。

6―3．インド国民軍の運営

バンコク会議の開幕

一九四二年六月一五日、午前九時。

バンコクのシラパーコーン劇場で、九日間にわたる会議の幕が開けた。

会場には各地のインド人の代表者百数十名が参集し、数千人に上る聴衆が押しかけた。この日の未明からは、インドと関わりの深い日本山妙法寺の僧侶・丸山上人と今井上人が、会場前で太鼓を打ち鳴らし題目を唱えていた。

会議は冒頭、インド独立歌の合唱と独立運動などで殉死した同志に対する黙禱が行われた。次いで、タイのピブン首相のメッセージが代読され、続いてタイ在住インド人を代表してダースが挨拶をした。

そして、大会議長のR・B・ボースが壇上に立った。

彼は、まずこの会議の議長としての責任の重さを痛感している旨を語り、遠方から参集した参加者に対する謝辞を述べた。そして、インド大反乱以降の独立運動史を振り返った後、次のように述べた。

真の印度愛国者にして日本がアングロサクソン民族に対して宣戦したと聞いて欣喜雀躍しなかつたものが世界に一人でもあつたであらうか、また日本の精鋭は陸に海に、空に、亜細亜における英帝国主義を次ぎ次ぎに破砕し去つて行くのを見て歓声を発しない印度愛国者が一人でもあつたであらうか、印度の真の自由それは日本が英帝国主義に挑戦して蹶起することによつてのみ解決される問題であつた、今日はもはや荏苒議論に日を費やすべきではない、諸君手を携へて相共に起たう、そしてガンジー翁が過去二十年以上の長きに亙つて行い来つた偉大なる準備工作に燦然たる結実を与へようではないか、本会議が終了した時諸君の前には印度の自由のための最も実行的な計画が整へられてゐることを私はここで申し上げて置きたい［『東京朝日新聞』一九四二・六・一六、Sareen 2004: 131–139］。

この時、R・B・ボースの目には涙が光っていたという。岩畔機関のメンバーとしてこの会議に参加した国塚一乗は、のちにこの時の演説を回想して「盛り上がる感激を深く内に秘め、力強く説く彼の一言一句は人びとの心を強くうった」と述べている［国塚一九九五：一二三］。

このR・B・ボースの演説に続いてサハーイが演説を行い、以下、ラグワーン、モーハン・シン、ギルがそれぞれ壇上から熱弁を振るった。さらに、タイにおける坪井日本大使、ウエンドラー・ドイツ公使、クローラ・イタリア公使も挨拶を行い、最後にはベルリンに滞在中のチャンドラ・ボースからのメッセージも読み上げられ、拍手喝采の中、開会式は閉幕した。

主導権争い

ただし、この中で、一つの重大な騒動が起こった。

この会議に日本から参加したナイルの回想録によれば、モーハン・シンが演説の中で突如としてインド国民軍をインド独立連盟の管理外とすることを提案し、それに対してラグワーンが猛然と批判を加えた。さらにモーハン・シンは、インド国民軍に参加するインド人兵は、組織に対してではなくモーハン・シンに対して忠誠を誓うべきだと主張して、場内を騒然とさせた〔ナイル一九八三：二四六〕。ラグワーンは「これらの提案はまったく非民主的なので検討にも値しない」と述べ、「こんな提案を議題に含めるならば退席したい」と申し出た。ラグワーンはインド独立連盟のペナン代表であるため、モーハン・シンがインド国民軍をインド独立連盟から切り離そうとする動きに対して強い憤りを抱いたのであろう。

インド独立連盟とインド国民軍の関係をどのように規定するかが重要な焦点となった。

議長のR・B・ボースは混乱を避けるために、議論を午後からの非公開総会で行うこととした。

モーハン・シンは、昼休み中にF機関当時から信頼を寄せる国塚に相談し、自分の提案に対して、直接、日本軍からの支持を取り付けようとした。おそらく、モーハン・シンは、一九四一年一二月三一日にインド国民軍を結成する際、F機関との間で結んだ「印度兵俘虜はモーハン・シンに管理を一任すること」という覚書を遵守するよう迫ったのであろう。国塚はこの覚書の締結を斡旋した張本人であり、インド国民軍に対する思い入れも人一倍強かった。

国塚はモーハン・シンの申し出を受けて、ラグワーンの部屋へ説得に向かった。

この時、ラグワーンの部屋の前を通りかかったナイルは、ラグワーンの怒号を聞いて、部屋の中へ飛び込んだという。そして、国塚に対して「中尉、あんたが口を出すような問題ではない。わたしが引き受けるから、この部屋から出て行ってほしい」と言った［ナイル一九八三：二四八］。

ナイルはすぐに岩畔と連絡を取り、即時の面会の約束を取り付けた。

岩畔はナイルとの面談で、ラグワーンの意見を支持する旨を明言し、「ラシュ・ビハリが望むなら、インド国民軍はインド独立連盟の完全な管轄下に入る旨を、明確な決定もしくは命令の形で出してはどうか」と述べたという［ナイル一九八三：二四九］。

ナイルはR・B・ボースに事の顚末を伝え、午後三時より非公開総会を開催することとした。

この総会の冒頭で、R・B・ボースは議長裁定とした上で、次のように宣言した。

　インド国民軍が結成された暁には、それはインド独立連盟の軍隊となるとの決定をここに発表する。国民軍はあらゆる点で、連盟の完全な管轄下で機能するのでなければならない。この問題についてはこれ以上の討議は不必要と考える［ナイル一九八三：二五〇］。

こうしてインド独立連盟がインド国民軍の上位に立ち、連盟の軍隊として管轄することが決定した。このインド独立連盟は、プリタム・シンらがバンコクで結成した「インド独立連盟」とR・B・ボースが一九三〇年代から東京において運営していた「印度独立連盟」が発展的に合流し、再結成されたものである。

また二日目以降の委員会で、さらに議論が詰められ、「インド国民軍は（インド独立連盟の）執行委員会の直接指揮下に入」ることが決まり、その執行委員会は「議長と四名の委員からな」ることが了承された。そして、議長にはR・B・ボースが就任し、他四名の委員にはラグワーン、メノン、モーハン・シン、ギラーニーが就任することが決定した。

ここで、R・B・ボースは、インド独立連盟とインド国民軍を指揮する正式な代表者となった。

日本の家族へ

R・B・ボースは、このような多忙な会議期間中も、家族への手紙を書くことを欠かさなかった。彼にとっては、連日の議論で神経をすり減らす中、家族のことを想うことで気持ちを落ち着かせ、さらなる闘志を奮い立たせていたのであろう。

会議四日目の六月一八日には、相馬黒光と正秀、哲子の三人にそれぞれ手紙を書き送っている。相馬黒光に宛てた手紙では次のように述べている。

仕事は大きい。色々な障害物、困難などが道に横たわって居る。それらに打ち勝たなければならない。人間のできるだけにやるつもりです（ママ）。全アジアから英米勢力を完全に駆逐することによって、はじめて明るい世界が生まれてくる。私は元気です。

また、正秀に宛てた手紙では、そろそろ「世の中のことも人生のことも考えなければならない」と忠告した上で、次のように述べている。

精神力は一番大切なものです。あらゆる難関などを（ママ）これによって打ち勝たなければならない。物質的な力を得るにも、背景に精神力が必要です。

これらの手紙の文面は、家族に宛てたものでありながら、まるで自分自身に言い聞かせているようである。

さらに、R・B・ボースは　六月二二日に正秀と哲子に宛てた長文の手紙を書いている。ここでは自らの近況に触れつつ、次のように述べている。

毎日、会議とご馳走ばかりです。けれども、お父さんの最後の仕事ですから、一生懸命ではりきってやっておる。あとを神と仏に任す。お前たちは立派になって、世の中にいてもらいたい。会議が済んだら、タイのことについてもっと書きます。おじいさんとおばあさんの体を気を遣ってください。


この率直な文章には、彼の今回の仕事に対する並々ならぬ意気込みが滲み出ている。

また、ここにはR・B・ボースという人間の魅力がよく表れている。

R・B・ボースという人は、情熱的で眼光鋭い「革命家」でありながら、一方で自分がどのような状況に置かれていても他者に対する心遣いを怠らず、その人のことを心底から思いやることのできる心優しい「お父さん」であった。

しかし、このような彼の「気遣い」の細やかさこそが、逆に多くのインド人の猜疑心を煽ることとなり、このあと彼自身を窮地に陥れていく。

決議の承認問題

さて、バンコク会議は六月二三日、全部で六三項目にも及ぶ詳細な決議事項を採択し、閉会した。

この決議で注目すべきことは、インド国民会議派を「インド国民の真の利益を代表できる唯一の政治団体」として承認し、インド国内において軍事的行動を起こす際には、その時の会議派の方針を遵守すると宣言したことである。この背景には、当時のインドにおいてクリップス使節団の提案が不調に終わり、この年の八月以降の「クイット・インディア」運動の開始に向けて、国民会議派内の反英意識が急速に高まっていたことがある〔長崎一九八〇a：四六〕。

R・B・ボースは会議期間中の六月一七日に『読売新聞』のインタビューに答えて、次のように述べている。

印度青年、印度軍隊は非常な熱意をもつてゐるから、一たびわれわれが印度へ侵入すればこれら印度民衆の熱意は直ちに爆発することと思ふ、しかもビルマ国境から印度侵入はさしてむづかしくないと思つてゐる、一度本国に侵入すれば一万の軍隊は翌日には三万となり三日目には十万を突破し一週間もすれば数十万の大軍隊、大団体となる確信をもつてゐる〔『読売新聞』一九四二・六・一九〕。

ここにあるように、R・B・ボースをはじめとする当時のバンコク会議出席者は、インド国民軍をビルマ国境からインド本国に侵入させ、インド国内の民衆と共闘してイギリスの支配を駆逐することを構想していた。このような構想には、クリップス使節団の失敗によるインド国内の反英的気運の高まりが大きく影響していた。ただし、ガンディー・ネルーを中心とする国民会議派を「反日的」として非難し、サーヴァルカルが率いるヒンドゥー・マハーサバーに期待をかけてきたR・B・ボースにとって、この決議を採択することには、尚も多少の違和感と戸惑いがあったであろう。

また、この決議では「インド国民軍の地位は独立インドの国民軍に相応し、日本軍や友好国軍と同等であることがこの会議の願望である」と宣言されたことも重要である。

R・B・ボースはこのような決議を岩畔に託し、日本政府の逐条的回答を要求した。岩畔はこの要請に応じて、バンコク会議の決議文を大本営に送り返事を待った。一方、この知らせを受けた大本営では「インド人の要求は少し思い上がっているぞ。中国の汪政権でも、こんなわがままは言わない。岩畔機関は何をしているのだ」という声が支配的だったという［国塚一九九五：一二五］。

会議終了後、二週間以上が経過した七月一〇日。

岩畔は、大本営からの消極的な返答を受けて、R・B・ボースに次のような回答を提示した。

インド独立運動を支持してインド独立を達成する目的のため、および英米勢力を排除する目的のため、インド独立連盟によって大日本帝国政府に提出された要望につきましては、東条首相により繰返し表明された声明により、およびバンコク会議によせられた祝賀声明が示しているとおり、大日本帝国政府は心底から野心なく同意致すことを決定しておりますことを謹んでお知らせ致します［長崎一九八〇a：五四］。

ここでは、R・B・ボースをはじめとするインド側が要求した「逐条的回答」はなく、これまでの東条声明を越える内容はなかった。さらに、岩畔はR・B・ボースに対して「日本帝国政府はこの回答を厳重なる秘密とすることを願望します」と述べ、一切の公表を控えるよう要請した。大本営としては、戦況の先行きが不透明な中、あえて将来を拘束するような約束を、公的には結びたくなかったのであろう。しかし、「決議を承認しない」と明言してしまえば、インド人たちから反発を受けることは避けられない。そのため、日本側は、「バンコク決議に対する承認」をブラックボックス化することによって、この問題を乗り切ろうとした。

一方、モーハン・シンをはじめとするインド独立連盟・インド国民軍のメンバーは、日本政府が回答を示さないという不誠実さに憤り、再度、公的な回答を求めて岩畔に詰め寄った。しかし、当の岩畔は、R・B・ボースにインド人たちへの説得を一任し、機関の本部が置かれたシンガポールに立ち去ったという［国塚一九九五：一二五—一二六］。七月二五日、R・B・ボースはインド独立連盟の執行委員のラグワーンと会談したが、東京からの回答を明らかにはせず、問題を曖昧に処理したという［Sareen 1986: 90–91］。

「気遣いの人」R・B・ボースは、岩畔に対して厳しい非難を浴びせかけるのではなく、日本政府とインド側の板ばさみにあった彼の立場を慮り、逆にラグワーンやモーハン・シンをなだめる役割を引き受けた。彼は日本政府によるバンコク決議の承認問題を曖昧にしたまま、インド独立連盟とインド国民軍を運営するという日本側の要請を受け入れたのである。これはバンコク会議の開催意義を大きく損なうことに繋がる由々しき事態であった。

この一件によって、モーハン・シンをはじめとするインド国民軍のメンバーの多くが、R・B・ボースを日本側の傀儡と見なすこととなり、彼の求心力は一気に低下した。

二十一号作戦

このような中、岩畔機関は七月九日に、「独立の実現性より観たる印度人の民心動向の件」を参謀本部に提出し、インド工作の実現可能性について本格的な議論に入った。ここではインドにおける反英意識の高揚を指摘しつつ、それが必ずしも親日意識に結びついているわけではないことを主張した上で、インド人の「感情ヲ親日ニ指導スルハ一ニ今後ノ努力如何ニ寄ル」として、インド国内における謀略活動の重要性を示唆している［防衛庁防衛研究所一九四二］。また、八月五日には、ビルマ国境からアッサム州への突入を企図する「インド東北部に対する防衛地域拡張に関する意見」を参謀本部に提出し、インド工作に関する積極的な姿勢を示した。

これを受けて、八月二二日には、参謀本部が東部インド侵攻作戦の準備を南方軍に指令し、その実施時期を一〇月中旬の予定であるとした。この作戦は「二十一号作戦」と呼ばれ、重慶政権の足元に迫る「五十一号作戦」と共に「戦争指導大綱」の骨子として重要視された［波多野一九九六：四五—四七］。

しかし、このような流れは、九月五日に、参謀本部第二部がインド工作に慎重な態度を示す「軍ノ東部印度進攻カ印度民族運動ニ与フル影響」を提出したことによって一転する。ここで参謀本部第二部は、日本が東インドに進攻した際に、インドの民族運動が反英から抗日に転換される可能性が高いことを示唆し、インド工作の早期実施に対して疑問を投げかけた。

これに対して、岩畔は九月一五日に「対印対戦に関する意見」を提出し、インド独立を実現するには、日本軍によるインド侵攻作戦が必要不可欠であると強く主張した。しかし、その作戦の実施については、インド国内における反英独立の気運が続き、かつ親日的あるいは中立的な気運が生まれることが前提であるとし、インド国民軍が戦闘に堪え得るだけの実力を身に付け、日本軍の補給準備が整った上で行うべきだと主張した〔長崎一九八〇a：五三―五四〕。そのため、岩畔機関はR・B・ボースによるインド向けのラジオ放送を流し、彼の発言を収録したパンフレットを密かにインド国内で配布するなどして、インド人に日本のインド解放作戦へ参加するよう促した。

しかし、このような岩畔の提言は、東京では脇に追いやられ、一一月二三日、ついに作戦準備の中止の命令が下された。

不協和音

一方、インド国民軍は九月一日に再編成され、新たな一歩を踏み出した。

日本軍の捕虜となった大量のインド人兵には、それぞれインド国民軍に参加するか否かの選択権が与えられた。ここでインド国民軍への参加を希望しない者は、労務隊を編成して日本軍の諸作業に協力することとなっていた。

インド国民軍の拡大を志向するモーハン・シンは、インド兵に対してインド国民軍に加わるよう積極的に働きかけた。このような勧誘は、時として高圧的なものとなり、場所によっては暴力的な拷問がなされたりもした。

これに対して、日本側は労務隊の人員確保を重視し、インド人捕虜に対するモーハン・シンの管理権限を無視して、労務隊への動員を図った。また、少数精鋭主義を唱え、インド国民軍の増強の要望を抑制した。三万人の野戦隊の編成を目指すモーハン・シンは、このような日本軍の行動を、藤原岩市との間で結ばれた協約やバンコク決議で確約された権限の侵害であると訴え、激しく対立した［藤原一九六六：二三三、丸山一九八五：五五］。

また、一〇月二日のガンディー生誕記念日の取り扱いをめぐっても、モーハン・シンと岩畔機関の間で問題が生じた。モーハン・シンが、この記念日を利用して「ＩＮＡ（インド国民軍）の存在と武力闘争の決意を世界に宣明することを主張した」のに対して、日本側が「時期尚早と反対」し、両者の間の溝はさらに深まった［藤原一九六六：二三三］。このような対立が生じた際には、Ｒ・Ｂ・ボースが両者の間に入って問題を解決しようとしたが、彼は概ね日本側の意向に沿ってモーハン・シンの主張を抑えようとしたため、「Ｒ・Ｂ・ボース＝日本の傀儡」という見方がインド人の間でも共有されるようになった。

さらに、モーハン・シンと他のインド人メンバーの確執も次々と表面化した。特にインド独立連盟のメンバーは、ニーハン・シンの独断的な行動に批判的な見解を示し、対立を深めた。また、インド国民軍の兵士の中にも、モーハン・シンの厳しすぎる訓練方法に対して反発する者が現れ、インド人間の連帯意識も急激に崩れ始めた〔藤原一九六六：三三四、丸山一九八五：五六〕。

一九四二年一一月頃には、「岩畔機関とR・B・ボース」、「モーハン・シンとその一派」、「インド独立連盟の幹部」の三者がそれぞれ疑心暗鬼の関係に陥り、インド国民軍の運営は空中分解寸前の情況に陥った。R・B・ボースは、末端のインド人兵の士気の低下を防ぐべく、一一月初旬にはマレー半島各地を自動車で回り、インド人兵の前で熱弁を振るった。

彼はこの講演行脚の後の一一月一四日、シンガポールから哲子に向けて手紙を書き送っているが、そこでは「何年かかっても、何百年かかっても、我々は両国（英米）の壊滅まで戦って行きます」と述べ、暗にインド独立の実現が遠退きつつあるという現状認識を示している。また一一月二六日の哲子宛の手紙では「まだ何年も闘いを続けなければならない」と述べて、インド独立の見通しが立たないことへの苛立ちを表している。

シンガポールの常夏の青空とは裏腹に、R・B・ボースとインド国民軍の前途には濛々たる暗雲が垂れこめていた。

モーハン・シンの罷免と軟禁

一一月末になると、モーハン・シンによる日本軍批判はより強固なものになった。彼は再度、バンコク決議に対する日本の正式回答を岩畔機関に要求し、それが拒絶されるとインド独立連盟の執行委員を辞任した。さらに、インド国民軍の中核を担ってきたギルがイギリスのスパイ容疑で日本軍に逮捕されるという事件が起こると、モーハン・シンの日本に対する不信は頂点に達した。

両者の関係修復は、もはや不可能であった。

岩畔機関はR・B・ボースと議論を重ね、ついにモーハン・シンの罷免と軟禁を決定した。

一二月二九日。

R・B・ボースは、シンガポールの岩畔機関本部にモーハン・シンを呼び出し、彼にインド国民軍司令官を罷免する通告を行った。さらに、モーハン・シンが一礼をして玄関から出て行くと、すぐさま日本の憲兵に彼を取り押さえさせ、岩畔機関の顧問を務める千田牟婁太郎の家に強制連行した。

この処分により、インド国民軍の兵士が日本人に対して反旗を翻し、日印両軍が正面衝突するという危険性が浮上した。

マレー侵攻作戦の時以来、モーハン・シンと苦楽を共にしてきた藤原岩市は、急いで千田の家に駆けつけた。そして、そこで向かい合った二人は「しばし言葉もなく、相擁し、悲涙にむせんだ」[藤原一九六六：三三七]。藤原は「印度独立奪取の悲願をこめて、苦心創設したINA（インド国民軍）を解散せぬよう、そして日本軍との間に、流血の惨事を絶対に起こさぬよう、モ将軍自らINA将兵に説得」してほしいと懇願した。二時間にわたる協議の結果、モーハン・シンはその願いを受け入れ、インド国民軍の兵士に向けて「日本軍との軍事的衝突を自重してほしい」と訴えるメッセージを、藤原に託した[藤原一九六六：三三八]。

かれた。

このあと、モーハン・シンはシンガポール島の東北にあるセントジョン島に連行され、軟禁状態に置かれた。

一方、このようなR・B・ボースの措置に対して、インド独立連盟の幹部は一斉に批判を浴びせた。彼らは、もはやR・B・ボースを「日本軍の操り人形」としか見なさなくなり、相互の信頼関係は崩壊していた。

インド独立連盟とインド国民軍におけるR・B・ボースの統率力は、もはや無きに等しかった。

苦悩と病

さらにこの頃から、R・B・ボースの体調に大きな変化が見られるようになった。

モーハン・シン罷免をめぐる過度のストレスや多忙を極めるスケジュール、東南アジア各地（シンガポール・マレー・タイ・ビルマ）を飛び回る移動生活、連日の猛暑などがたたり、持病の糖尿病が急速に悪化した。さらに肺結核にも感染し、巨漢を誇った体は一気に痩せ衰えた。髪の毛は抜け落ち、半年前とは別人のような弱々しい姿に変わってしまった。ナイルの回想によると、一九四三年のはじめには「すっかり病人になっていた」という［ナイル一九八三：二八一］。

それでも、R・B・ボースは連日の激務をこなし、盛んにインド国内へ向けた宣伝活動を行った。また、インド国民軍の立て直しを図り、組織の抜本的改革に着手した。

しかし、これ以上R・B・ボースに、インド独立連盟とインド国民軍を率いる力がないことは明らかであった。

日本側は、組織を立て直す切り札として、ベルリンに滞在中のチャンドラ・ボースを招致する決定を下した。参謀本部第二部の部長であった有末精三は、駐ドイツ大使・大島浩に訓電をし、チャンドラ・ボース招致の可能性を探るよう要請した。そして、一九四三年二月の初旬、自らシンガポールに赴き、直接、岩畔から詳しい説明を聞いた。

有末が最も心配したことは、R・B・ボースの心境であった。

もし、チャンドラ・ボースの招致に成功すれば、R・B・ボースをインド独立連盟の代表から外し、勇退を迫ることになる。そのような事態をR・B・ボースはすんなりと受け入れることができるのか。彼が反発を示し、更なる混乱を招くことにはならないのだろうか。

有末は憂慮していた。

彼はR・B・ボースと二人だけで話す機会を持ち、その席で次のように尋ねた。


「率直にいいますが、あなたはチャンドラ・ボースさんを呼んだ方がいいと思いますか」


すると、R・B・ボースは有末の手を握りしめながら「ぜひ呼んでいただきたい」と言ったという。

さらに有末が「呼ぶのはいいが、あなた方のなかに動揺が起こることはないでしょうね」と問うと、

R・B・ボースは「絶対におきません。安心してください」と答えた［読売新聞社一九六九：三九八］。

そこで有末は、再度ドイツの大島大使にチャンドラ・ボースの招致を進めるよう、打電した。

一方、チャンドラ・ボース自身も、「大東亜」戦争の勃発当初から、日本行きを希望していた。しかし、ドイツ外務省は、そのようなチャンドラ・ボースの希望を聞き入れなかった。

一九四二年の末になると、彼は日本大使館の大島大使やベルリン駐在武官補佐官の山本敏と協議を重ね、日本への渡航を真剣に模索し始めた。そしてついに、ヒトラーとの直接会談で説得に成功し、その場で日本行きの許可を勝ち取った。さらに、一九四三年二月中旬、有末からの要請がドイツに届くと、チャンドラ・ボースの日本行きは実現に向けて一気に動き出した。

チャンドラ・ボースの登場

しかし、この計画には日本までの輸送手段をどうするかという大きな問題が残されていた。当初は飛行機での移動が検討されたが、それには障壁が多く実現しなかった。

そこで採られた手段が、潜水艦での移送だった。しかし、当時のドイツには、直接日本まで行くことのできる遠航用の潜水艦の余裕がなかった。結局、日独双方の潜水艦が敵の飛行機の航空圏外であるマダガスカル島南東沖で接近停泊し、小型ボートを使ってチャンドラ・ボースを引き渡すという危険な手段が採られることとなった。

引渡し予定日は四月二六日。

この日に向けて、ドイツのブレストとマレーのペナンからそれぞれの潜水艦が出航した。双方の潜水艦は、予定通りの日程で、指定の場所に到着した。

海は荒れていた。

しかし、両潜水艦は一〇〇メートルほどの至近距離で止まった。

日本側は、砲を撃ってロープをドイツの潜水艦に渡した。すると向こう側から、ボートに乗ったチャンドラ・ボースと秘書のハッサンが、そのロープをつたって渡ってきた。彼らは無事、日本の潜水艦に引き上げられ、移送作戦は成功した。

一方、日本政府はチャンドラ・ボースの受け入れ態勢を万全とするため、ベルリンで彼と会合を重ねていた山本敏を岩畔に変わる新機関長に任命し、名称も「光機関」とする決定を下した。山本は即座にシンガポールへと赴き、さらに、チャンドラ・ボースを引き受けるため、潜水艦基地のあるスマトラ島沖のサバン島に向かった。

五月六日。

チャンドラ・ボースを乗せた潜水艦は、無事、サバン島に到着した。

桟橋で彼を出迎えた山本は、その時の様子を次のように回想している。

ブリッジにはなつかしのチャンドラ・ボースさんと、秘書のハッサンの手をふる姿が目にうつった。ベルリンで別れてからすでに半年、ふたたび東亜の一角で、会えようなどとは思ってもみなかっただけに、わたしは胸がときめいた。だれかれとなく手を振っていたボース氏は、ふとその手を止めた。瞬間、確かめるように私の方を見つめていたが、わたしとわかったのだろう。艦が桟橋につくや、まるで子どものようにかけ降りると、いきなりわたしに抱きついて来た。

「わたしはこの喜びを、天地、神に感謝する」

といった［読売新聞社一九六九：四一八］。

チャンドラ・ボースはサバン島に三泊ほどし、その後、ペナン、サイゴン、台北を経て、五月一六日に東京へ到着した。

しかし、この間、彼はシンガポールに滞在するR・B・ボースとは面会していない。サバン島でチャンドラ・ボースを出迎えたのは、光機関の山本、千田、根岸の三名だけで、最も重要であるはずの両ボースの会談は、この時、行われていない。また東京への経路も、あえてシンガポールが外され、ペナン島からサイゴンへと向かっている。このチャンドラ・ボースの東京行きは日本政府にとっては最高レベルの機密事項であったため、インド国民軍の兵士はおろか、インド独立連盟代表のR・B・ボースにさえも伝えられていなかった可能性が高い(3)。

R・B・ボースは、チャンドラ・ボースがサバン島に到着した翌日の五月七日に、インド人兵士のキャンプを視察する目的でクアラルンプールに出かけている。さらに、彼がペナンに到着したであろう五月九日には、逆にシンガポールへと戻ってきている。これは、日本側がR・B・ボースに機密が漏れないよう、光機関の本部があるシンガポールから彼を巧みに遠ざける作戦であったと思われる。この時、チャンドラ・ボースとR・B・ボースの関係が上手くいかなければ、インド独立連盟の代表権の委譲をめぐって大きな混乱が生じる恐れがあった。そのため、日本側は、両者の会談を慎重に行うべきだと判断したのであろう。

シンガポールに戻ってきた翌日の五月一〇日。既にチャンドラ・ボースはペナンを離れ、東京への途についていた。おそらく、この日になってR・B・ボースはチャンドラ・ボースの到着を知らされたのであろう。彼はこの時、チャンドラ・ボースを追って東京へ向かうことを即決している。そして、その日のうちに東京の哲子のもとへ手紙を送っている。

お父さんは本月二十日ごろ、東京へ行きます。頭山先生と葛生さんに報告してちょうだい。体はよろしいです。ただ、非常に疲れます。正秀にも知らせてちょうだい。おじい様とおばあ様によろ

（3）ただし、山本はチャンドラ・ボースをサバン島に出迎えに行く直前に、R・B・ボースにだけ、チャンドラ・ボースの到着を耳打ちしたと回想している［山本一九五三：二九七］。ただし、山本の回想には記憶違いが散見するため、この証言も真偽の程は定かでない。

しく。

彼は五月二四日、午前八時の飛行機でシンガポールを出発し、サイゴンを経由して午後六時に広東に到着した。翌日は午前八時に広東を出発し、台北経由で福岡に到着。五月二七日には、約一年ぶりに東京の土を踏んだ。

東京での会談

一方、来日したチャンドラ・ボースは東条首相との面会がなかなか叶わず、苛立ちを募らせる日々を過ごしていた。彼は帝国ホテルに宿泊し、日中は学校や工場、病院、兵営、軍港などを見学する毎日を送った。

東条は当初、チャンドラ・ボースに対して好意を持っていなかったという。そのため、直接会談の日程は先へ先へと延期された。

そのような中、R・B・ボースとチャンドラ・ボースの面会が実現した。

会談に同行した光機関長の山本は、その日を「たしか十二、三日ごろ」としているが、正確には六月一日と見て間違いない。

R・B・ボースの遺族のもとには、この年、彼が使っていた手帳が残されているが、その六月一日の欄には次のようなメモが書きなぐられている。

217 Teikoku Hotel
Hiradate
Matsuda
5pm

ここにある「Matsuda」（松田）とは、チャンドラ・ボースが日本で与えられた名前である。この時、チャンドラ・ボースの来日はまだ公表されておらず、極秘事項とされていたため、一時的に仮名が与えられていた。また、「217」という数字は、彼が宿泊していた帝国ホテルの部屋番号であろう。

六月一日の午後五時。

R・B・ボースは山本と共に、帝国ホテルの二一七号室へと向かった。

中ではチャンドラ・ボースが待ち構えていた。

ドアが開き、部屋に入った瞬間、二人のボースは見つめ合って固く握手した。それは次第に抱擁へと変わり、しばし言葉もない時間が過ぎたという［山本一九五三：二九八］。

やがて、二人はベンガル語で話を始めた。

ここで、R・B・ボースはチャンドラ・ボースに対して、インド独立連盟の代表を委譲する意思を伝えた。これに対して、チャンドラ・ボースもその申し入れを快諾し、約一時間で話し合いは終了した。山本によれば、会談を終えた後のR・B・ボースは、「今までに見たことのない晴れやかな顔」をしていたという〔山本一九五三：二九八〕。日本側が抱いていた心配は、全くの杞憂であった。

さらに、六月一〇日頃、東条とチャンドラ・ボースの会談がようやく実現した。東条は、彼を警戒しつつ会見を進めたが、次第にその「熱誠あふれる理知的な議論に、完全に魅せられてしまった」という〔読売新聞社一九六九：四二一〕。

これで、チャンドラ・ボースにインド国民軍を任せる構想が固まった。

この後も両ボースは、東京で会談を重ねた。そして、ついに二人でシンガポールに向かうことが決定した。

六月二九日、午前九時二三分。

二人は立川の飛行場から飛び立った。飛行機は一二時二〇分頃福岡に到着し、さらに夕方の六時頃台北に着いた。翌日にはサイゴンに到着し、そこで二泊した後、七月二日の午後一時頃シンガポールに降り立った。

飛行場には、一目チャンドラ・ボースを見ようとするインド人たちが駆けつけた。彼の姿が見えた瞬間、人々の間から歓声が上がり、中には感激してひざまずく人も出た。そのような光景を前に、チャンドラ・ボースの目には涙が光っていたという〔読売新聞社一九六九：四二六〕。

バトンタッチ

シンガポール到着から二日後の七月四日。

インド独立連盟の大会が行われた。

会場には大勢のインド人が詰め掛けた。

冒頭、R・B・ボースが「東京からすばらしいお土産を持って来た」と言ってチャンドラ・ボースを紹介した。そして、自らインド独立連盟の代表をチャンドラ・ボースに譲り渡すことを宣言した。

するとチャンドラ・ボースは「バトンはいただきますが、ビハリ・ボースさんも最高顧問として手をかしてください」と要請し、会場は大歓声に包まれた〔読売新聞社一九六九：四二七―四二八〕。

さらに、翌日の七月五日には、インド国民軍の閲兵式が行われた。

ここでチャンドラ・ボースは高らかに叫んだ。

「チャロー・ディッリー！」（デリーへ行こう！）

すると、聴衆の間からも「チャロー・ディッリー」の声が上がり、ついには会場全体での大合唱となった。

インド国民軍の新たな歴史が始まった。

その翌日、R・B・ボースは家族に手紙を書いた。普段はローマ字で書いていたものを、この日は漢字交じりのカタカナ文で書いた。

ブジニツキマシタ。ゲンキデス。ルス中、ヨロシクネガイマス。ミナサマニヨロシク。

ここには「ゲンキデス」と書かれているが、同日の手帳には弱々しい文字で「Fell ill」（病に倒れた）と記されている。

彼はインド独立連盟の名誉顧問として、この後もシンガポールに残る心積もりでいたが、彼の体は、もはやこれ以上の激務に耐えられるような状態ではなかった。

七月の半ばになって、彼は医者からしばらく休息を取るように勧められた。そこで、彼はシンガポールを離れ、ペナンで療養することにした。

七月二一日に哲子に宛てた手紙には、次のように書かれている。

咳がまだ治らないので、二七日、転地のためにペナンに行きます。ペナンの気候は非常に良いそうです。一〇日ぐらい居るつもりです。

彼は七月二七日、予定通りシンガポールからペナンに移動した。

彼の体の具合は、思った以上に悪かった。連日の激務や東京・シンガポールの往復移動などで、患っていた結核がさらにひどくなっていた。そのため、一〇日ほどの予定だったペナンでの療養生活は一ヶ月に及んだ。

この時、R・B・ボースは東京に戻ることを決意した。彼は八月二五日、哲子に手紙を書き、九月には東京へ戻ることを伝えている。

そして、八月三一日、約一ヶ月ぶりにシンガポールに戻り、日本への帰国準備に入った。

出発前日の九月一八日。

R・B・ボースはチャンドラ・ボースの家で夕食をとった。

この頃、逸るチャンドラ・ボースは、早期のインドへの軍事的突入を模索していた。これに対して、R・B・ボースは大きな不安を抱いていた。

夕食の席で、R・B・ボースは日本軍の各地での苦戦を伝え、食料や武器・弾薬も不足してきている情況を語った。そして、インド国民軍と日本軍合同のインド侵攻作戦などは無謀であり、そのような計画を今は捨て去るべきだと忠告した。この時、R・B・ボースは、インド国民軍をイギリスと戦闘を交える軍隊とは捉えておらず、インド国内の独立運動の指導者たちを鼓舞するために訓練を続けるべきであるとの自論を説いた。

チャンドラ・ボースはこの話を黙って聞いていた。しかし、その顔は納得できないという表情だったという。

この翌日の九月一九日。

R・B・ボースは、シンガポールを去った。途中、サイゴンや台北を経由し、九月二一日の夕方、無事、東京に到着した。

タラップから降りてきたその体は、この一年で三〇キロ近くも痩せていた。

6—4. 無念の死

病との闘い

帰国したR・B・ボースは、哲子を連れて信州安曇野に旅行した。安曇野は相馬愛蔵の故郷であり、妻・俊子が育った場所でもある。

俊子の死後、相馬家に預けられた哲子にとって、この時が父と長時間にわたって過ごす初めての機会だった。しかし、安曇野では親戚との面会に忙しく、親子水入らずの時間を過ごすために行った浅間温泉にも新聞記者が面会に押しかけて、なかなかゆっくりと話ができなかった。帰りの汽車にも記者が追いかけてきたため、哲子は一人しょんぼりと窓の外の闇を眺めていたという［ボース哲子一九五三：三一一―三一二］。

一〇月三一日には、翌月の大東亜会議に出席のために来日したチャンドラ・ボースが、到着したその足でR・B・ボースの自宅を訪ねてきた。また、会議終了後の一一月一四日には、チャンドラ・ボースを激励するパーティーに出席し、会談を行った。さらに、彼がシンガポールに戻る直前の一一月一六日にも昼食を共にし、意見交換を行った。チャンドラ・ボースは常にR・B・ボースを気遣い、同郷の先輩革命家に対する敬意を示し続けた。

R・B・ボースは、一一月一九日、日光湯元温泉に行き、束の間の休息を楽しんだ。また、一一月二五日には北陸地方への旅に出発し、四日後の二九日に東京に戻ってきた。東京では、参謀本部を訪れたり、ナショナリストの会合に出かけて講演を行ったりする毎日を送った。彼は生来の気性から自宅でじっくりと療養することができず、発熱の体を押して外出することもしばしばであったという。

しかし、翌年にはそのような活動すらもできなくなってしまう。

一九四四年二月。

R・B・ボースは喀血した。

彼は医者から絶対安静を命じられ、自宅の床に臥せった。

彼の病状は、日増しに悪化した。しかし、毎日、新聞を読みラジオのニュースを聞くことだけは欠かさなかった。そのうち、自分で新聞を読むことができなくなると、代わりに哲子が記事を詳しく読んで聞かせた。

この時期にR・B・ボースが最も気にかけていたニュースは、インパール作戦の動向であった。チャンドラ・ボース率いるインド国民軍は、ついに日本軍と共同でインドへの突入作戦を決定し、それを実行した。しかし、この戦いは、「大東亜」戦争史の中でも指折りの大失敗に終わった。日本人・インド人の双方に大量の死者を出し、現場には凄惨な光景が広がった。

この年の八月、東京に戻ってきた光機関長の山本は、R・B・ボースのもとを見舞った。

彼は山本の顔を見ると、元気な声で次のように語ったという。

インパールの失敗はまことに残念でしたが、私はインド独立援助のために尊い血を流して下さった日本軍将兵に厚く感謝しています。私は今でもインド独立の成功を信じています。インド人は今までに何度となく失敗の経験を持っていますから、今度の失敗でも決して落胆することはなく、ますます勇気を振い起すでしょう［山本一九五三：三〇四―三〇五］。

「気遣いの人」R・B・ボースは、決して日本軍の失敗をなじるようなことはしなかった。そして、床の中でも、インド独立に賭ける情熱は全く衰えていなかった。

翌月の九月には、看護婦をつけなければならないほど、病状が悪化した。その体は、目も当てられないほど痩せこけていた。この時、診察にやってきた東北帝大の熊谷が心配して「食欲はどうですか」と尋ねると、彼は苦笑いを浮かべ「食べたいものを、食べさせてくれないから駄目なのです」と答え、さらに「なにが食べたいのです？」と尋ねると、迷わず「インドカリー」と答えたという［相馬一九五三：一三五―一三六］。

彼が、祖国インドのことを想わない日はなかった。

翌月の一〇月五日。

頭山満が亡くなった。

R・B・ボースはこの訃報を聞くと、「そうか」と一言つぶやき、口をつぐんだ。

しばらくすると、彼は静かに目を閉じ、涙を流したという。

この頃から、R・B・ボースの気力にも衰えが見え始めた。

もう、余命は幾ばくもなかった。

死

一二月の下旬。

息子の正秀が戦地から帰ってきた。

R・B・ボースが一九四二年五月にバンコクへ飛び立って以来、約二年半ぶりの再会であった。

しかし、この頃、家族には医師からR・B・ボースの死が近いことが告げられた。

年が明けて一九四五年の一月。

彼のもとを安岡正篤が見舞った。

この時、R・B・ボースは安岡の顔を凝視しながら次のように言った。


日本は敗れた。もうどうにもならない。…然し君はどうしても生きてくれ、生きぬいて日本民族の為に、アジアの為に、精神の源を枯らしてはならない。頼んだよ、頼んだよ［安岡一九五三：二九四」。

一月二〇日。

彼は脳溢血を起こし、半身不随となった。

相馬家の一同が病床に駆けつけた。

彼はもつれる舌で、ただ一言つぶやいた。

「子どもを頼む」

翌日の一月二一日午前二時五分。

R・B・ボースはインドの独立を見ぬまま、静かに五八年の生涯を閉じた。

この父の最期を看取った正秀は、その直後、再び戦地に赴き、一九四五年六月一六日、沖縄戦で戦死した。

R・B・ボースにとって唯一幸いだったのは、この最愛の息子の戦死の知らせを受けずに、生涯を閉じられたことであろう。

多くの人命を奪った「大東亜」戦争は、R・B・ボースの死から約七ヶ月後の一九四五年八月一五日、終結した。

そして、そのちょうど二年後の一九四七年八月一五日。

祖国インドは、パキスタンと分離する形で独立を果たした。

R・B・ボースが一五歳の時に独立運動に目覚めてから、四六年の月日が過ぎ去っていた。

終章　近代日本のアジア主義とR・B・ボース

一九九八年初夏

一九九八年六月のある日。

原宿の空は高かった。

騒がしい世の中にそっぽを向いた朝の明治神宮の杜は、深い緑と静寂に覆われていた。

私は社内のベンチに腰をおろし、高まる緊張感をなんとか抑えようとしていた。しかし、手のひらの汗は、一向に引かなかった。私は、周りの静寂を切り裂くように勢いよく立ち上がり、大きく深呼吸をした。そしてゆっくりと表通りに向かって歩き出した。

原宿という町は、静と動の落差が激しい。明治神宮を抜けると、人と自動車がひっきりなく行きかう若者の町が出現し、表通りから一本路地に入ると再び閑静な住宅地が広がる。

私は地べたに座り込んで雑談にふける制服姿の高校生を避けながら、手書きの地図を頼りに目的地を探した。

大通りから静かな区域に少し入ると、その場所はすぐに見つかった。時計の針は約束の時間を指していた。

私は細かく震える指先で、通用口のブザーを鳴らした。

中から一人の初老の女性が出てきた。

私は、その人を一目見た瞬間、心の中で叫んだ。


「あっ！　中村屋のボースだ！」

私はしばらくの間、半世紀以上前に亡くなったはずのR・B・ボースが目の前に立っているという錯覚に陥った。

あのR・B・ボースが目の前にいる！


私には、それが錯覚であるとはどうしても思えなかった。

それもそのはずである。

私の目の前に立っていた人は、R・B・ボースの愛娘の哲子さんであったからだ。

彼女は微笑みながら、私を建物の中へ招き入れてくれた。気品と愛嬌のあるその笑顔は、白黒写真の中のR・B・ボースを生き写しにしたかのようであった。

私が訪ねた場所は、R・B・ボースが妻の俊子と共に建て、晩年まで過ごした自宅の跡地であった。現在は近代的なビルが建っており、当時の面影は全くない。しかし、この建物には「RBビル」という名前が刻印されており、ここがR・B・ボースの旧宅の地であったことを微かに留めている。おそらく、現在ではこのビルの名前を見て、R・B・ボースの名前を思い起こす人など皆無に等しいであろう。

ビルの脇に植えられた木々の隙間から、初夏の木漏れ日が差していた。

哲子さんは、私をこのビルの管理人室に通してくれた。

簡単な挨拶を交わした後、彼女は私が用意してきた拙い質問に、嫌な顔一つせず、懇切丁寧に答えてくれた。

そして、しばらくしてから「ほとんどのものは戦争で焼けちゃったのよね」とつぶやきつつ、部屋の奥から何の変哲もない一つの箱を取り出した。

中には古い紙やノートの類が詰まっていた。

彼女は優しく微笑みながら「ご自由に手にとってごらん下さい」と言い、私にその箱を差し出した。

私は恐る恐る、その箱の中に詰め込まれたものを取り出した。そして、その一つ一つに目を通していった。

次第に、私の顔は硬直し、手は小刻みに震え始めた。なぜならば、そこには犬養毅や浜口雄幸といった首相経験者から、頭山満、大川周明などの大物ナショナリスト、タゴールをはじめとしたインド人有力者まで、幅広い方面からの書簡が無造作に仕舞い込まれていたからである。さらにR・B・ボース自身の手帳や家族宛の書簡、スクラップブック、大量の写真など、近代アジア史の重要な側面を刻み込む一次史料の数々が、未整理のまま詰め込まれていた。

私は興奮を抑えることができなかった。

心臓が高鳴った。額から汗が滲み出た。

哲子さんは父R・B・ボースの思い出を語りながら、それらの史料について丁寧に説明してくれた。

そして、彼女の口から思いがけない言葉が飛び出した。


「この史料、すべてお貸ししますので、どうぞお持ちになって下さい。」


私の頭の中は真っ白になった。

当時の私は、一介の大学生に過ぎなかった。彼女はそのような私に、貴重な遺品の数々を貸して下さるというのである。

私は、身に余る申し出にたじろぎながらも、それらを丁寧に読み進めたいという思いでいっぱいになった。そして、その有り難い申し出を受けさせていただくことにした。

哲子さんは頬を緩ませながら、その箱を私に手渡し、近くのコンビニエンスストアから私の自宅へ宅配便で送るよう勧めてくれた。私は、ずしりと重いその箱を抱えながら、RBビルを飛び出した。

原宿の町が、霞んで見えた。

私はこの時、何としてもR・B・ボースの伝記を書かなければならないと強く決意した。私がこの世に生を受けた意味があるとするならば、それはR・B・ボースの生涯を書くことだとさえ思った。
熱い思いがこみ上げてきた。

R・B・ボースという問題

それ以降、私は国会図書館や外務省外交史料館、防衛庁防衛研究所、日本各地の大学図書館、インド国立文書館、インド各地の図書館・書店などを巡り、R・B・ボースが書いた論考や彼に関する史資料を懸命にかき集めた。そして、それらのコピーを自宅に持ち帰り、闇に包まれた彼の思想と行動を解き明かす作業に没頭した。

各地で収集した書簡類や外交文書、彼の書いた論考の頁をめくる度に、胸が熱くなった。また、徐々に彼の生涯の空白部分が埋まっていくことへの喜びが湧き上がってきた。

しかし、その一方で、私の苦悩は深まるばかりだった。

R・B・ボースの提示する思想には、共鳴する部分が多かった。彼のインド独立に賭ける並々ならぬ情熱にも激しく心を動かされた。その人間性にも魅了された。しかし、彼が最終的に日本の膨張主義を看過し、その軍事力を利用してインド独立を成し遂げようとした点に、どうしても引っかかりをおぼえた。日本に亡命し帰化した彼には、そのような道しか選択の余地が残されていなかったのだろうかという問いが、私の中で何度も駆け巡った。

私は、R・B・ボースが書いた文章に向かって、そのことを問いかけ続けた。

本文中で見てきたように、R・B・ボースは、一九二〇年代には日本の支那保全論者を厳しく批判し、日本政府や玄洋社の「支那通」たちに対して厳しい見解を示した。また、日本の朝鮮統治に対しても、立場上、公の場では明言することができなかったが、常に強い不満を抱いていた。インドの独立を目指す彼にとって、帝国主義的傾向を強める日本は、インドを苦しめるイギリスと同じ穴の狢であった。しかし、一九三〇年代に入ると満州事変を境に、R・B・ボースは日本の中国政策批判を完全にやめた。そして、日本によるアジアの解放というイデオロギーに、インド独立のための戦略的観点から同調していった。

一方、彼はインドの宗教哲学者オーロビンド・ゴーシュの思想に大きな影響を受けており、究極的には国民国家体制を超えた世界のあり方を志向していた。そして、それを実現するため、東洋精神の発露としてのアジア主義を唱えた。R・B・ボースにとって「アジア」とは、単なる地理的空間ではなく、西洋的近代を超克するための思想的根拠であり、個々人の宗教的覚醒を伴う存在論そのものであった。彼は、物質主義に覆われた近代社会を打破し、再び世界を多一論的なアジアの精神主義によって包み込む必要があると主張し続けた。しかし、そのような理想は、「大東亜」戦争のイデオロギーに吸収され、それを補完する役割を果たした。結果的に、大日本帝国による植民地支配や「大東亜」戦争は、多くの人命を奪い、アジア諸国の人々の尊厳を深く傷つけた。

R・B・ボースは、イギリスの植民地支配からインドを独立させアジア主義の理想を実現させるためには、日本という帝国主義国家の軍事力に依存せざるを得ないという逆説を主体的に引き受けた。「ハーディング爆殺未遂事件」などのテロ事件を主導してきたR・B・ボースは、目的と手段が乖離するというアイロニーを、避けて通ることのできない宿命と認識していた。彼はテロや戦争の限界を十分に理解した上で、なおかつそのような手段を用いなければ植民地支配を打破することなどできないという信念を持っていた。

そして、この問題はR・B・ボースの生涯に限定された課題などではなかった。これは近代日本のアジア主義者や「近代の超克」論者がぶつかった大きな問題であり、広く近代アジアにおける思想家・活動家たちにも共通する難問であった。「近代を超克し東洋的精神を敷衍させるためには、近代的手法を用いて世界を席巻する西洋的近代を打破しなければならないというアポリア」こそが、二〇世紀前半のアジアの思想家たちにとっての最大の課題であり、苦悩だったのである。

橋川文三と竹内好

戦後日本の代表的な政治学者の一人である橋川文三は、「超国家主義」を極端なナショナリズムとして捉える丸山真男を批判しつつ、「いわゆる超国家主義の中には、たんに国家主義の極端形態というばかりでなく、むしろなんらかの形で、現実の国家を超越した価値を追及するという形態が含まれていることを言ってもよいであろう」と主張した［橋川一九九四：五四］。橋川は明治の伝統的ナショナリズムと昭和の超国家主義的ナショナリズムの違いを強調し、昭和のナショナリストたちの主張が大正教養主義を土台とする宗教的存在論の探究を内包していたことを明示した。

R・B・ボースの存在を近代日本の中に位置づけようとした時、この橋川の指摘は非常に重要な意味を持つ。R・B・ボースは、近代アジアという思想空間において昭和のナショナリストたちと共鳴し合い、共同歩調をとった人物であった。R・B・ボースの苦悩は、オーロビンドのような宗教活動家と共に、大川周明のようなアジア主義者の抱えた苦悩とも、間違いなく同じ地平上にあった。彼らの立場は、固有の宗教思想に立脚することによって、究極的にはナショナリズムを脱構築し、普遍的な理想へ到達しようとするベクトルを有していた。

近代日本には「近代の超克」的観点から多一論的宗教観の重要性を説き、アジア主義の文明論的意義を説く人達が存在した。しかし、一方でそのような人たちの思想が、日本の膨張主義をサポートし、多くの悲劇を生み出したことも事実である。彼らが、戦争という極めて近代主義的な手法によってアジアを侵略するプロセスを、「東亜共同体」の形成や「近代の超克」の一段階として追認していった事実に目をつぶることはできない。

ただし、その論理が侵略戦争を補完する役割を果たしたからといって、すべてを否定してしまうことには大きな問題がある。かつて竹内好は、「『近代の超克』は事件としては過ぎ去っている」が、「思想としては過ぎ去っていない」と断言し、課題そのものを放棄してはならないと説いた［竹内一九九三：一六二]。そして、「西洋的な優れた文化価値を、より大規模に実現するために、西洋をもう一度東洋によって包み直す、逆に西洋自身をこちらから変革する、この文化的な巻き返し、あるいは価値の上の巻き返しによって普遍性を作り出す」ことこそが現代世界におけるアジア主義的課題であるとした[竹内一九九三：四六九]。さらに、その思想的根拠としての「アジア」は、「実体としてある」のではなく、主体形成の過程としてあり得ると論じた上で、「方法としてのアジア」を追求すべきことを訴えた[竹内一九九三：四六九]。

この竹内の問いは、「アジアという問題」が未だ解決されず、思想課題としては今なお生命力を失っていないということを鋭く投げかけている。

課題としてのR・B・ボース

R・B・ボースは日本のアジア主義者たちと共通する文明論的課題を背負い、超越論的観点から「近代の超克」を目指した人物であった。しかし、彼はあくまでもインド独立を最大の課題とする活動家であり、厭世的な宗教思想家たることを目指してはいなかった。彼は多一論的世界が実現するためにも、まずはインドからイギリス権力を駆逐し、完全な独立を獲得することが重要であると考えていた。そのため、彼は日中戦争をはじめとする日本の帝国主義的侵略を追認し、「大東亜」戦争では戦略的にその軍事工作の一翼を担うことになった。彼は、近代を超克するためには戦争や武力闘争という近代的手法を用いざるを得ないというアポリアを常に背負い、それと懸命に格闘しながら行動し続けた人物であった。そして、彼は近代日本の時代精神と難問を引き受け、それらと真正面から格闘した稀有なアジア人でもあった。R・B・ボースの人生は、二一世紀に生きる我々に対して、今なお多くの問題と課題を投げかけている。

一九四四年。

R・B・ボースは、失意の中で最後の著作を刊行した。そのタイトルは『ボースは叫ぶ』であった。しかし、その彼の悲痛な叫び声は激しい爆撃音にかき消され、戦後は無視され続けた。彼の発表した膨大な論考は、ほとんどゴミ同然に打ち棄てられ、今なお全国の図書館の書庫で埃をかぶったまま眠り続けている。

ただR・B・ボースにとって幸いだったのは、「中村屋のインドカリー」が戦後六〇年目を迎えた現在でも、日本人の間で根強い人気を保っていることである。彼はこの「インドカリー」がある限り、「中村屋のボース」として生き続ける。

R・B・ボースの叫び声は、現在も新宿の真ん中で、日本各地のスーパーやコンビニエンスストアの棚の中で、密かに発せられ続けている。それは、今日の日本人に対して向けられた「アジアという課題に目をつぶるな！」という叫び声であるように思えてならない。

あとがき

私の二〇代は、この本を書くためにあったと言っても過言ではない。

この数年間、私はR・B・ボースという人間に少しでも近づきたくて、世界中を歩き回った。インドでは、彼が活動したおおよその場所を訪れ、多くの関係者と会った。彼が育った場所や通った学校にも行ってみた。彼がデリーで爆弾を投げた現場にも立ってみた。バンコクやクアラルンプール、シンガポールにも足を運んだ。東京の赤坂では、ビジネスマンの冷ややかな視線を気にしながら、頭山満邸から中村屋へ逃走したルートを実際に走ってみた。また、彼の原宿の家から新宿中村屋への通勤ルートを繰り返し歩いてみた。

私は、彼が見た風景を少しでも追体験したかった。それは、私の中に、学術的探究心を超えた彼に対する愛があるからだろう。R・B・ボースの生涯は、私の人生の問いそのものであり、共感と違和感が交錯する複雑な対象でもある。

私は本書を、二〇〇四年六月から一二月にかけて執筆した。

この時、私は二九歳。

本文中でも述べたように、R・B・ボースは二九歳の一九一五年六月に来日し、その年の一二月に新宿中村屋に匿われた。私は、同い年の彼が、既に壮絶な人生の渦中にあったことを常に意識しながら、原稿に向かった。

二〇〇一年の「九・一一同時多発テロ事件」以降、イスラーム過激派のテロ事件が世界中で話題となった。また、二〇〇三年にはイラク戦争が勃発し、帝国主義的態度で世界をコントロールしようとするアメリカに対して、多くの批判が投げかけられた。さらに、そのアメリカに追随し、イラクに自衛隊を派遣した日本政府に対しても、厳しい意見が噴出した。

私は、このようなニュースを見る度に、R・B・ボースのことを想った。

彼は一九一〇年代のインドにおける過激なテロリストであり、日本の帝国主義に同調した人間である。そのような彼ならば、二一世紀初頭の世界にどう立ち向かうのだろうかと考えた。そしてそれは、二九歳の私が現代世界をどう捉え、どう行動すればよいのかという問いそのものでもあった。私は何度も多磨霊園にある彼の墓を参り、インドで購入してきた線香に火を点じつつ、密かに語りかけた。

私はこれからも、R・B・ボースのことを何度も何度も考えながら生きていくに違いない。

本書を書くにあたっては、数え切れない方々のお力添えをいただいた。中でもR・B・ボースの愛娘の樋口哲子氏に、まずは心よりお礼を申し上げたい。私のような若者にお会いいただき、貴重な史料までお貸しいただいた感激を、私は生涯忘れない。

また、樋口氏にお会いするにあたっては下村順一氏、松本敬二氏、落合騏三郎氏に大変お世話になった。中村屋に関する史資料を閲覧させていただいた際には、中村屋特別顧問の荒井康雄氏並びに広報室課長の吉岡修一氏にお世話になった。樋口氏が大東文化大学に寄贈された史料を閲覧するにあたっては、同大学教授の生田滋氏にお世話になった。心から謝意を表したい。

R・B・ボースの生涯を研究するにあたっては、何と言っても長崎暢子氏の先行研究に学ぶことが多かった。長崎氏による日印関係史研究の分厚い蓄積がなければ、本書は成立しなかったであろう。私のもう一つの大きなテーマである「現代インドのヒンドゥー・ナショナリズム」研究においても同様であるが、本当に先生の業績には学ぶことが頗る多い。遥か先を走っておられる先生の背中を、私は今後も必死で追いかけていくことになるに違いない。

また、一九九九年に大阪外国語大学に提出した卒業論文「ラーシュ・ビハーリー・ボースと近代日本」をご指導下さった桑島昭氏、並びに同大学ヒンディー語・ウルドゥー語専攻の先生方、姫路獨協大学教授の大塚健洋氏からも、折に触れて様々なことをご教示いただいた。心よりお礼を申し上げたい。

現在、私が所属している京都大学人文科学研究所の先生方には、日常的に多くのアドバイスをいただいている。特に共同研究「空間の再審」班長の山室信一氏、共同研究「身体の近代」班長の菊地暁氏、田中雅一氏、恩師の田辺明生氏に深くお礼申し上げたい。

さらに、本書に推薦文を下さった小熊英二氏にも、心から感謝の意を述べたい。小熊氏には、以前、デリー近郊の村落に住むインド国民軍関係者の聞き取り調査にご同行いただき、また、私の調査対象であるスラム街やヒンドゥー・ナショナリストの学校にもご訪問いただいた。御著書『〈日本人〉の境界』（新曜社）に大きな衝撃を受けていた私にとって、インドの地で小熊氏とお会いし、議論を深めることができたことは望外の喜びであった。そのような氏から推薦文をいただき、心から嬉しく思っている。

本書の編集を担当して下さった須山岳彦氏、すばらしいデザインをして下さった矢萩多聞氏にも心からお礼を申し上げたい。須山氏は、敬愛するポップロックバンド「我々」のドラマーであり、矢萩氏は心から尊敬する新進気鋭の画家である。このようなお二人と本書の製作ができたことは、私にとって大きな喜びである。

二〇〇五年は、R・B・ボースの来日から九〇年、死亡から六〇年にあたる記念すべき年である。そのような年に、多くの人々に支えられながら本書を出版することができることを、心の底から幸せに思っている。

最後に、激動の昭和を生き抜き、脱稿直後に浄土へと旅立った祖母・田面里子（一九二二―二〇〇五）に本書を捧げたい。

二〇〇五年二月

中島岳志

Uブックス版刊行に寄せて

本書は、二〇〇五年に白水社から刊行された単行本のUブックス版である。単行本は思いがけず多くの読者の方に恵まれ、また過分にもいくつか賞までいただいた。大変驚いたとともに、R・B・ボースという忘れられた革命家に光が当ったことを、今でも大変うれしく思っている。

本書の編集を担当してくれた白水社の須山岳彦さんは、二〇一〇年にあの世へ旅立った。なかなかその死を受け止めきることができなかったが、今では死者となった須山さんが、原稿を書いているときなどに、ふと隣にいる気がして、そのたびに言葉にならない会話を交わしている。ありがとう、須山さん。

本書のレイアウトは、単行本版を担当してくれた矢萩多聞さんのデザインを踏襲している。Uブックス版の装丁を担当してくださった片山真佐志さん、そして編集者の藤波健さんに、改めて御礼を申し上げたい。

二〇一二年六月

中島岳志

引用文献

有馬学　2002 『日本の歴史 23・帝国の昭和』講談社
宇佐美承　1997 『新宿中村屋　相馬黒光』集英社
薄田斬雲編　1932 『頭山満翁の真面目』平凡社
大川周明　1953 「ラス・ビハーリ・ボース君の想い出」相馬黒光・安雄『アジアのめざめ―印度志士ビハリ・ボースと日本』東西出版社
＿＿＿ 1975 『近代日本思想体系 21―大川周明集』（橋川文三編）筑摩書房
大塚健洋　1995 『大川周明』中央公論社（中公新書）
小熊英二　1998 『〈日本人〉の境界―沖縄・アイヌ・台湾・朝鮮　植民地支配から復帰運動まで』新曜社
尾崎秀樹　1995 『評伝山中峯太郎―夢いまだ成らず』中央公論社（中公文庫）
落合仁司　2001 『ギリシア正教　無限の神』講談社（講談社現代メチエ）
外務省記録　1915 『各国内政関係雑纂・英領印度の部・革命党関係（亡命者ヲ含ム）』第 1 巻（1・6・3・2–21–1，外務省外交史料館所蔵）
＿＿＿ 1924 「外秘乙第 252 号，大正 13 年 9 月 26 日，帰化人ニ対スル差別撤廃方請願ノ件」『各国内政関係雑纂・英領印度ノ部・革命党関係』第 5 巻（1・6・3・2–21–5，外務省外交史料館所蔵）
木村日紀　1953 「過去を回顧して親友ボース氏を偲ぶ」相馬黒光・安雄『アジアのめざめ―印度志士ビハリ・ボースと日本』東西出版社
国塚一乗　1995 『インパールを越えて―F 機関とチャンドラ・ボースの夢』講談社
久兵衛寿司主人　1953 「ボース先生の気性」相馬黒光・安雄『アジアのめざめ―印度志士ビハリ・ボースと日本』東西出版社
桑島昭　1976 「インド近代史への視角（1）―ラーラー・ラージパッ

ト・ラーイの活動に寄せて」『大阪外国語大学学報』第37号
新国劇　1940　『月刊新国劇』第82号
黒龍会　1966　『東亜先覚志士記伝（中）』原書房
______　1942　『印度独立連盟代表ボース氏激励会並に遭難印度志士慰霊祭報告書』黒龍会本部
下中弥三郎　1953　「ボース君の思い出」相馬黒光・安雄『アジアのめざめ—印度志士ビハリ・ボースと日本』東西出版社
衆議院議事速記録第16号　1942. 2. 17　「官報号外」
秦学文　1953　「ボースさん」 相馬黒光・安雄『アジアのめざめ—印度志士ビハリ・ボースと日本』東西出版社
相馬黒光・安雄　1953　『アジアのめざめ—印度志士ビハリ・ボースと日本』東西出版社
相馬黒光　1963　「ラス・ビハリ・ボース覚書」竹内好編『現代日本思想体系9—アジア主義』筑摩書房
______　1999　『黙移　相馬黒光自伝』平凡社
竹内好　1993　『日本とアジア』筑摩書房（ちくま学芸文庫）
ナイル，A・M　1983　『知られざるインド独立闘争—A・M・ナイル回想録』（河合伸訳）風濤社
内務省警保局保安課 1926　『全亜細亜民族会議顚末（付プラタップの渡来）』
長崎暢子　1978　「大川周明の初期インド研究—日印関係の一側面」『東京大学教養学部人文科学科紀要（66）歴史と文化』第12号
______　1979　「日本における国民会議派の活動—A・M・サハーイ氏のこと」『春秋』第206号
______　1980a　「インド国民軍の形成—バンコク決議まで」長崎暢子編『南アジアの民族運動と日本』アジア経済研究所
______　1980b　「インド国民会議派の活動と日本—A・M・サハーイの回想録」『東京大学教養学部人文科学科紀要（70）歴史と文化』第17号
______　1983　「ラーシュ・ビハーリー・ボース考」田中宏編『日本軍政とアジアの民族運動』アジア経済研究所
______　1993　「東南アジアとインド国民軍—ディアスポラ（離散）・ナショナリズムの崩壊—」『岩波講座・近代日本と植民地5・膨張する帝国の人流』岩波書店

＿＿＿　1999 『世界の歴史 27・自立へ向かうアジア』（狭間直樹と共著）中央公論新社

中島岳志　2002 『ヒンドゥー・ナショナリズム―印パ緊張の背景』中央公論新社（中公新書ラクレ）

中谷武世　1988 『昭和動乱期の回想（上）』泰流社

中村屋　2003 『中村屋百年史』中村屋

中山利国　1943 『永世の印度』ヒマラヤ書房

橋川文三　1994 『昭和ナショナリズムの諸相』名古屋大学出版会

波多野澄雄　1996 『太平洋戦争とアジア外交』東京大学出版会

原田勝正編　1975 『ドキュメント昭和史 4・太平洋戦争』平凡社

藤本尚則　1930 『巨人頭山満翁』山水社書房

＿＿＿　1935 『頭山満翁写真伝』頭山満翁写真伝刊行会

藤原岩市　1966 『F 機関』原書房

防衛庁防衛研究所　1942 「独立の実現性より観たる印度人の民心動向の件」（昭和 17 年「陸亜密大日記 第 33 号 1／2」）

ボース哲子　1953 「父の思い出」相馬黒光・安雄『アジアのめざめ―印度志士ビハリ・ボースと日本』東西出版社

ボース，R.B.　1922 「汎回教主義と汎亜細亜主義―土耳古復興の意義」『改造』11 月号

＿＿＿　1923 「先んじて露国を承認せよ」『東方時論』6 月号

＿＿＿　1924 「東洋人連盟の目標」『改造』6 月号

＿＿＿　1925 「吁、印度」『道』8 月号

＿＿＿　1926a 「亜細亜二論」『月刊日本』3 月号

＿＿＿　1926b 「印度に就いて」『道』7 月号

＿＿＿　1926c 「印度論（上）」『月刊日本』8 月号

＿＿＿　1929a 「独立への印度の動き」『改造』1 月号

＿＿＿　1929b 「世界平和と印度の使命」『日本及び日本人』11 月号

＿＿＿　1930a 「全亜細亜通信」（大川周明と共著）『月刊日本』1 月号

＿＿＿　1930b 「如何にガンヂーは印度の独立を叫ぶか」『改造』2 月号

＿＿＿　1930c 「庄内・庄内人・夏期大学」『月刊日本』9 月号

＿＿＿　1931 「全亜細亜通信」（大川周明と共著）『月刊日本』4 月 1 日号（第 73 号）

——— 1932a 「日支両国紛争の原因もアジア人種的意識の欠乏」『*Voice of India*』1月号
——— 1932b 「西洋文明論」『日本新論』11月号
——— 1933a 「頭山先生に助けられた話」『現代』5月号
——— 1933b 「物質主義から精神主義へ」『日本及び日本人』5月15日号
——— 1933c 『新亜細亜』7月号（第3号）
——— 1933d 『新亜細亜』8月号（第4号）
——— 1933e 「東洋の国家主義と西洋の国家主義」『東亜』9月号
——— 1933f 「東洋の国家主義と西洋の国家主義（承前）」『東亜』10月号
——— 1933g 『新亜細亜』10月号（第5・6号）
——— 1933h 『新亜細亜』11・12月号（第7・8号）
——— 1933i 「日英関係を中心として観たる国際政局」『大亜細亜主義』12月号
——— 1934a 『新亜細亜』1・2月号（第9・10号）
——— 1934b 「タゴール翁と印度国民運動」『東亜』2月号
——— 1934c 「緊急を要する日支印の協力」『大亜細亜主義』2月号
——— 1934d 『新亜細亜』3・4月号（第11・12号）
——— 1934e 『新亜細亜』7・8月号（第15・16号）
——— 1935a 「一九三五年に於ける印度国民運動の展望」『大亜細亜主義』1月号
——— 1935b 『新亜細亜』1・2月号（第21・22号）
——— 1935c 「国際精神文化大学」『日本及び日本人』2月11日号
——— 1935d 「亜細亜民族運動座談会」『大亜細亜主義』3月号
——— 1935e 『新亜細亜』3・4月号（第23・24号）
——— 1935f 「西欧の没落と伊エ紛争」『維新』9月号
——— 1935g 『新亜細亜』9・10月号（第29・30号）
——— 1936a 「世界の日本」『日本及日本人』新年号
——— 1936b 『新亜細亜』3月号（第31–34合併号）
——— 1936c 「我が半生の記—ラホール陰謀事件」『維新』6月号
——— 1936d 「満川君を憶ふ」『維新』6月号
——— 1936e 『新亜細亜』7月号（第37・38号）

——　1936f　『新亜細亜』8・9月号（第39・40号）
——　1937a　「年頭・日本国民に寄す」『大亜細亜主義』1月号
——　1937b　「英帝国打倒と日独伊提携」『大亜細亜主義』12月号
——　1937c　「英国の暗策を排除す可し」『日本及び日本人』12月号
——　1938a　「英国打倒の具体的方策―亜細亜復興を目指す支那事変の結論―」『日本及び日本人』2月号
——　1938b　「印度最近の対日動向」『大亜細亜主義』11月号
——　1938c　「亜細亜に於ける欧羅巴の侵略主義と支那事変」『中村屋』（年報）
——　1940　「日独伊三国同盟成立所感」『東方公論』11月号
——　1942a　「年頭・日本国民に寄す」『大亜細亜主義』1月号
——　1942b　「インドの叫び」（出所不明）
——　1953a　「往時追憶」相馬黒光・安雄『アジアのめざめ―印度志士ビハリ・ボースと日本』東西出版社
——　1953b　「印度脱出の記」相馬黒光・安雄『アジアのめざめ―印度志士ビハリ・ボースと日本』東西出版社
松本健一　2000　『竹内好「日本のアジア主義」精読』岩波書店（岩波現代文庫）
丸山静雄　1985　『インド国民軍―もう一つの太平洋戦争』岩波書店（岩波新書）
水野直樹　1994　「1920年代日本・朝鮮・中国におけるアジア認識の一段面―アジア民族会議をめぐる三国の論調」古屋哲夫編『近代日本のアジア認識』緑蔭書房
満川亀太郎　2004　『三国干渉以後』論創社
安岡正篤　1953　「ボース・ラス・ビハリ氏を偲ぶ」相馬黒光・安雄『アジアのめざめ―印度志士ビハリ・ボースと日本』東西出版社
山中峯太郎　1963『実録アジアの曙―第三革命の真相』文芸春秋新社
山室信一　2001　『思想課題としてのアジア―基軸・連鎖・投企』岩波書店
山本敏　1953　「ラス・ビハリ・ボース氏の憶い出」相馬黒光・安雄『アジアのめざめ―印度志士ビハリ・ボースと日本』東西出版社

読売新聞社　1969　『昭和史の天皇 8』読売新聞社

Bose, Subhas Chandra. 2004. *Netaji Collected Works Volume 9: Congress President Speeches, Articles, and Letters January 1938—May 1939*. New Delhi. Permanent Black.

Das, Sitanshi. 2002 (2001). *Subhas: A Political Biography*. New Delhi. Rupa Co.

Fay, Peter Ward. 1996 (1993). *The Forgotten Army: India's Armed Struggle for Independence 1942–1945*. Michigan. The University of Michigan Press.

Harding, C. 1948. *My Indian Years: 1910–16*. London.

Heehs, Peter. 2004 (1993). *The Bomb in Bengal: The Rise of Revolutionary Terrorism in India 1900–1910*. New Delhi. Oxford University Press.

Mukherjee, Uma. 1966. *Two Great Indian Revolutionaries: Rash Behari Bose and Jyotindra Nath Mukherjee*. Calcutta. Firma K. L. Mukhopadhiyay.

National Archives of India. 1914. *File No. Home Poll No. 11, December 1914*.

Ohsawa, J. G. 1954. *The Two Great Indians In Japan*. Calcutta.

Ramu, P. S. 1998. *Rash Behari Bose, A Revolutionary "Unwept, Unhonoured and Unsung"*. New Delhi. Freedom Movement Memorial Committee.

Rath, Radhanath. ed. 1963. *Rash Behari Basu His Struggle for India's Independence*. Calcutta. Biplabi Mahanayak Rash Behari Basu Smarak Samity.

Sareen, T. R. 1986. *Japan and the Indian National Army*. Delhi. Agam Prakashan.

__________ ed. 2004. *Indian National Army: A Documentary Study* (*5 volumes*). New Delhi. Gyan Publishing House.

写真提供：

- 17〜20 頁…著者
- カバー，58〜59 頁，118 頁，119 頁上，120 頁上，179〜182 頁，227〜230 頁，299〜304 頁上…樋口哲子氏（現在は大東文化大学東松山六十周年記念図書館所蔵）
- 117 頁，119 頁下，120 頁下…（株）中村屋
- 304 頁下…丸山静雄氏

著者紹介
中島岳志（なかじま・たけし）
1975年、大阪生まれ。京都大学大学院アジア・アフリカ地域研究研究科博士課程修了。学術博士（地域研究）。2005年『中村屋のボース』で、大仏次郎論壇賞、アジア太平洋賞大賞を受賞。北海道大学大学院准教授を経て、現在、東京科学大学（旧東京工業大学）リベラルアーツ研究教育院教授。著書に『ナショナリズムと宗教』、『秋葉原事件』、『「リベラル保守」宣言』、『血盟団事件』、『岩波茂雄』、『アジア主義』、『親鸞と日本主義』、『保守と立憲』、『超国家主義』、『自民党』、『思いがけず利他』などがある。

装丁（カバー・帯）：矢萩多聞
カバー表1写真：ラース・ビハーリー・ボースの肖像
帯表4写真：インド人同志と

本書は2005年に単行本として小社より刊行され、2012年にUブックスとして刊行された。

白水uブックス　1141

中村屋のボース　インド独立運動と近代日本のアジア主義［新装版］

著者©　中島岳志
発行者　岩堀雅己
発行所　株式会社 白水社
東京都千代田区神田小川町 3-24
振替　00190-5-33228　〒101-0052
電話（03）3291-7811（営業部）
（03）3291-7821（編集部）
www.hakusuisha.co.jp

2025年3月15日　印刷
2025年4月10日　発行
本文印刷　株式会社理想社
表紙印刷　クリエイティブ弥那
製　　本　誠製本株式会社
Printed in Japan

ISBN978-4-560-72141-4